HISTORIA DE ESPAÑA

XI

DIRECTOR
ALFREDO ALVAR EZQUERRA

COORDINADORES
JAIME ALVAR EZQUERRA (HISTORIA ANTIGUA)
JOSÉ MANUEL NIETO SORIA (HISTORIA MEDIEVAL)
ALFREDO ALVAR EZQUERRA (HISTORIA MODERNA)
JUAN AVILÉS FARRÉ (HISTORIA CONTEMPORÁNEA)

HISTORIA DE ESPAÑA MODERNA

LA ESPAÑA DE LOS AUSTRIAS. LA ACTIVIDAD POLÍTICA

Alfredo Alvar Ezquerra
Manuel Herrero Sánchez
Fabien Montcher
María de los Ángeles Pérez Samper

ISTMO

Colección Fundamentos n.º 187
Serie *Historia de España*

Maqueta de portada:
Sergio Ramírez

Diseño interior y cubierta:
RAG

Esta obra ha sido publicada con una subvención de la Dirección General del Libro, Archivos y Bibliotecas del Ministerio de Cultura, para su préstamo público en Bibliotecas Públicas, de acuerdo con lo previsto en el artículo 37.2 de la Ley de Propiedad Intelectual.

Sector Foresta, 1
28760 Tres Cantos
Madrid - España

Tel.: 918 061 996
Fax.: 918 044 028

www.istmo.es

ISBN: 978-84-7090-461-5

Depósito legal: M. 5.594-2011
Impresión:
Fernández Ciudad, S. L. Pinto (Madrid)

Impreso en España / *Printed in Spain*

ÍNDICE

EL IMPERIO ESPAÑOL: DEL ORTO AL OCASO
Alfredo Alvar Ezquerra, Manuel Herrero Sánchez y Fabien Montcher

PRÓLOGO

En este volumen dedicado a los Austrias se contienen las líneas maestras de lo que ocurrió en España y con relación a la Monarquía española por Europa, fundamentalmente. Indias, América, es tratada de manera tangencial, como un componente de la organización del poder castellano.

Cronológicamente nos movemos entre los inicios del siglo XVI y finales del siglo XVII. Curiosamente, la España medieval, concluye al acabar el siglo XV; con la dinastía Trastámara que da paso a la Habsburgo. Concluye la vida de esta rama cortesana hispano-austriaca con el final del siglo XVII, toda vez que el 1 de noviembre de 1700 murió Carlos II.

Estos avatares, así como las políticas de reformas emprendidas por los nuevos reyes de origen francés, permiten que tengamos líneas didácticas de división y frontera entre siglos, que coinciden con dinastías y viceversa. Aunque no toda política de reforma y proyectos borbónicos nació *ex nihilo.* Porque aunque los reyes vinieran de Versalles (o de Nápoles), los españoles vivían en sus pueblos y ciudades de siempre, entre sus gentes de siempre, con los problemas y rutinas de siempre.

Para entender con claridad aquellos siglos XVI y XVII es preciso tener presente que lo que hoy se podría haber visto con claridad como un Estado-nación intitulado «España» entonces no existía. No existió, precisamente, hasta los Decretos de la Nueva Planta.

La realidad política y administrativa era bien distinta. La ley, de Derecho divino, era intocable (aunque la diseñaran sus delegados, los teólogos). La del rey era inamovible. Sólo modificable por él. O por los juegos de la política. Sólo el rey podía eximir del cumplimiento de su propia ley. La justicia, aunque coronada por el Derecho real, era administrada de maneras variopintas y en ocasiones con subjetividades encontradas en territorios de realengo, de señorío, de abadengo o de órdenes militares. La ejecución de toda esta amalgama de fragmentaciones era, naturalmente delegada, en nombre de Dios o del rey.

Cada uno de los territorios históricos que habían ido nutriendo los territorios dinásticos funcionaba según sus leyes, usos y costumbres. Todo era fragmentación. Pero, al mismo tiempo, lealtad a la dinastía y a la verdadera religión. Ello se conseguía por medio de la sensatez del acoplamiento de las piezas (instituciones jurídicas y sociológicas, personas y personajes) de un imperio funcional, y por la apabullante y fascinante capacidad de negociación con las elites locales. Y si el tiempo de la política es el tiempo del pacto y del consenso, nos encontramos con que los reyes, virreyes y gobernadores españoles en concreto y servidores del rey de España en general fueron maestros del buen hacer político. Únicos en su tiempo. Su Imperio, multiforme, disgregado, incomunicado duró en Europa dos siglos y por el orbe, otro siglo más de rondón (por no llegar a 1898). Trescientos años, en tiempos de comunicaciones de vientos, aguas y herradura.

Bien es verdad que la necesidad de la unificación, o de la homogeneización religiosa y cultural, se puso en marcha a su modo, implantando, o intentando implantar un tribunal común a todo: la Inquisición. Luego, hubo nuevos intentos de poner orden en el galimatías. Al final, cuando se hizo, se hizo de manera poco afortunada. Si se castellanizó fue porque, precisamente el modelo castellano se había ido mostrando como el más dinámico, potente y leal. Pero el intentar borrar por la fuerza de las leyes, tras el paso de las armas de las diversidades considerándolas a todas «traidoras», fue una apuesta excesivamente arriesgada. Aunque tal vez en el ambiente áulico flotara la idea de que sólo había ya un camino por experimentar.

Aquella fragmentación (coordinada y a veces descoordinada, que ese es el día a día político) tenía unos valores y principios compartidos: defensa de la dinastía y de la religión. Las autoridades delegadas presentaban unos *curricula,* unos *cursus honorum*, que muchos de los actuales les dejarían perplejas, atónitas.

Lógicamente, tan enorme entramado fue haciendo enemigos. El primero, el luteranismo; luego, las fracturas propias de semejante sistema y estructura y paulatinamente la madurez de los «otros». Así que los tiempos peores llegaron desde finales del reinado de Felipe IV a la Guerra de Sucesión. La lectura de la correspondencia de algún virrey, o de algún embajador, de las etapas anteriores es sobrecogedora por impresionante.

En este libro se desarrollan todos estos fenómenos y problemas. Los autores, escogidos de entre los mejores especialistas de sus materias, son portavoces historiográficos de corrientes y métodos que conviven en el panorama científico español.

Desde maduros, a jóvenes; de Universidades –con sus autonomías y fragmentaciones– catalanas a andaluzas, pasando por el único OPI con implantación nacional y de estructura centralizada que existe en España, el CSIC. María de los Ángeles Pérez Samper es catedrática en la Universidad de Barcelona y académico correspondiente de la Real Academia de la Historia: su capacidad explicativa de la Historia Moderna de España, su calidad como escritora y sus dotes organizativas son bien reconocidas por el mundo científico español. Manuel Herrero Sánchez es profesor titular en la Universidad Pablo de Olavide y en la actualidad es vicerrector de Investigación: su formación en la UCM, pero sobre todo en centros de fuera de España (como en el Instituto Universitario Europeo de Florencia, por donde es doctor), le avalan como el máximo conocedor de las relaciones hispanoflamencas e hispanogenovesas del periodo que nos ocupa. Efectivamente, su apartado es el resultado de las numerosas investigaciones que ha venido publicando en diversas obras y revistas especializadas. Fabien Montcher trabaja en el CSIC, donde prepara su tesis doctoral sobre las relaciones políticas y culturales hispanofrancesas en los siglos XVI y XVII. Alfredo Alvar es profesor de investigación del CSIC y académico correspondiente de la Real Academia de la Historia. Durante veintidós años fue profesor en la UCM y es el director de esta *Historia de España.*

La presentación de la obra responde también a la libertad de método. Como en los volúmenes anteriores. Porque nos ha interesado mostrar al lector las diversidades en el acercamiento a las formas de hacer Historia, que no «una» visión única y roma. Para confesionalizar hay otros monjes. Al buen lector no hace falta explicarle que la estructura es diferente según la comodidad y el excelente criterio de cada autor.

Si en la «política interior» se ha primado la historia por reinados, en la «exterior» (término que no agrada mucho, pero ante el que hoy en día hemos de rendirnos aún en un texto de divulgación), se han primado los territorios. Por cierto: de entre estos, los acontecimientos de Flandes que en sí mismos y por sus derivaciones marcaron el permanente decurso de la historia de la Monarquía de los Austrias hasta mediados del siglo XVII. Los acercamientos y alejamientos de Inglaterra, por ejemplo, no pueden eximirse de su dependencia de lo que pasaba en Flandes. En segundo lugar, Francia, la gran preocupación, el gran enemigo, con el que se hicieron guerras y paces constantemente. Las relaciones entre Madrid-Viena/Praga cstán expuestas y diseminadas por todo el libro. Tenía más atractivo hablar de redes informales de contactos, que no describir los actos políticos de los embajadores en los respectivos palacios de la casa de Austria. Finalmente, la «Italia española» la hemos tratado en unas páginas propias tanto como en la explicación del Imperio funcional, por cuanto el Imperio –el de Carlos V, pero sobre todo el español– sin Italia habría sido incomprensible: recuerdo ahora mismo a las autoridades de Siena salir al paso de la comitiva del triunfante Carlos V tras la campaña de Túnez de 1535, exaltándole al vítor de «¡Imperio y libertad!».

De otros territorios, de otras monarquías, de otros sucesos, los autores y nuestros colegas modernistas, hemos escrito en otros lugares como se puede ver en la bibliografía, o en las páginas web al uso de las bibliotecas del CSIC (http://aleph.csic.es), de las universidades, o en ese gran esfuerzo que es http://dialnet.unirioja.es/.

Ni que decir tiene que el resumen contenido en este libro no puede desligarse de los escritos que, con relación a la España Medieval o a la España de los Borbones, completan esta *Historia de España* de la editorial Istmo.

Alfredo Alvar Ezquerra

LA POLÍTICA INTERIOR DE LOS AUSTRIAS

María de los Ángeles Pérez Samper

I. CARLOS V

La llegada a España

Cuando murió Fernando el Católico en 1516, su heredero, su nieto mayor, Carlos de Austria, se hallaba en los Países Bajos. Hasta su llegada a España, como regente fue designado el cardenal Cisneros. Pero antes de que el príncipe comenzara a reinar en los territorios de sus abuelos los Reyes Católicos era preciso resolver un asunto previo. Su madre, doña Juana, reina propietaria, recluida en Tordesillas, se hallaba incapacitada para gobernar y había que decidir si don Carlos se convertiría en rey de los diversos reinos españoles o sólo asumiría el gobierno como regente en nombre de su madre. El problema político era delicado, pues podía favorecer discrepancias y divisiones internas, mucho más siendo don Carlos un príncipe nacido en Gante y criado en Flandes, mientras su hermano menor don Fernando había nacido en Alcalá de Henares y se había criado en tierras castellanas. Pero el problema fue resuelto unilateralmente por la Corte de Bruselas, proclamando a don Carlos como rey, conjuntamente con su madre doña Juana. Ante los hechos consumados, el cardenal Cisneros aceptó la decisión. Todos esperaban que el nuevo rey viniera cuanto antes a sus reinos españoles. Pero don Carlos tardaría muchos meses en hacer el viaje.

Durante su regencia, Cisneros hubo de enfrentarse a muchos problemas. Aprovechando la circunstancia, en Castilla se reprodujeron las banderías nobiliarias y crecieron las tensiones entre señores y vasallos. Las ciudades se oponían tanto al fortalecimiento del poder del regente como a las ambiciones de los nobles; Valladolid se opuso a la creación de una fuerza militar dirigida por Cisneros, Burgos reclamaba Cortes, Málaga se levantó contra la jurisdicción del almirante de Castilla. Por otra parte, el regente debía estar pendiente de las decisiones de Bruselas, donde el nuevo rey se hallaba rodeado de consejeros flamencos, de algunos castellanos, antiguos partidarios de su padre Felipe el Hermoso, fallecido tiempo atrás, y de varios secretarios de su abuelo Fernando, que allí se habían dirigido tras ser destituidos por Cisneros. El joven rey, sin experiencia de gobierno y desconocedor de la realidad de los reinos españoles, comenzaba su reinado a distancia, en medio de muchas dificultades.

Aunque todos los reinos españoles reclamaban la presencia del rey insistentemente, el viaje de don Carlos se retrasó. Veinte meses pasaron desde la muerte de Fernando el Católico hasta que el nuevo monarca se decidió a efectuar su viaje a España. Su llegada resultó bastante sorprendente, pues por azares de la navegación desembarcó en Tazones, un pequeño pueblo de la costa asturiana. Primero se dirigió a Castilla, y su presencia levantó enseguida grandes expectativas. Según dice el cronista Vital: «Cuanto más se entraba en el país más abundaban las gentes por todos lados para ver pasar al rey, su nuevo señor». Se dirigía al encuentro de Cisneros, pero no llegó a entrevistarse con él, pues el cardenal murió justo antes de su llegada.

El problema dinástico se resolvió inmediatamente. Don Carlos se entrevistó con su madre en Tordesillas y a su hermano Fernando lo envió fuera de España. Esencial fue la convocatoria de las Cortes de Castilla, que se reunieron en Valladolid en 1518 en un clima de tensión y desconfianza. Las Cortes le reconocieron como rey, junto a doña Juana, pero le recordaron sus deberes como soberano, reclamándole que siguiera una política nacional castellana. Sin embargo, la actuación del soberano fue muy diferente. Aunque su llegada había despertado muchas esperanzas, muy pronto cundió la decepción. La influencia de los consejeros flamencos era muy grande, acumularon cargos y prebendas y la codicia que manifestaron despertó fuertes sentimientos de hostilidad entre los castellanos. Guillermo de Croy, señor de Chièvres, el más influyente de todos ellos, concitó muchos odios. El dominio de los extranjeros exacerbó el nacionalismo castellano.

En Castilla don Carlos permaneció poco tiempo. Los otros reinos de la península también deseaban ver al nuevo soberano y se trasladó de inmediato a la Corona de Aragón, para ser jurado rey por las Cortes. Primero hubo de enfrentarse con las Cortes aragonesas, en 1518, y posteriormente se dirigió a Cataluña. En el Principado su estancia fue bastante larga, pues duró casi un año, desde febrero de 1519 a enero de 1520. De entre los acontecimientos que entonces tuvieron lugar hay que destacar especialmente la celebración de las Cortes, donde juró las «constitucions» de Cataluña y fue proclamado conde de Barcelona, un paso más en su reconocimiento como señor de los reinos hispanos, y donde comenzó una difícil negociación, para obtener el monarca recursos económicos y los catalanes la satisfacción de sus peticiones.

La llegada de la noticia de la muerte de su abuelo Maximiliano de Austria, ocurrida el 12 de enero de 1519, hizo que todas las cuestiones españolas pasaran a segundo término, subordinadas al fin principal que era para don Carlos conseguir la elección imperial. También fue muy significativa en esos días la brillante celebración del capítulo de la Orden del Toisón de Oro, una orden de origen borgoñón, acto que tuvo lugar en el coro de la catedral de Barcelona. Junto a miembros de la nobleza de los Países Bajos, asistieron nobles de los reinos españoles. Recibieron el collar de la orden algunos de los más significados miembros de la nobleza española: los Alba, los Zúñiga, los Velasco, los Enríquez, los Cardona. La reunión del Toisón reflejaba el intento de don Carlos de unir sus dominios, al menos a través del acercamiento de las clases privilegiadas.

La noticia de su elección imperial, que había tenido lugar el 28 de junio en Frankfurt, le llegó a don Carlos el 6 de julio, y el 22 de agosto arribó a Barcelona la comisión alemana, encabezada por el conde palatino Federico, para entregar al nuevo emperador el decreto de la elección. La embajada fue recibida solemnemente por Carlos V ante toda la Corte. Al parlamento de la representación alemana respondió el canciller Gattinara, que agradeció la elección y prometió el pronto viaje del emperador a Alemania, cuando solucionara los asuntos españoles. La noticia de la próxima marcha de don Carlos de España causó general disgusto. Como explica el cronista Pedro Mexía: «Crecieron las murmuraciones, por ser cosa nueva para los españoles, que siempre fueron acostumbrados a gozar de la presencia de sus reyes».

Todavía medio año permaneció Carlos V en Barcelona. Seguían las duras negociaciones con las Cortes catalanas, que se resistían a las peticiones de don Carlos. Según el cronista Sandoval, los catalanes se ufanaban ante los castellanos y aragoneses por el celo que demostraban en defender sus libertades. Al final, en enero de 1520 las Cortes votaron una pequeña ayuda de 250.000 libras, que apenas llegaba para pagar la larga estancia regia. Finalmente, el emperador se marchó de Barcelona, dejando la visita a Valencia para mejor ocasión, camino de Castilla, donde quería reunir Cortes para obtener un «servicio» que le ayudara a pagar el viaje a Alemania.

Atravesó la península para embarcarse en Galicia, y fue allí, en Santiago de Compostela, donde, en contra de la costumbre establecida, se reunieron de nuevo las Cortes castellanas, algo mermadas por la ausencia de los procuradores de Toledo y por no haber sido admitidos los de Salamanca. Los procuradores fueron presionados para que votaran el «servicio» cuanto antes, en medio de un clima enrarecido. Se habían convocado Cortes sin respetar el plazo de tres años y además se demandaba un dinero que iría destinado a sufragar el viaje a Alemania, en vez de aplicarse a las necesidades de Castilla. Ante la resistencia de las Cortes, se trasladó la sede de Santiago a La Coruña, pues en aquel puerto esperaba la flota al emperador, y las presiones continuaron hasta que se consiguió, en marzo de 1520, el «servicio» demandado, que ascendió a 400.000 ducados. A punto de abandonar sus reinos españoles para ser coronado emperador del Sacro Imperio Romano Germánico, don Carlos culminó la larga serie de desaciertos nombrando como regente durante su ausencia a un personaje de gran categoría, su tutor, Adriano de Utrecht, al que había hecho obispo de Tortosa, pero que tenía el grave inconveniente de ser extranjero, holandés, por lo que rápidamente suscitó la oposición de los naturales de los reinos españoles.

Las Comunidades de Castilla

La marcha del joven rey a Alemania acabó de complicar las cosas. El Imperio resultaba ajeno a las preocupaciones de los reinos españoles. Ante la ausencia del monarca creció la oposición y el vacío de poder favoreció el desencadenamiento del conflicto. Por diferentes motivos eran muchos los que se hallaban descontentos y muy pronto comenzaron a manifestarlo. Las ciudades encabezaban el movimiento de rebeldía. Toledo y Segovia iban en vanguardia. En Toledo existía un sentimiento de republicanismo muy fuerte. Los procuradores que habían votado el «servicio» fueron acusados de traidores y uno de ellos fue muerto en Segovia por el pueblo enfurecido. Una cadena de disturbios se extendió por la Meseta norte: Burgos, Toro, Zamora, Salamanca, y por parte de la Meseta sur: Toledo y Madrid. Ante la crecida de la revuelta la reacción de las autoridades resultó desmedida, Medina del Campo fue incendiada por no haberse negado a entregar la artillería, y este hecho, lejos de contribuir a someter el levantamiento, propició su generalización. Las dos Castillas se declararon en insurrección abierta. Los ayuntamientos se constituyeron en «Comunidades» y los corregidores, en cuanto representantes del rey en los municipios, fueron expulsados. Una parte importante del bajo clero se sumó a la protesta y se convirtió en eficaz divulgador del movimiento desde los púlpitos, criticando a los gobernantes y a los poderosos ante sus feligreses. El factor religioso desempeñó un importante papel en el movimiento, que se tiñó con frecuencia de mesianismo y milenarismo.

A nivel local, el movimiento comunero se extendió rápidamente y muy pronto, en el verano de 1520, las máximas autoridades, el regente y el consejo real, quedaron desbordados por los acontecimientos y reducidos a la impotencia. En plena crisis la nobleza, que hubiera debido ser la primera en controlar la situación, se mantuvo a la expectativa. Los nobles, descontentos por la actuación de don Carlos, que confiaba más en los flamencos que en los castellanos, veían con recelo los proyectos imperiales, que parecían dejarlos al margen, y no se quisieron implicar en la resolución del problema.

Sin prácticamente oposición, la rebelión de las Comunidades se difundió por toda la Corona de Castilla, prendiendo fuertemente en lugares como Murcia, que adoptó una fórmula especial, influida por el modelo de los agermanados valencianos. En Guipúzcoa se reprodujeron las luchas de bandos, encabezadas por San Sebastián y Hernani. También se produjeron conatos de sublevación en Cantabria y Galicia. Menos fortuna tuvo en Andalucía, donde no llegó a arraigar, a pesar de algunos intentos de insurrección en Sevilla. Cuando el movimiento cristalizase en un órgano de coordinación y centralización, la «Junta Santa», las grandes ciudades andaluzas, Sevilla, Córdoba, Granada, no se hallarían representadas. Los episodios de revuelta que tuvieron lugar en tierras de Andalucía eran los últimos coletazos de las luchas nobiliarias del siglo anterior, Ponces contra Guzmanes en Sevilla, Carvajales contra Benavides en Úbeda y Baeza. Conatos de movimientos reaccionarios se mezclaban con proyectos revolucionarios propios de la modernidad.

En muy poco tiempo el movimiento de las Comunidades había cobrado una gran fuerza. A fines de agosto un ejército comunero, bastante organizado, bajo la dirección del toledano Juan Padilla, entró en Tordesillas, donde se hallaba doña Juana, buscando la legitimidad del movimiento con el respaldo de la reina, en contra de su hijo don Carlos. Pero la entrevista no dio el resultado apetecido y al paso de unos meses los comuneros perderían el control de Tordesillas y la oportunidad de lograr el apoyo de doña Juana.

Para organizar el movimiento se creó la «Junta Santa», que se reunió en Ávila, una de las ciudades más fuertemente comuneras. El mismo nombre indicaba el carácter sagrado con que se quería revestir a la rebelión, tratando de darle respetabilidad. La Junta actuaría como unas Cortes, pretendiendo la representación del reino, y como un gobierno, para dirigir el movimiento, cada vez más claramente revolucionario. Allí se fraguó un programa, basado en las reivindicaciones de las Cortes de Valladolid. Se reclamaba la presencia del monarca en tierras castellanas, alegando que «no es costumbre de España estar sin rey», se exigía la reserva de los cargos para los naturales, se reclamaba la prohibición de sacar oro y plata del reino, así como materias primas en bruto, especialmente lana, pero lo más importante era que se prefiguraba un nuevo sistema de gobierno en el que se concedía fundamental importancia al papel de las Cortes. Se apuntaba hacia un sistema político dual en que el poder del rey se vería equilibrado por el poder de las Cortes, unas Cortes que representarían más ampliamente a los diversos sectores urbanos, que dejarían de depender de la convocatoria regia y que antepondrían la satisfacción de sus reivindicaciones al voto del «servicio».

Todo ello suponía una apuesta por el desarrollo constitucional en la vida política de la Corona de Castilla, limitando el poder del soberano. Los comuneros no querían regresar al desorden feudal, su ideal era mantener el equilibrio, logrado idealmente en tiempos de los Reyes Católicos, entre una Monarquía poderosa y un poder municipal fuerte, dirigido por las elites urbanas, la nobleza mediana y la burguesía. Los capítulos elevados por la Junta al rey Carlos I, proponiendo que los aprobara por vía de contrato, tenían la finalidad de convertir a Castilla en un reino «paccionado», en el que «las leyes así ligan a los príncipes como a los súbditos».

Aunque se daban signos arcaizantes muy claros, pues muchas de las reivindicaciones tenían su origen en las luchas civiles del siglo XV, el programa comunero se hallaba cargado de potencial revolucionario, planteando cambios importantes en las relaciones entre el rey y el reino, entre señores y vasallos y entre los diversos sectores ciudadanos. El mismo nombre de «Comunidades» apuntaba el carácter igualitario de su ideal político. Castilla parecía rechazar la nueva situación en que Carlos de Austria, empeñado en ser el soberano más poderoso de la cristiandad, la había colocado, como una pieza más del gran proyecto imperial, volcada a la hegemonía internacional, arrancada de sus costumbres y horizontes tradicionales. Y si sus principios miraban hacia el pasado, reclamando el regreso a una situación anterior, más o menos real o ideal, en el fondo entrañaban una radical novedad, que permite hablar de las Comunidades como de una primera revolución moderna, tal como hizo José Antonio Maravall.

En las Comunidades habían acabado por confluir múltiples y contradictorias tensiones sociales. La nobleza, fortalecida económica y socialmente en tiempo de los Reyes Católicos, se hallaba inquieta ante el comienzo del nuevo reinado, pero no actuó de manera compacta. La mayoría adoptó una posición ambigua, mientras otros, miembros sobre todo de la nobleza urbana, se convertían en dirigentes; basta con recordar que los principales cabecillas del movimiento, Padilla, Bravo y Maldonado, que acaudillaron el levantamiento de Toledo, Segovia y Salamanca, eran caballeros. Frente a la prepotencia nobiliaria, la burguesía encontró la oportunidad de reivindicar sus intereses y aspiraciones. Pero las clases urbanas, entre las que las Comunidades reclutaron muchos partidarios, no respondían a intereses siempre coincidentes. Muy característica fue en los comienzos la alianza del patriciado urbano con el común de los burgos, pero con el paso de los meses este entendimiento se perdió, radicalizándose el movimiento en favor del común, que se hizo con el poder municipal en muchos lugares, aunque hubo excepciones significativas, como Burgos, Soria y Cuenca, en que la situación se decidió en favor de la nobleza. El clero se encontraba igualmente dividido, pues las altas jerarquías se mantuvieron generalmente al margen, mientras una parte del bajo clero se comprometió de manera radical. Y el campesinado, habitualmente el grupo social con menor influencia, comenzó a tomar conciencia paulatinamente de la oportunidad que se le presentaba, ocasionando su incorporación al movimiento comunero el rechazo de las clases poderosas.

La radicalización progresiva del movimiento sería una de las razones de su fracaso. El ideal de las Comunidades encontró muchos adeptos entre las clases populares, sobre todo entre el campesinado, que se hallaba sometido a la fuerte presión del régimen señorial y que encontró en ellas una buena ocasión de sacudirse el yugo que los oprimía. El amotinamiento del campesinado de señorío ocurrido en Dueñas fue una de las señales de alarma. Estas manifestaciones antiseñoriales y antinobiliarias asustaron a los aristócratas, que se sintieron directamente amenazados en su posición y en sus intereses. Fue entonces cuando la nobleza, hasta ese momento muy pasiva, cambió de actitud, pasándose al bando realista. En Galicia, por ejemplo, donde aún se conservaba vivo el recuerdo de la revolución «irmandiña», los señores se reunieron en Melide y se pusieron de acuerdo en mantener el orden existente. También la Iglesia comenzó a reaccionar, conmocionada por los ataques contra los privilegios eclesiásticos y de la Inquisición. Dudoso fue el papel desempeñado por los conversos.

La circunstancia fue hábilmente aprovechada por el emperador, que enmendando su pasado error, vinculó inmediatamente a la alta nobleza castellana a su causa, nombrando en septiembre de 1520, a dos destacados representantes de ella, Fadrique Enríquez, almirante de Castilla y Fernández de Velasco, condestable de Castilla, como corregentes junto al cardenal Adriano de Utrecht. Mientras el bando realista se reforzaba, la división cundía por diversos motivos en el bando comunero. Tal como ha señalado Joseph Pérez, muy significativo fue el abandono del movimiento por la influyente ciudad de Burgos, donde predominaba la burguesía mercantil vinculada al comercio de la lana con Flandes, más inclinada, por tanto, a los designios imperiales de apertura al exterior, mientras en Segovia o Toledo era mayoritaria la burguesía ligada a los intereses de la industria pañera, tradicionalmente opuesta a la salida de las lanas fuera del país y más apegada, en consecuencia, a los intereses locales.

Aunque hubo varios intentos de reconciliación, finalmente no fue posible llegar a un acuerdo y se produjo la ruptura entre los dos bandos. Las luchas se centraron en la zona de Valladolid. Desde las posesiones señoriales del almirante en Medina de Rioseco, los realistas avanzaron hacia Tordesillas, arrebatando a la persona de la reina del control de los comuneros. La reacción de las fuerzas mandadas por Juan Padilla, que lograron la toma de Torrelobatón, no tuvo trascendencia. La suerte ya estaba echada. La batalla decisiva se dio en los campos de Villalar el día 23 de abril de 1521. Las tropas combinadas del almirante y del condestable obtuvieron la victoria para la causa del emperador. Los jefes comuneros, Padilla, Bravo y Maldonado, fueron hechos prisioneros y ejecutados. A pesar de todo la resistencia se mantuvo varios meses, hasta 1522, en Toledo, bajo la dirección del obispo de Zamora, Acuña, y de la viuda de Padilla, María Pacheco. Los intentos de establecer relaciones con el movimiento de los agermanados valencianos y con Francia, con la que el emperador se hallaba en guerra desde 1521, no dieron ningún resultado. El movimiento de las Comunidades había fracasado.

En 1522 el emperador Carlos regresó a España, decidido a enderezar las cosas en sus reinos españoles. Para superar la crisis, dictó ese mismo año un amplio edicto de perdón, del que, sin embargo, quedaban excluidas una serie de personas, 283, de la más variada procedencia geográfica y social, pertenecientes tanto la sociedad urbana, caballeros, juristas, mercaderes, artesanos, como a la sociedad rural, bastantes campesinos. De ellos 23 fueron ejecutados y otros 20 murieron en prisión. Algunos más fueron víctimas de la represión señorial. Y el recuerdo no se borró del todo durante largo tiempo. Los antecedentes comuneros en una familia podían frustrar una carrera política en el siglo XVI. La derrota del movimiento comunero cortó las posibilidades de un cambio profundo en las estructuras sociales y políticas de Castilla, que se mantuvieron incólumes. Pero don Carlos, con gran prudencia política, aprendió la lección e incorporó algunas de las reivindicaciones de las Comunidades, como la reserva de cargos para los naturales de Castilla. Comenzó entonces el proceso de hispanización del emperador y de su entorno de gobierno.

Las Germanías en la Corona de Aragón

En los mismos años en que se produjo en la Corona de Castilla el movimiento de las Comunidades, se produjo en la Corona de Aragón el movimiento de las «Germanías», que tuvo su epicentro en el reino de Valencia, pero que también afectó a los demás reinos de la Corona de Aragón, especialmente Baleares y Cataluña, pero también Aragón e incluso hubo alteraciones en Sicilia. En la mayoría de los casos junto a la ausencia de don Carlos venían a confluir tensiones acumuladas por diversos motivos, la presión nobiliaria, los conflictos agrarios, la corrupción administrativa y el problema de la deuda en los grandes municipios. El movimiento agermanado se caracterizó por su radicalidad política y social, y se mantuvo durante más tiempo que las Comunidades, durando la rebelión hasta 1523.

La proyección de las Germanías en los diversos reinos de la Corona de Aragón señala el alcance del movimiento. Aunque el alzamiento no fue general, existieron múltiples conexiones. Una de las acusaciones de los fiscales contra los agermanados será precisamente la de haber tratado de «conmover el reino de Aragón, Cataluña y Mallorca, enviando personas propias para predicar la Germanía y conmover los pueblos con falsas y muy siniestras informaciones». Lo cierto es que con más o menos éxito, se intentó difundir el movimiento agermanado.

En Cataluña se experimentó en 1520 una situación crítica, prácticamente al borde del estallido revolucionario, con fuertes luchas entre bandos nobiliarios y reivindicaciones contra la nobleza feudal y las oligarquías municipales, extendiéndose la protesta entorno al concepto de «unión». Pero la presencia de don Carlos y la reunión de Cortes lograron reconducir el problema. En cambio, la marcha del rey a Alemania y el aplazamiento de las Cortes contribuirían en Valencia al desencadenamiento del conflicto, larvado desde hacía tiempo.

En Valencia todo comenzó por la organización armada del artesanado de la ciudad, propiciado por la amenaza del corso islámico. Ante la necesidad de defensa de la ciudad, un grupo de artesanos, encabezados por el cardador Juan Lorenzo, consiguió con gran habilidad el permiso de don Carlos, entonces todavía en Barcelona, para constituir un cuerpo político y militar diferente del gobierno municipal, «agermanando» los gremios por centenas y armándolos. A este sistema de gobierno se le dio el nombre de «Germanías» o hermandades. Así se creó en 1519 la «Junta de los trece», que sería el germen y la dirección del movimiento agermanado. Precisamente cuando este proceso de estructuración armada de los gremios se hallaba en marcha, otro acontecimiento vino a coincidir, redoblando su efecto, el abandono de la urbe por los privilegiados ante una epidemia de peste, que dejó un vacío de poder, de inmediato aprovechado por los agermanados.

Paradójicamente, las germanías comenzaron con el apoyo del monarca, mientras la nobleza valenciana, muy descontenta del comienzo del nuevo reinado, se mantenía al margen de los acontecimientos. Muy pronto las cosas cambiarían. Don Carlos intentó dar marcha atrás, ordenando la disolución de las Germanías y de la «Junta de los trece», pero ya era demasiado tarde. El nombramiento de un nuevo virrey, Diego Hurtado de Mendoza, conde de Mélito, no llegó a tiempo para resolver el problema. El aplazamiento de la convocatoria de Cortes no haría sino empeorar las cosas y fueron muchos, especialmente entre la nobleza y las clases dirigentes, los que quedaron defraudados.

El momento decisivo se produjo tras la marcha del emperador a Alemania. Cuando los agermanados se atrevieron, sin permiso, a cambiar el sistema de elección de los cargos municipales, forzando al «jurado», compuesto por dos caballeros y cuatro ciudadanos, a incluir dos miembros de los gremios, la ruptura con el virrey resultó inevitable. Dominada la capital valenciana por los agermanados, el virrey no tuvo más remedio que abandonarla, para ir a refugiarse a Denia. Se inició entonces un proceso de radicalización y de difusión de la germanía por todo el reino. Otras poblaciones, Játiva, Alcira, Elche, Orihuela, se sumaron a la «Santa Germanía», constituyendo sus respectivas «Juntas de los trece».

Las clases artesanas, especialmente los gremios textiles de la lana y de la seda, constituyeron el grueso del movimiento agermanado. La sociedad urbana se escindió en dos partes radicalmente enfrentadas, los caballeros de una parte, los menestrales de otra. El potencial revolucionario era evidente. Se deseaba un cambio total de la sociedad estamental, con la desaparición de los ricos y poderosos y la creación de una nueva sociedad igualitaria, basada en vínculos fraternales, como apuntaba el mismo término de «Germanías» y «agermanados». El movimiento se hallaba impregnado de un profundo sentido religioso de orientación mesiánica y milenarista. La Germanía era considerada «Santa», y los que se incorporaban a ella debían cumplir un rito de iniciación jurando sobre la cruz. Las «Juntas de los trece» recibían este nombre en recuerdo de Jesús y sus doce apóstoles. Por aquellos días los franciscanos predicaban las doctrinas de Eiximenis, profetizando la inminente llegada del reino de la «justicia popular» sobre la tierra. El ambiente espiritualista y místico rodeaba a todo el movimiento y aunque no era exclusivo de los agermanados, pues era compartido por muchos en la época, incluidos sus adversarios y los círculos cortesanos del emperador, y también otros movimientos similares como las Comunidades, marcó significativamente a las Germanías.

En otoño de 1520 alcanzará el movimiento su máxima expansión. De las ciudades el movimiento había pasado al campo. En el campo la Germanía adquirió rápidamente un fuerte sentido antinobiliario y antiseñorial. El enfrentamiento se polarizó de manera irreconciliable entre señores y vasallos. Además, la existencia de numerosos grupos de campesinos musulmanes, que por su condición de vasallos seguían el bando nobiliario, más temerosos de la violencia de los rebeldes que de la opresión de los señores, acabó de complicar la situación. Los agermanados se manifestaron profundamente contrarios a la población islámica, desencadenando ataques y presiones de todo tipo y obligando a muchos de ellos a conversiones forzadas. El odio entre las diferentes comunidades religiosas se agudizó enormemente.

A las autoridades les costó mucho reaccionar. El propio emperador, lejos entonces de España e incapaz de hacer frente a la vez a comuneros y agermanados, había recomendado la negociación. La nobleza valenciana, refugiada en su mayor parte en algunos lugares del norte del país, como Peñíscola y Morella, no tenía medios para combatir. La situación era muy peligrosa para los intereses de don Carlos. Pero la victoria sobre las Comunidades enderezaría las cosas a favor del rey. Los agermanados sentían gran admiración por el movimiento comunero castellano, por ello la derrota de Villalar les causó un enorme impacto. Según se dijo en la época: «Estaban tan apasionados con la Junta de Castilla que no sufrían que nadie osase decir la victoria de los gobernadores». Además temían, con razón, que el fracaso del levantamiento de las Comunidades repercutiera negativamente en su propia causa.

Efectivamente, la guerra contra los agermanados comenzó en el verano de 1521, tras la victoria real sobre los comuneros en Villalar. A partir de los dos principales reductos de la nobleza, al norte el ducado de Segorbe y al sur el ducado de Gandía, el bando realista trató de recuperar el terreno controlado por las Germanías. La suerte fue varia. En el ducado de Gandía las tropas del virrey fueron vencidas por los agermanados, en cambio, el duque de Segorbe logró vencer en Almenara. Desde la vecina Murcia atacó a los insurrectos el marqués de los Vélez, que ocupó Orihuela en agosto. Debilitado el movimiento de las Germanías, el virrey pudo regresar a la capital valenciana en octubre, pero la rebelión no había terminado. Unos meses después, Vicente Peris, uno de los cabecillas agermanados logró entrar en la ciudad al frente de un grupo armado, pero acabaría derrotado y muerto. Peris se enfrentó al marqués de Zenete y murió en el lance. Controlada la ciudad de Valencia por las fuerzas del virrey, el centro de la rebelión se trasladó a Játiva y Alcira, donde los agermanados resistieron hasta finales del año 1522.

En esta última etapa de la resistencia, vinculada al movimiento más radical del campesinado más pobre, surgió la figura del «Encubierto», un personaje misterioso, acaso un judío converso originario de Orán, tal vez un inmigrante castellano, posiblemente uno de los comuneros vencidos, que decía ser nieto de los Reyes Católicos, presentándose como supuesto hijo del príncipe Juan. Esta figura, que a sus perfiles políticos como salvador del reino añadía otros de carácter profético y mesiánico, se proclamaba como un enviado de Dios para hacer la reforma de la Iglesia y encabezar la lucha por la reconquista de Tierra Santa, con el fin de liberarla del dominio musulmán. El Encubierto encarnaba así el imaginario colectivo revolucionario, tanto político como religioso. Aunque el personaje, Enrique Manrique de Ribera, pereció asesinado y más tarde la Inquisición le acusó de heterodoxia, constituyó una verdadera leyenda y tuvo más de un imitador en los años venideros, como el platero Joan Bernabé, que intentó continuar la Germanía en Aragón, el labrador Antón Navarro, o el capellán Joan lo Portugués.

Derrotadas las Germanías, como movimiento de las clases populares que era, integrado por artesanos y campesinos, se les aplicó un castigo mucho más grave y duradero que en el caso de las Comunidades castellanas. Primero llegó la represión dirigida por el duque de Mélito, algo desorganizada y no demasiado dura. Pero en marzo de 1523 el nombramiento como virreina de Germana de Foix, la viuda de Fernando el Católico, casada de nuevo en 1526 con el duque de Calabria, desencadenó una terrible persecución contra los últimos restos de las Germanías. Hubo muchas ejecuciones de dirigentes y se confiscaron los bienes de gran cantidad de personas comprometidas en la rebelión. También se dio un gran castigo colectivo, especialmente injusto por su carácter indiscriminado, las llamadas «composiciones», unas multas que se aplicaban a poblaciones enteras y especialmente a los gremios, considerados parte importante del movimiento. La represión marcó negativamente el desarrollo posterior de la sociedad valenciana por largo tiempo. Unos años después, en mayo de 1528, Carlos I cumplió por fin con su obligación de visitar Valencia y como si la desgracia persiguiese su relación con los valencianos, la gran aglomeración de personas para presenciar su entrada hundió el puente del Real, ocasionando muchos muertos.

Paralelamente al movimiento agermanado valenciano se desarrolló la Germanía en Mallorca. Iniciada la rebelión a fines de 1520, muy pronto se extendió por toda la isla, salvo la villa de Alcudia, donde se refugiaron los caballeros. En 1521 el virrey tuvo que abandonar su residencia mallorquina y marchó a Ibiza. El movimiento siguió un proceso de radicalización, que alcanzaría las máximas cotas de fanatismo. La sociedad quedó dividida entre partidarios y contrarios y el enfrentamiento se produjo también entre los mismos agermanados, sucediéndose los dirigentes en un clima de gran tensión. Joan Crespí fue apresado y murió en la cárcel. Le sustituyó Joanot Colom, que llevó el programa de la Germanía hasta sus últimas consecuencias, imponiendo la supresión de los censales y aplicando una reforma fiscal que pretendía gravar la propiedad agraria. Hasta octubre de 1522 el bando realista no se encontró en condiciones de emprender la contraofensiva militar. La armada imperial desembarcó un pequeño ejército para el sometimiento de la isla. La lucha fue muy dura, culminando en el largo asedio de la ciudad de Mallorca, que se mantuvo desde diciembre de 1522 hasta marzo de 1523. La represión fue sangrienta, mucho más drástica incluso que la de Valencia.

El problema morisco

Superada la grave crisis de las Comunidades y Germanías, el emperador Carlos hubo de hacer frente inmediatamente a otra cuestión, ésta de carácter social y religioso: la de los moriscos. Los Reyes Católicos habían dejado a su nieto un grave problema. La situación era compleja. En la Corona de Castilla se había impuesto una política de presión, especialmente sobre los moriscos granadinos, que habían sido obligados a convertirse; en cambio, en la Corona de Aragón se mantenía una política de tolerancia, que permitía a los súbditos musulmanes, muy numerosos en el reino de Valencia, también en número notable en el reino de Aragón y menos numerosos en Cataluña, la permanencia en la religión islámica. Pero la Germanía valenciana, con sus conflictos sangrientos y bautismos forzosos, ya había puesto de manifiesto dramáticamente la enorme tensión existente entre cristianos y musulmanes también en la Corona de Aragón, dándose entonces el paradójico caso de que los campesinos musulmanes habían luchado en el bando de Carlos V, que hacía de la fe católica uno de los máximos principios inspiradores de su política imperial.

En 1525 la victoria de Pavía sobre los franceses le pareció a don Carlos un gran don del cielo al que se hallaba obligado a corresponder, y tal como indica el cronista Prudencio de Sandoval, entre todas las acciones posibles una se le presentó como especialmente adecuada por su carácter religioso, al servicio de la fe católica, y fue la conversión obligatoria de todos sus súbditos musulmanes de la Corona de Aragón, siguiendo el ejemplo de sus abuelos los Reyes Católicos respecto a los musulmanes granadinos y, todavía más sorprendente, el ejemplo de los agermanados. El emperador tomó la decisión impulsado por razones providencialistas, desoyendo incluso las recomendaciones contrarias del Consejo de Aragón, que le intentó disuadir, alegando que ni siquiera Fernando e Isabel se habían atrevido a tanto. La política de conversión fue aplicada inmediatamente, estableciéndose dos fases, una primera que afectaría al reino de Valencia y que tenía como fecha límite el 31 de diciembre de 1525 y otra segunda que alcanzaría a todos los reinos de la Corona de Aragón con fin en 31 de enero de 1526.

A partir de ese momento ya no quedarían musulmanes en la Monarquía española, todos serían cristianos nuevos, moriscos. Pero las apariencias engañaban, pues el problema quedaba por resolver. Varios conflictos estallarían, como el de la Sierra de Espadán, donde se refugiaron un grupo de musulmanes amotinados, que finalmente fueron sometidos por las armas. Pero ante la amenaza de una sublevación general, don Carlos hubo de suspender los edictos de conversión, tal como le recomendaba el consejo de Aragón.

El encuentro de Carlos V con los moriscos granadinos se produjo también por esas mismas fechas, en una ocasión especialmente venturosa, la de sus bodas con la emperatriz Isabel en 1526. El casamiento se celebró en Sevilla y la luna de miel la pasaron los nuevos esposos en la Alhambra de Granada. La admiración que le suscitaron los hermosos monumentos islámicos inclinó favorablemente su ánimo, mostrándose dispuesto a conocer la verdadera realidad de los moriscos granadinos. Concedió audiencia a una comisión de notables y escuchó sus quejas por la mala actuación de las autoridades cristianas, tanto civiles como religiosas. El resultado de este encuentro fue la adopción de una política de tolerancia. El emperador, a cambio del pago de una contribución de 80.000 ducados, suspendió en Granada la aplicación de los antiguos decretos que prohibían el modo tradicional de vida de los moriscos. El problema seguía en pie, sólo que se aplazaba por cuatro décadas, remitiéndolo al reinado de su sucesor.

El problema morisco fue abordado por el emperador de manera radical, llevado de su espíritu religioso, terminando con la presencia de musulmanes en los reinos españoles, pero una mínima prudencia política le llevó a dejar la resolución pendiente, para evitar males mayores. Fiel a su palabra, don Carlos mantuvo una política moderada y tolerante, pero el conflicto seguiría incubándose, hasta estallar en el reinado de Felipe II.

La Corte itinerante

En la época moderna uno de los grandes problemas políticos que se planteó en la Monarquía española era el de la sede de la Corte. El rey no podía estar a la vez en todos los territorios de la Monarquía. Era preciso, pues, buscar soluciones para paliar la distancia. Pero no era igual el problema en tierras donde el rey nunca había residido ordinariamente que en las que sí lo había hecho y había dejado de hacerlo. En algunos territorios el rey distante era sentido como ausente. El problema se intentaba resolver de diversas maneras, a través de soluciones permanentes, mediante representantes e instituciones, como el virrey o el gobernador general y los consejos territoriales, o de soluciones transitorias, como las visitas reales. Unas visitas que tendieron a disminuir, pues los costos económicos y los riesgos políticos eran muy grandes, comparativamente a los beneficios inmediatos que la Monarquía podía obtener. Especialmente cuando los asuntos de gobierno eran muchos y muy graves y mover la Corte representaba una gran dificultad organizativa. Pero la ausencia del rey podía suscitar problemas, y en momentos de crisis podía convertirse en uno muy grave, tal como se evidenció a comienzos del reinado de don Carlos.

Un modo de paliar el problema era mantenerse en continuo movimiento, desplazándose por los diversos reinos de su Monarquía. Este estilo itinerante fue el adoptado por los Reyes Católicos. Carlos V, que a la herencia hispánica unió la herencia imperial, recurrió a la misma solución y fue un soberano con bien ganada fama de viajero. Emperador de un Imperio vastísimo en una época de grandes conflictos, don Carlos se movió sin cesar por España y por Europa, e incluso por el norte de África, tratando de influir con su presencia en los múltiples problemas políticos, religiosos, bélicos y diplomáticos que a lo largo de su reinado hubo de afrontar. Parecía que don Carlos había querido asistir personalmente a todos los acontecimientos. Entre su nacimiento en Gante en 1500 y su muerte en Yuste en 1558 fueron miles las leguas que el emperador recorrió. Como él mismo resumió en Bruselas en 1555, en su discurso de abdicación:

> Nueve veces fui a Alemania la Alta, seis he pasado en España, siete en Italia, diez he venido aquí a Flandes, cuatro en tiempo de

> paz y de guerra he entrado en Francia, dos en Inglaterra, otras dos fui contra África [...] sin otros caminos de menos cuenta. Y para esto he navegado ocho veces el mar Mediterráneo y tres el océano de España, y ahora será la cuarta que volveré a pasarlo para sepultarme.

El encaje de la Monarquía española en el vasto proyecto imperial sería un problema añadido, que Carlos V trató de resolver confiando el gobierno de los dominios austriacos a su hermano Fernando, el de los Países Bajos borgoñones primero a su tía Margarita de Austria y después a su hermana María, reina viuda de Hungría, y reservándose para él personalmente los reinos españoles. En España sus residencias habituales solían estar en tierras castellanas, especialmente en Toledo, en Valladolid o en Madrid, pero también residió alguna larga temporada en la Corona de Aragón, donde acudía para reunir las Cortes, especialmente a Barcelona. En todo su largo reinado, de 1517 a 1555, don Carlos permaneció en España más tiempo que en cualquier otro de sus dominios, en total diecisiete años, de ellos más de doce en la Corona de Castilla.

Con el fin de paliar su absentismo, en representación suya nombraría virreyes en los diversos territorios de la Monarquía española. En cambio, para sustituirle en sus periodos de ausencia de la Corona de Castilla don Carlos no elegía virreyes, sino que designaría a lugartenientes o gobernadores, generalmente de su propia familia. Recurrió primero a su esposa, la emperatriz Isabel, la infanta portuguesa con la que se había casado siguiendo los consejos de las Cortes castellanas, que la preferían como reina a cualquier otra princesa. Mujer de gran categoría política, gozaba de toda la confianza de su marido. A su lado, el secretario Francisco de los Cobos aseguraba la buena marcha de los asuntos administrativos. Tras la muerte de la emperatriz y hasta la mayoría de edad de su hijo Felipe, elegirá en 1539 para ostentar el cargo a un prelado, el cardenal de Toledo, Tavera. A partir de 1543, cuando don Felipe tenía ya dieciséis años, solía designarle a él en su calidad de príncipe heredero, salvo cuando también se hallaba fuera de Castilla, confiando entonces su representación a alguna de sus hijas: a María, casada con su primo Maximiliano de Austria, como sucedió en 1548, o a Juana, princesa viuda de Portugal, tal como hizo en 1554. Presente o ausente, la identificación de Carlos V con sus reinos españoles se haría cada vez mayor.

El gobierno de los reinos de la Monarquía española

La Monarquía española era el resultado de un largo y complejo proceso de incorporación de reinos, estados y territorios. El rey era la clave de bóveda que mantenía unido y en pie el edificio. Carlos era monarca de todos y cada uno de los reinos, pero no lo era del mismo modo, su poder, sus competencias y funciones variaban según los casos, por lo que, aunque existiera una política general, con unas directrices fundamentales que se dirigían al conjunto, su aplicación no era homogénea, y según las diversas circunstancias se desarrollaba una política específica en función de los problemas peculiares de cada territorio.

El núcleo del conjunto lo constituían los reinos peninsulares. Si en la Corona de Castilla el poder real tenía horizontes más amplios, en la Corona de Aragón su capacidad de acción se hallaba mucho más limitada. La presencia personal del monarca era generalmente motivada por las periódicas convocatorias de Cortes, de manera bastante regular, aunque las negociaciones eran siempre duras y los «servicios» que la Corona obtenía no acostumbraban a ser demasiado importantes. Generalmente el monarca era representado por virreyes, que actuaban en su nombre, de acuerdo con las instrucciones recibidas. La política de Carlos V iba encaminada con frecuencia a intentar aumentar el control real, pero sin romper el equilibrio existente. Esta presión crecería a fines del reinado durante las regencias del príncipe Felipe.

En Cataluña la presencia del emperador fue mayor que en los demás reinos de la Corona de Aragón. Además de la larga visita de comienzos de su reinado en que recibió la trascendental noticia de su elección imperial, hubo varias más. En 1529, don Carlos visitó el Principado de paso hacia Bolonia para hacer realidad su gran sueño político, ser coronado como emperador por el papa, ocasión en que permaneció tres meses con los catalanes. En 1533, a su regreso a la península, pasó varias semanas en la ciudad condal. Esta estancia tuvo un especial sentido familiar, pues en ella se reunió con su familia después de cuatro años de separación. A instancias de su esposo, la emperatriz Isabel, con sus dos hijos, Felipe y María, viajó a Barcelona para encontrarse con don Carlos. La emperatriz y los dos niños llegaron a las cercanías de la ciudad el 26 de marzo e hicieron su entrada solemne en la ciudad el siguiente día 28; la emperatriz en su calidad de *lloctinent* general del

Principado, por ausencia de su esposo el emperador. El ansiado encuentro con don Carlos se produjo, por fin, el 22 de abril. Esta estancia en Barcelona se alargó bastante tiempo, durante el cual don Carlos tuvo que ocuparse de las Cortes Generales reunidas en Monzón, yendo y viniendo durante semanas de uno a otro lugar, pues doña Isabel cayó seriamente enferma en la Ciudad Condal. Una vez recuperada la emperatriz, en julio de 1533, la familia real marchó a Monzón y Zaragoza, para regresar a Castilla a principios de 1534.

En 1535 el emperador viajó de nuevo a Cataluña para la organización de la campaña de Túnez, convirtiendo a Barcelona en capital de su cruzada contra el islam y plataforma de su política de expansión mediterránea. De la capital catalana partió el emperador al frente de la flota que conquistaría Túnez. Fue en esta ocasión cuando acudió a Mallorca, siendo ésta la única visita de un monarca español a la isla en toda la época moderna. En 1536, tras la fracasada campaña de Provenza, pasó rápidamente, quedándose sólo unas breves horas para descansar. En 1538, viajó por distintos lugares de Cataluña, especialmente por el condado del Rosellón, preocupado por la amenaza de la guerra con Francia. En 1542 se produjo una nueva visita breve pero importante, del 16 de octubre al 21 de noviembre, para la jura del príncipe heredero don Felipe por las Cortes catalanas. Don Carlos consideraba importante dar este paso para confirmar el orden sucesorio, sobre todo en los reinos forales. El periplo duró medio año. Primero fueron a Monzón, donde se hallaban reunidas las Cortes Generales. Desde allí, don Felipe participó en una expedición militar por tierras del Rosellón. Después el viaje siguió por Aragón, con una visita a la capital, Zaragoza, y por Cataluña, con una estancia en Barcelona. El día 9 de noviembre don Felipe fue jurado como heredero. En la ceremonia se produjeron las habituales disputas sobre protocolo, pero el ambiente general fue muy festivo. La visita finalizó en el reino valenciano. Y en 1543 se produjo el último viaje de don Carlos al Principado, de paso hacia el Imperio, acosado ya duramente por sus adversarios. Durante esta visita firmó el emperador las instrucciones de Palamós, aconsejando a su hijo y heredero sobre el arte de gobernar. Por todo ello, como afirma Manuel Fernández Álvarez, cabría hablar de las 1.000 jornadas de Carlos V en Cataluña.

En el reino de Aragón uno de los principales problemas se planteó a partir de las Cortes de 1528, cuando la organización de la Real Audiencia entró en competencia con el tribunal del «justicia». Otra de las cuestiones conflictivas era la reserva de cargos para los aragoneses. La elección de prelados italianos para algunas sedes del reino provocó gran rechazo, por ir en contra de lo establecido en los fueros. Todavía más conflictiva fue, en esta misma línea, la cuestión del «virrey aragonés», pues los aragoneses reivindicaban el cargo exclusivamente para los naturales del reino y esta pretensión no siempre fue respetada. En 1554 la designación como virrey de un castellano, Diego Hurtado de Mendoza, conde de Mélito, al que en Aragón consideraban como «extranjero», causó una grave crisis, aumentada por el autoritarismo de su actuación. Pero don Carlos, consciente del error cometido, trató de enmendarlo y en adelante los virreyes serían elegidos entre naturales del reino, laicos o eclesiásticos. Fuente de continuos problemas sería también el contrabando de caballos. Considerados como armas de guerra, Carlos V prohibió desde 1543 la venta de caballería a Francia, país enemigo con el que se mantuvieron continuas guerras. Pero esta decisión perjudicaba los intereses de las comarcas pirenaicas y se organizó un activo contrabando, en el que se hallaban implicadas algunas familias de la nobleza. Con el fin de perseguir estas actividades ilegales, se potenciaron los poderes militares del virrey y se recurrió a la Inquisición. El remedio fue peor que el mal, pues se creó un conflicto permanente entre la Corona y los derechos forales. Tras la grave crisis de las Germanías, el reino de Valencia permaneció tranquilo durante el resto del reinado de don Carlos. El duque de Calabria, descendiente de la casa real de Nápoles, casado con la reina Germana de Foix, gobernó como virrey durante largo tiempo, hasta su muerte en 1550.

Los reinos italianos fueron igualmente gobernados por virreyes. En Nápoles se produjeron algunos conflictos al comienzo del reinado, derivados de la existencia de un partido angevino, favorable a los franceses, pero en los años posteriores el emperador pudo contar con el apoyo de los nobles para controlar el reino. Durante más de dos décadas fue virrey Pedro de Toledo, hombre autoritario pero eficaz, que desarrolló una política de defensa contra los ataques islámicos, fortificando las costas. Uno de los momentos más conflictivos fue la revuelta ocasionada por el intento de introducir la Inquisición española. En Sicilia, los motines de Palermo, originados por la intransigente actuación del virrey Hugo de Montcada, ensombrecieron el inicio del reinado de don Carlos en 1516 y 1517.

Apaciguada la situación, el reinado transcurrió en la isla entre el autoritarismo de los virreyes y los desmanes de la nobleza local, apegada al feudalismo más inflexible y opresivo. En cuanto al ducado de Milán, tras una larga lucha contra Francia, fue definitivamente incorporado a la Monarquía española en 1535, gracias a una decisión de don Carlos, en su calidad de emperador, pues el ducado era un feudo imperial. El Milanesado desempeñaría una función esencial en las comunicaciones entre la península Ibérica y el centro de Europa. De manera parecida, los Países Bajos, que formaban parte de la herencia borgoñona, pasarían en 1548, igualmente por decisión imperial, a formar parte de la Monarquía española, ratificando así la tradicional relación de Castilla con Flandes.

De los inmensos dominios de Carlos V, los territorios más extensos se hallaban en América. Al inicio de su reinado las Indias eran todavía una realidad reducida, pero en los años sucesivos fueron añadiéndose enormes territorios, primero el Imperio azteca, conquistado por Cortés, después el Imperio inca, conquistado por Pizarro. Estas grandes conquistas se incorporaron a la Monarquía española convirtiéndose en los virreinatos de Nueva España y del Perú. La colonización fue dura con la población indígena, pero se generó un gran debate sobre la cuestión, iniciándose la larga lucha por la justicia en América. Uno de los principales defensores de los indios fue fray Bartolomé de las Casas, que logró del emperador en 1542 la reforma de las leyes y la abolición de las encomiendas. Esta medida provocó la sublevación de los conquistadores del Perú, que se sentían perjudicados en sus ambiciones. Aunque los planteamientos de las nuevas leyes fueron moderados y su aplicación resultó muy limitada, resulta muy revelador del talante del emperador y de su programa político el hecho de que las Nuevas Leyes de Indias fueran promulgadas. La preocupación por los indios americanos y el cuestionamiento de la misma licitud moral de la conquista se hallan entre los puntos más admirables de la política imperial.

La hispanización del monarca

La progresiva identificación de don Carlos con lo español fue una de las constantes más notables de su reinado, con significadas consecuencias personales y políticas. En España residió preferentemente y formó su familia, se casó y nacieron sus hijos, Felipe en Valladolid, María y Juana en Madrid. Aunque al llegar no conocía la lengua, muy pronto aprendería el castellano y adoptaría muchas de las costumbres españolas.

Superada la grave crisis inicial, cada vez más los reinos españoles se convertirían en la espina dorsal del proyecto imperial, sosteniéndolo con hombres y dinero, luchando al lado de don Carlos en sus continuas guerras contra franceses, protestantes y turcos, y erigiéndose en baluarte de su cruzada en defensa de la fe católica. Por ello, el emperador no dudará en múltiples ocasiones en dar prioridad a intereses peninsulares frente a los de otros de sus dominios, por ejemplo, cuando para responder a los ataques islámicos centre sus esfuerzos en la defensa del mediterráneo, con empresas como la conquista de Túnez o posteriormente la fracasada de Argel, siempre tratando de evitar el peligro de las incursiones berberiscas, respaldadas por la flota turca, en las costas españolas.

Muy reveladora será su decisión de retirarse a Yuste. Aquel joven rey, nacido y criado en tierras flamencas, que llegó a España para reinar, siendo un perfecto extranjero, ignorante de casi todo lo que tenía que ver con sus nuevos reinos, se convertiría con el paso de los años en el monarca, ya español, que regresó definitivamente a España para morir.

II. Felipe II

Señor de todo el mundo

Igual que había sucedido con su padre, Felipe II se hallaba fuera de España cuando se convirtió en su rey. Carlos V había elegido Bruselas para abdicar y allí se reunieron padre e hijo. El 25 de octubre tuvo lugar el solemne acto de la abdicación de don Carlos en el palacio real de Bruselas y en los meses siguientes se fue produciendo el traspaso de los diversos territorios. El 16 de enero de 1556 se protocolizó el acta que transfería España y sus dominios. En la primavera de 1556 Felipe se había ya convertido en el monarca de un imperio mundial. Rey de la Monarquía española, Felipe II no era un monarca cualquiera. No heredó el título de emperador del Sacro Imperio Romano Germánico, que pasó a su tío Fernando, pero sí recibió la misma misión de defensa de la fe católica frente a sus enemigos, exteriores, como el Imperio turco, e interiores, como el protestantismo, y de propagación de la fe en tierras donde era desconocida. Su herencia territorial se había visto algo reducida con respecto a la de su padre, pero poseía todavía muchos países en Europa, en la península Ibérica, en Italia y en los Países Bajos, y las posesiones americanas eran inmensas, por todo ello, aunque no poseyera el título imperial, su proyecto era imperial en cuanto implicaba un gobierno verdaderamente universal. De lo que se desprende el sentido de Monarquía Católica con que frecuentemente se designaba en la época a la Monarquía española, y el concepto de «monarca» que Felipe II tratará de encarnar, el de «señor de todo el mundo», como soberano de una potencia hegemónica que abarcará territorios alrededor de todo el planeta, lo que hará cierta la famosa expresión de que en sus dominios no se ponía el sol.

Unos meses después, en septiembre, don Carlos dejó los Países Bajos, camino de Yuste. Fue la última separación, la definitiva, del padre y el hijo. Felipe II, ya rey de la Monarquía española, permaneció todavía largo tiempo en los Países Bajos. También viajó a Inglaterra. El 1 de noviembre de 1557 se hallaba en Arras cuando recibió la noticia de la muerte de su padre en Yuste. En 1559 Felipe continuaba en los Países Bajos, a pesar de las reclamaciones de las Cortes castellanas para que volviera a España. Finalmente, a fines de agosto de 1559, se embarcó en Flessinga y dijo adiós para siempre a los Países Bajos. El 25 de agosto se hizo a la mar con destino a la península Ibérica. Felipe II llegó a Laredo el 8 dc septiembre y se dirigió a Valladolid, donde hizo su entrada solemne el 14 del mismo mes. Había permanecido lejos de España durante más de cinco años, a través de sus viajes había acumulado experiencia política y personal. Volvía como rey y volvía con una nueva perspectiva europea.

Pero Felipe no seguiría el ejemplo itinerante de su padre. A partir de entonces no volvió a salir de la Península, aunque viajó repetidamente por ella. Castilla fue, como siempre, el escenario preferente de sus desplazamientos: Valladolid, Madrid, Toledo, para reunir Cortes; Guadalajara, para encontrarse con su tercera esposa Isabel de Valois; después otra vez Madrid y Toledo. Finalmente, a partir de 1561, Madrid será el lugar elegido como sede de la Corte y capital de la Monarquía Católica. Al poco tiempo comenzaron las obras del gran monasterio de El Escorial, la gran obra del reinado, en honor de Dios y de la dinastía de los Austrias. Monasterio, iglesia, panteón, más que palacio, el enorme conjunto será edificado en menos de veinticinco años, de 1563 a 1584, manifestando los enormes recursos materiales y humanos de aquella Monarquía. Monumento al poder del rey, pero consagrado no sólo a su gloria terrena, sino sobre todo a la gloria divina, la mole majestuosa de El Escorial es la imagen más expresiva de la Monarquía Católica que Felipe II encarnaba.

Pero la llegada a España del nuevo rey exigía su presencia en muchos lugares. Por aquellos años iniciales siguieron las rutas por

Castilla, Toledo, Segovia, Aranjuez, el Pardo, Valsaín. En 1563 viajó don Felipe por primera vez como rey a la Corona de Aragón, con el fin principal de realizar los preceptivos juramentos. Primero fue a Monzón, con motivo de celebrar, por fin, las Cortes tan esperadas; después, a comienzos de 1564, a Barcelona. Pero estas visitas no iban a ser frecuentes.

Madrid, capital

En el paulatino proceso de conversión de una Corte itinerante en una Corte consolidada y fijada en una sede determinada, en el marco del desarrollo institucional del gobierno de la Monarquía, el reinado de Felipe II constituyó un hito importante. Como señaló el cronista Luis Cabrera de Córdoba, Madrid, sede de la Corte, se erigió en el «corazón» de la Monarquía:

> El Rey Católico, juzgando incapaz la habitación de la ciudad de Toledo, ejecutando el deseo que tuvo el emperador su padre de poner su Corte en la villa de Madrid, y con este intento hizo palacio el alcázar insigne en edificio, agradable y saludable en sitio a que se sube por todas partes, determinó poner en Madrid su Real asiento y gobierno de su Monarquía, en cuyo centro está. Tenía disposición para fundar una gran ciudad bien provista de mantenimientos por su comarca abundante, buenas aguas, admirable constelación, aires saludables, alegre cielo y muchas y grandes calidades naturales, quc podía aumentar el tiempo y arte, así en edificios magníficos, como en recreaciones, jardines, huertas. Era razón que tan gran Monarquía tuviese ciudad que pudiese hacer el oficio del corazón, que su principado y asiento está en medio del cuerpo para ministrar igualmente su virtud a la paz y a la guerra a todos los estados.

La Monarquía española era una construcción política nueva, formada por un conjunto de territorios, cada uno con su propia capital, Zaragoza en Aragón, Barcelona en Cataluña, la ciudad de Valencia en el reino de Valencia, Pamplona en Navarra, y así los demás países. La Corona de Castilla, a pesar del papel central que tuvo en la construcción, por razones que venían de los tiempos medievales, no tenía una capital clara, varias ciudades se disputaban la primacía: Valladolid, Toledo, Burgos. Si en la época de los Reyes Católicos todo era demasiado reciente para que resultara manifiesta la necesidad de una capital, sede de la Corte y del gobierno, y en tiempos de Carlos V, resultaba demasiado complicado por la vinculación al Imperio, buscar una capital nueva para la nueva Monarquía se consideró en el reinado de Felipe II necesario. La Historia parecía indicar que a todo gran imperio correspondía una gran capital, como indicaban claramente los dos máximos exponentes de la Antigüedad clásica, que tanto peso tenían en la época como referencia obligada: Grecia había tenido Atenas, el Imperio romano había nacido de Roma. Además, los ejemplos coetáneos de las Monarquías extranjeras parecían avalar la designación de una capital fija. Las Cortes solían ser más o menos itinerantes, pero la mayoría de los países tenían capitales claras, grandes ciudades que desempeñaban un papel nuclear: París, Londres, Estambul. Pero el desarrollo del poder real buscó nuevas sedes y así hubo ciudades en la época moderna que se convirtieron en capitales de un reino y que acogieron a la Corte y, a la inversa, Cortes que crearon ciudades en su entorno. La sede de la Corte pudo ser permanente o transitoria, encumbrando o debilitando ciudades con su presencia o su ausencia. Barcelona, Valladolid o Lisboa son diferentes ejemplos de lo que representó para algunas ciudades perder la sede de la Corte. Madrid es, por el contrario, el ejemplo de lo que suponía convertirse en Corte y capital. Se producía entre ciudad, capital y Corte un interesante fenómeno ambivalente de simbiosis y de rivalidad.

El pensamiento político de la época concebía el conjunto de la Monarquía como un cuerpo vivo que precisaba un corazón y ese corazón, como decía Luis Cabrera de Córdoba, era la capital. La Monarquía necesitaba una capital y designó una. En el caso español el lugar elegido fue Madrid. Esta importante decisión no fue casual ni improvisada, sino perfectamente calculada, Fernández Álvarez la considera como «un logro consciente de Felipe II». A partir de ese momento Madrid se convirtió por obra y gracia de don Felipe en la nueva capital de la nueva Monarquía Católica, la potencia hegemónica mundial. El señor del mundo debía tener una capital, una capital que fuese el centro de su Corte y de su señorío universal y esa capital se hallaba significativamente en España, en el centro de la península Ibérica, y dentro de España en el centro de las Castillas.

Los monarcas podían tener sus preferencias, unos eran partidarios de moverse, de cambiar de escenarios, de estar en estrecho contacto con sus tierras y sus vasallos, en cambio, otros buscaban el aislamiento y la tranquilidad de una residencia fija, pero el peso de la realidad política se imponía a sus inclinaciones y deseos. El paso de la Corte itinerante a la Corte asentada en un lugar determinado no respondía simplemente a temperamentos personales distintos, sino que suponía dos formas, dos estilos de gobernar diferentes, uno, el de los Reyes Católicos, el de Carlos V, muy personal y directo, sobre el terreno, en contacto con la realidad concreta, inmediato en el espacio y en el tiempo, siguiendo los problemas allí donde surgían; otro, el de Felipe II y sus sucesores, progresivamente más distante e indirecto, más institucional y abstracto, con mayor intermediación, a través de las informaciones recibidas y del intercambio de papeles y mediante la acción interpuesta de los representantes reales, en definitiva, con un voluntario distanciamiento que facilitara la perspectiva y la frialdad del análisis y de la decisión y también alejara el impacto de sus resultados y consecuencias. El reinado de Felipe II representó un paso esencial en el proceso de cambio de un modo a otro de gobierno.

Después de un padre tan viajero, Felipe II será considerado como ejemplo de rey sedentario, un rey de los papeles, que gobernaba el mundo encerrado en su pequeño despacho de El Escorial y que imponía su presencia desde la lejanía. No será un jefe militar como su padre el emperador Carlos y su abuelo Fernando, sino un rey burócrata, cuyo mundo era el de la administración y que gobernaba apoyándose en los secretarios de Estado y manteniendo la nobleza a una cierta distancia, para subrayar el carácter superior de la Corona. Felipe II, imbuido de un alto concepto de la realeza y de su responsabilidad como rey ante Dios y ante sus súbditos, aplicará una política de autoridad y control en todos los temas y sobre todos los territorios de la Monarquía.

La impermeabilización de la Monarquía

La defensa de la fe debía comenzar, de acuerdo con las creencias reales, por la propia España, manteniéndola alejada de la rápida difusión de la Reforma protestante. Desde comienzos de su reinado Felipe II se mostró especialmente preocupado por este problema. Todavía se hallaba en Flandes, cuando autorizó el procesamiento del arzobispo Carranza, tal como había sido solicitado por el consejo de la Inquisición. Este paso decisivo, con todo lo que suponía el procesamiento de tan alta autoridad religiosa como era el arzobispo de Toledo, sede primada de la Corona de Castilla, ya indicaba la actitud dura e inflexible que iba a adoptar el nuevo monarca en cuestiones de ortodoxia, cuando ni las más elevadas jerarquías eclesiásticas se hallaban a salvo de sospechas. Fray Bartolomé de Carranza, religioso dominico, pertenecía a la corriente partidaria del desarrollo de la religiosidad interior y había publicado su *Catecismo Cristiano* en Amberes en 1557. A sus ideas se oponían frontalmente otro dominico, el teólogo Melchor Cano, y el inquisidor Valdés. El proceso, mezclando religión y política, provocaría un largo conflicto de diecisiete años, que enfrentó a la Corona con el papado, y que acabaría con una sentencia ambigua.

Al poco de llegar a España, como una nueva señal de su actitud de firmeza contra el protestantismo, Felipe II presidió personalmente el segundo auto de fe de Valladolid en octubre de 1559. El descubrimiento de grupos protestantes en tierras españolas, concretamente en Valladolid y Sevilla, había causado gran alarma y se había considerado necesaria una represión muy dura. El encargado de su aplicación fue el inquisidor general Fernando de Valdés, arzobispo de Sevilla. En 1558 y 1559 fueron condenados por «luteranos» en esas dos ciudades, Valladolid y Sevilla, unas 80 personas, tanto eclesiásticos como seglares, entre ellos incluso algunos nobles. En el auto de fe vallisoletano fue quemado un antiguo capellán del emperador, Agustín Cazalla. Nadie podía escapar del castigo. Sólo unos pocos lograron salvarse huyendo al extranjero.

No bastaba una política de represión como la que se hallaba confiada a la Inquisición, era preciso también, en opinión del soberano, desarrollar una eficaz política de prevención, para tratar de evitar el contagio de ideas heterodoxas. Ese mismo año 1559 Felipe II prohibió a todos sus súbditos ir a estudiar a universidades de países extranjeros, salvo las de algunos pocos como Italia y Portugal, considerados ideológicamente seguros, a salvo de la herejía. El rey consideraba el mundo intelectual como especialmente peligroso y por ello trató de controlarlo y vigilarlo para cortar de raíz cualquier posible influencia considerada nociva. Este sentido tuvo probablemente la «visita» de inspección realizada a la Universidad de Salamanca en 1561. La misma orientación tuvieron las medidas de censura de libros. Desde 1551 existían catálogos de obras prohibidas, los llamados «índices de libros prohibidos». Primero se utilizaron los índices de otros lugares, como los publicados por las Universidades de Lovaina y París, pero en 1559 la manifestación de focos protestantes en Valladolid propició la necesidad de confeccionar uno español. Vinculado generalmente al inquisidor Valdés, fue, debido al apresuramiento, una obra de circunstancias, que más tarde sería ampliada por el índice del inquisidor general Quiroga en 1584. Todas estas disposiciones han sido definidas como el intento de una política de impermeabilización de la Monarquía española, cerrando sus fronteras físicas y espirituales a cualquier influjo del movimiento protestante en plena expansión en Europa.

Felipe II no estaba solo en su cruzada por la fe católica. El rey hizo coincidir su política de control religioso con la tercera y última etapa del Concilio de Trento, en el que la Monarquía española se implicó totalmente, enviando teólogos, obispos y diplomáticos, para influir en la marcha de las labores conciliares y darle todo su apoyo al papado en la culminación de la reforma interna de la Iglesia católica y en el planteamiento de la lucha contra la Reforma protestante, la gran cruzada contrarreformista. A partir de 1563 la ortodoxia quedaría fijada por el Concilio de Trento y a su aplicación se consagraría el soberano personalmente, tanto como expresión de su política regalista, que le llevaría con frecuencia a enfrentamientos con el papado en defensa de los derechos de la Corona, como por celo religioso, que le hacía desconfiar de la eficacia de las jerarquías eclesiásticas romanas y españolas en el empeño de aplicación de la reforma tridentina en todos sus aspectos dogmáticos, morales y litúrgicos.

La rebelión de los moriscos

En tiempos de Felipe II, como en los años de su padre Carlos V, el islam era una fuerza en plena expansión. A la presión exterior, encabezada por el Imperio turco otomano y secundada por los estados berberiscos del norte de África, se sumaba el problema interno de los moriscos. Convertidos todos desde el reinado anterior, la tolerancia política les había permitido mantener sus señas de identidad. Pero terminada la moratoria concedida por don Carlos, Felipe II comenzó a aplicar una política de mayor control. La legislación que contra sus usos y costumbres desarrolló la burocracia letrada, deseosa de lograr una mayor uniformidad social, en contra de los criterios más posibilistas de las autoridades aristocráticas y militares, partidarios de no alterar el equilibrio existente, provocaría la reacción de la comunidad morisca, decidida a mantener sus particularidades. El primero de enero de 1567 una proclama real ordenaba a todos los moriscos de Granada abandonar su vestido, lengua, costumbres y prácticas en el plazo de un año, bajo pena de multas y encarcelamiento. La Inquisición y la Audiencia se encargaron de la aplicación de la ley.

Los dirigentes de la comunidad morisca trataron de negociar algún nuevo acuerdo que les permitiera mantener las peculiaridades de su estilo de vida, pero todo fue en vano. Convencidos los moriscos más radicales de que no podían esperar concesiones del rey, en 1568 estalló una nueva rebelión, conocida como la Segunda Guerra de la Alpujarra o Guerra de Granada. Fue en esta comarca granadina, muy montuosa y difícil de controlar, donde se inició el levantamiento, que muy pronto se extendió por el reino de Granada, desde Almería hasta Ronda. Los insurrectos, que se calcula que llegaron a ser unos 30.000, buenos conocedores del terreno y apoyados por muchos sectores de la población morisca, desarrollaron unas tácticas de guerrilla muy eficaces, que pusieron en jaque a las autoridades cristianas. Aunque apenas contaron con apoyo exterior, el peligro de un desembarco musulmán en la península Ibérica resultaba una amenaza inquietante, sobre todo por la debilidad mostrada por las tropas existentes en España, insuficientes para vencer la rebelión, pues la mayor parte del ejército se hallaba en Italia y en Flandes. La guerra fue extremadamente cruel por ambos bandos. El marqués de Mondéjar y el marqués de los Vélez, los dos jefes militares, ambos muy vinculados a la región por sus propiedades e intereses económicos, no lograron someter la revuelta.

La rebelión llegó a tener tal magnitud, que el propio Felipe II consideró necesario desplazarse a Andalucía, tratando de dominar la situación con su presencia. Mandó venir a la península soldados de Nápoles y les dio orden de actuar sin contemplaciones: «A fuego y sangre». Las tropas cristianas, compuestas en parte por soldados profesionales y en parte por milicias nobiliarias y concejiles, tuvieron una actuación muy dura. Impulsados por el afán de venganza, se libraron al pillaje y con frecuencia redujeron a los vencidos a la esclavitud. Estos excesos en la represión, lejos de cortar el levantamiento, contribuyeron todavía más a su difusión y radicalización. Pero al movimiento de resistencia le costó mantener la cohesión y poco a poco fue dividiéndose. Importante para la victoria de las armas cristianas fue la designación en 1569 como comandante supremo de Juan de Austria, hijo natural del emperador Carlos V, de quien había heredado sus dotes militares y que, a pesar de su juventud y su falta de experiencia, gozaba de gran simpatía entre los soldados. La recuperación de la confianza y el orden en el ejército real dieron un nuevo impulso a las operaciones militares y finalmente se consiguió dominar la rebelión morisca. En el verano de 1571 la guerra había terminado.

El castigo aplicado fue durísimo y además general. Atribuyendo lo ocurrido a la gran concentración de población morisca existente en el reino de Granada, Felipe II decidió la expulsión de todos los moriscos de esas tierras, comenzando por los del llano, precisamente los que no se habían sumado a la sublevación. Además de las penas que sufrieron los cabecillas más significados, toda la comunidad morisca pagó las consecuencias, teniendo que abandonar sus lugares y sus posesiones y acabando dispersados por tierras desconocidas del resto de la Corona de Castilla, separados de sus parientes, amigos y vecinos. La deportación duró unos dos meses y representó un gran sufrimiento individual y colectivo. Muchos no sobrevivieron al viaje. Es conocido el pesar que Juan de Austria, siempre magnánimo, sintió por el resultado último de su victoria: «No sé si se puede retratar la miseria humana más al natural que ver salir tanto número de gente con tanta confusión y lloros de mujeres y niños, tan cargados de impedimentos y embarazos».

Don Carlos

El año de 1568 fue terrible para Felipe II, tanto para su vida personal como para la historia de su reinado. La rebelión de Flandes se hallaba en un punto culminante cuando en la península se inició la rebelión de los moriscos. Y en medio de esa aguda crisis política se produjo una gravísima crisis familiar: su hijo y heredero el príncipe Carlos, hijo de su primera esposa, María Manuela de Portugal, se enfrentó a su autoridad paterna y a su autoridad regia. La personalidad del príncipe se había ido deteriorando progresivamente. Fueron muchos los indicios de su enfermedad física y mental. Desde 1560 había padecido prolongados ataques de fiebre y en 1562, mientras se hallaba estudiando en la Universidad de Alcalá de Henares, se cayó por unas escaleras y se lesionó gravemente la cabeza. A partir de entonces ya no volvió a ser el mismo. A veces se mostraba sensato, pero otras veces era muy infantil, cayendo en frecuentes rabietas y manifestaciones de ira. El rey, que amaba a su hijo, se fue separando progresivamente de él y su actitud se endureció ante su mal comportamiento, impropio de un príncipe cabal. En 1567 la situación empeoró gravemente. Don Carlos comunicó a su confesor que estaba pensando en matar a un hombre, que al parecer era su propio padre. Juan de Austria, muy próximo al príncipe, conocía muchos de sus planes y finalmente consideró necesario informar al rey del proyecto del príncipe de huir a los Países Bajos.

Felipe II decidió que era preciso actuar en contra de su hijo para evitar males mayores. El 17 de enero de 1568 el rey llegó a Madrid desde El Escorial y convocó una reunión de sus consejeros políticos y de algunos teólogos y tomó la decisión de arrestar al príncipe. La noche siguiente, Felipe II en persona, con casco y espada, encabezó el grupo de consejeros y guardias que fue a detener a don Carlos y le mandó confinar en la torre del castillo de Arévalo. Don Felipe, profundamente afectado como padre y como rey, prohibió la sola mención del nombre del príncipe y le condenó al olvido. El encarcelamiento degradó todavía más el estado del príncipe, que tenía un comportamiento cada vez más perturbado. A comienzos del verano de aquel año se perdió la esperanza de que pudiera ya no curarse, sino simplemente sobrevivir. Felipe II, melancólico y taciturno, se encerraba a solas con su pesar. El 24 de julio don Carlos murió. El rey ordenó un duelo general de nueve días y un año de luto en la Corte. Al principio no pareció que existieran dudas sobre la muerte del heredero, pero poco a poco el rumor de que había algo oculto en aquella tragedia fue cobrando fuerza. La leyenda negra difundió las versiones más escandalosas, desde una alianza a traición del príncipe con los rebeldes de los Países Bajos, hasta unos amores ilícitos del joven con la mujer de su padre, la joven reina Isabel de Valois.

No hay razones para suponer que Felipe II tuviera parte alguna en la muerte de su hijo, pero las terribles circunstancias en que se produjo alteraron gravemente su ánimo. Aquel mismo año sufriría una nueva desgracia, la muerte de su esposa Isabel de Valois, que murió muy joven, dejándole viudo con dos hijas pequeñas, las infantas Isabel Clara Eugenia y Catalina Micaela. La pérdida de su esposa sería otro golpe terrible que quebraría su entereza y le sumiría en una gran depresión. De esta crisis familiar le salvarían sus dos hijitas, a las que amaba tiernamente y posteriormente, en 1570, su matrimonio con su sobrina Ana de Austria, su cuarta esposa, que le daría unos años de gran felicidad doméstica y un nuevo heredero varón, el futuro Felipe III.

La rebelión de los Países Bajos

La rebelión de los Países Bajos sería el otro gran problema de 1568. Por disposición del emperador la herencia borgoñona había pasado a la Monarquía española con varios objetivos, ratificar los vínculos económicos y culturales que tradicionalmente unían la península Ibérica con Flandes, consolidar la hegemonía española en Europa con ese enclave central, y potenciar el dominio oceánico, añadiendo a la fachada atlántica española esa otra fachada atlántica, más al norte del continente. Pero este rico legado acabaría convirtiéndose en una herencia envenenada. De manera similar a lo sucedido en tiempos de Carlos, nacido en Gante, rechazado por los españoles al comienzo de su reinado, en el reinado de Felipe, nacido en Valladolid, las provincias flamencas acabarían por rechazar a su nuevo señor. A diferencia de lo sucedido con Carlos, Felipe II conocía los Países Bajos perfectamente. Su padre, que había aprendido la lección, se había ocupado de que su hijo se formara como hombre y como príncipe y le hizo viajar, ver mundo y, sobre todo, conocer y ser conocido en sus futuros dominios. Felipe se hallaba en Bruselas cuando se convirtió en soberano, pero nunca llegó a identificarse con aquellos pueblos. Pronto volvió a España y no regresó nunca a tierras flamencas. El distanciamiento se hizo cada vez mayor y de la incomprensión se pasó luego al enfrentamiento, tanto por razones políticas como religiosas. Ante la actitud autoritaria de la política filipina, se levantaría una fuerte resistencia nacional contra la autoridad real y frente a la política religiosa militante a favor del catolicismo se opondría la rápida difusión del calvinismo, considerada intolerable por Felipe II.

En los primeros años del reinado la situación se mantuvo gracias a la política contemporizadora desarrollada por la gobernadora, Margarita de Austria, una mujer de gran capacidad política, hija natural de Carlos V y viuda del duque de Parma. Se adoptaron medidas de prudencia como la retirada de los tercios en 1561. Pero el conflicto fue creciendo de forma continua. El poder real se fue desgastando, primero minado por la oposición de la alta nobleza al cardenal Antoine Perrenot de Granvelle, consejero de la gobernadora, que fue depuesto en 1564 para satisfacer las reclamaciones de la aristocracia flamenca. Lejos de lograr una reconciliación, la crisis siguió agravándose. Inmediatamente se sumó a la resistencia la baja nobleza, que se organizó políticamente para oponerse a la autoridad real. De nada serviría tampoco el intento de limitar la Inquisición. La radicalización del movimiento vendría ocasionada por la crisis de subsistencias y el alzamiento popular unido al levantamiento protestante y el estallido iconoclasta que produjo la destrucción de imágenes religiosas en 1566. Ese año se vivía una atmósfera claramente prerrevolucionaria, que daba una amplia base al movimiento, pero que apartó a las clases altas, asustadas por la subversión. Ante el alarmante aumento de la tensión, aprovechando la mejor disposición de la nobleza, la gobernadora era partidaria de hacer más concesiones, pero el rey se inclinaba hacia la necesidad de hacer un cambio de política y decidió retirar a doña Margarita.

En la Corte española existían dos bandos, el partido encabezado por el príncipe de Éboli preconizaba una política de «blandura», el partido acaudillado por el duque de Alba defendía la aplicación de una política de «rigor» y fue ésta opción la que se impuso. En consecuencia, el duque de Alba fue nombrado nuevo gobernador de los Países Bajos y enviado a restablecer la autoridad real y el catolicismo, acompañado por una poderosa presencia militar. Los tercios iban a Flandes para controlar la situación por la fuerza de las armas. Cerca de 8.000 soldados recorrieron el llamado Camino Español, desde España a Italia y de allí a los Países Bajos en una bien organizada operación de traslado. Inmediatamente Alba se dedicó a aplastar la oposición política y religiosa. Prescindió de las instituciones nacionales, creó un tribunal especial, que por su terrible actuación sería conocido como el de «las aflicciones» o de «la sangre», ejecutó a algunos importantes personajes, como los condes de Egmont y Horn, confiscó propiedades de los considerados rebeldes, introdujo nuevos impuestos.

Pero la durísima represión no tuvo los resultados buscados. En lugar de cortar la rebelión provocó su agravamiento y extensión. El recurso a la guerra tampoco solucionó el problema. El duque de Alba se enfrentó militarmente al gran caudillo de la rebelión, Guillermo de Orange, y aunque logró dominar casi totalmente la situación en tierra, la acción de los rebeldes en el mar le impidió alcanzar el control total. Las provincias meridionales quedaron de nuevo sometidas, pero las provincias del norte mantuvieron la lucha. En 1572 la rebelión calvinista triunfó en la provincia de Holanda. Pasaron cinco años y Alba no había conseguido dominar el levantamiento. Había fracasado política y militarmente. Faltaba dinero para proseguir la guerra y la disciplina de los tercios se desintegraba. Se consideraba necesario un nuevo cambio de política.

Asesorado por sus consejeros, especialmente un grupo de humanistas españoles residentes en tierras flamencas, Felipe II se inclinó ahora por una política de moderación, confiada en 1573 a Luis de Requesens y Zúñiga, un noble catalán que gozaba de la confianza real y que fue designado nuevo gobernador de los Países Bajos en sustitución del duque de Alba. Su objetivo era el mismo, restaurar la autoridad real y defender el catolicismo, pero cambiaron completamente los métodos. Se otorgó un perdón general, se suprimieron las medidas represoras tomadas por Alba y se convocaron los Estados Generales para negociar con los representantes de las provincias. La situación mejoró en los territorios del sur, pero en el norte la rebelión se mantuvo firmemente. De nuevo hubo que recurrir al ejército, pero sin éxito. Los problemas económicos y la falta de disciplina empeoraban el problema. En estas críticas circunstancias falleció Requesens. Se agravó entonces la crisis debido al vacío de poder. La bancarrota de la Hacienda en 1575 dejó a los tercios sin cobrar durante meses y, faltos de un control eficaz, cometieron toda clase de desmanes, culminando el desorden en 1576 con el saqueo de Amberes, una ciudad rica y populosa, a la que no salvó del atropello ni siquiera su lealtad al rey. Semejante violencia, conocida como la «furia española», tuvo desastrosas consecuencias para los intereses españoles, pues logró unir a las diversas provincias, a los diferentes grupos sociales y a los seguidores de las dos religiones, católicos y protestantes, todos contra Felipe II, exigiendo al unísono la retirada de los tercios. La oposición se organizó en la llamada «pacificación de Gante», creada para oponerse al absolutismo extranjero. La autoridad real se hallaba completamente arruinada.

Para tratar de salvar la crisis de los Países Bajos era preciso encontrar una figura excepcional y Felipe II la encontró en su hermano Juan de Austria, entonces ya vencedor de Lepanto, un hombre carismático, muy respetado por el ejército. Aunque resultó difícil persuadirle para que aceptara la ardua misión de dominar la rebelión de Flandes, finalmente el rey logró convencerle, con promesas de confiarle después una misión más de su agrado, la conquista de Inglaterra, mediante el destronamiento de Isabel y su casamiento con María Estuardo. El joven príncipe iba en 1576 como gobernador de los Países Bajos, avalado por su ardor guerrero, pero con fines conciliatorios. Siempre con el objetivo de salvaguardar la autoridad regia y el catolicismo, pero dispuesto a toda clase de concesiones para lograrlo. Su actuación fue pronta y eficaz. Pactó con los rebeldes el Edicto Perpetuo en 1577, aceptando prácticamente todas las demandas que se le hicieron, comenzando por la retirada de los tercios. A cambio, fue reconocido como gobernador y se aceptó el catolicismo. Pero la situación pronto se estancó. La empresa inglesa no se iba a realizar y Juan de Austria quedó encerrado en una trampa. En los Países Bajos no fue posible la paz. Se produjo una doble ruptura, por una parte entre el gobernador general, representante del rey de España, y los Estados Generales, representantes de las provincias flamencas; por otra parte entre calvinistas, más radicales, y católicos, más moderados. La pacificación había fracasado y regresaron los tercios. Don Juan decidió pasar a la acción y tomó Namur. En enero de 1578 derrotó al ejército de los Estados Generales en Gembloux. Pero las victorias obtenidas no eran suficientes para recuperar Bruselas ni para impedir que Guillermo de Orange reconstituyera el bando rebelde. En esa delicada situación, el 1 de octubre de 1578, Juan de Austria murió de tifus, a los treinta y tres años.

En sustitución de don Juan, Felipe II envió como gobernador a los Países Bajos a otro hombre joven, Alejandro Farnesio, hijo de la antigua gobernadora Margarita de Parma y amigo de don Juan, un hombre de grandes cualidades políticas y militares, que lograría, al menos, estabilizar el problema de Flandes, gracias también al respaldo económico que logró del rey. La división de la sociedad flamenca facilitó este nuevo empeño de la Monarquía española. La reacción católica contra el calvinismo y la reacción aristocrática contra la burguesía coincidieron y permitieron la localización de la rebelión. En 1579, en el tratado de Arras se produjo la reconciliación entre el gobernador Farnesio y los estados valones, que volvieron a la obediencia de Felipe II a cambio de la retirada de los tercios, la conservación de sus privilegios y la exclusión de los extranjeros del gobierno. La actuación política de Farnesio fue moderada y conciliatoria, sin excluir una acción militar inteligente y eficaz. Frente a la Unión de Arras se erigió la Unión de Utrecht, defensora de la independencia nacional y el protestantismo. Para vencerla, Farnesio desarrolló una doble ofensiva, económica y militar, conquistando una serie de importantes plazas: Yprés, Brujas, Gante, Bruselas, Amberes. Pero las provincias del norte, Holanda, Zelanda, Utrecht, resistieron. A las operaciones en tierra había que sumar las marítimas. La batalla del Atlántico sería decisiva para la independencia de las Provincias Unidas, que declararon formalmente depuesto a Felipe II en 1581.

Guillermo de Orange había sido el primer gran héroe del levantamiento de los Países Bajos contra Felipe II, destacando como caudillo militar frente a los tercios españoles, pero también como dirigente político, logrando, gracias a su prestigio personal y a una gran habilidad en su actuación, mantenerse por encima de las facciones y asegurar la unión de las diversas provincias. La muerte del príncipe de Orange en 1584 dejó un vacío difícil de cubrir. España había reforzado mucho sus posiciones gracias a la presencia de Alejandro Farnesio. Isabel de Inglaterra, muy interesada en desgastar a la Monarquía española, llevaba tiempo sosteniendo la lucha de los holandeses y buscó intervenir más directamente. El fracaso de los ingleses ante las tropas españolas de Alejandro Farnesio abrió camino a la ascensión al poder del hijo de Guillermo de Orange, Mauricio de Nassau.

Aunque la ayuda inglesa seguía siendo necesaria para la consolidación de las Provincias Unidas, su papel se hizo cada vez más débil. La alianza nacional que daba cuerpo al nuevo Estado se basaba en la alianza de las oligarquías urbanas con los mandos militares naturales del país. La situación social se había estabilizado, la burguesía había impuesto sus criterios y el movimiento popular más radical había sido derrotado. Se había desarrollado en la sociedad un estado de opinión política favorable al principio de la soberanía de los Estados Generales y éstos se habían convencido de la inviabilidad de ofrecer la soberanía a un príncipe extranjero. En consecuencia, los Estados Generales la asumieron y decidieron emprender el camino en solitario. Para ello se necesitaba un cabecilla nacional, revelándose como imprescindible la figura de Mauricio de Nassau. Desde 1585 era ya estatúder de dos provincias muy influyentes en la Unión, Holanda y Zelanda, y en 1589 el pensionario Oldenbarnevelt convenció a los estados de otras tres provincias, Utrecht, Gelderland y Overijssel, que lo eligieran también como estatúder. Su primo Guillermo Luis era también estatúder en Frisia, Drenthe y Groninga. Las fuerzas particularistas y disgregadoras, que existían en las diversas provincias y que de vez en cuando se manifestaban en los Estados Generales, quedaron así compensadas en un sentido integrador por el papel desempeñado por la casa de Orange.

Después de años de lucha, la división en los Países Bajos comenzó a perfilarse en la década de los ochenta, debido a las diferencias económicas, sociales, políticas y también bélicas. Se deslindaron dos partes, el sur, católico, valón, aristocrático, fiel a la Monarquía española, y el norte calvinista, flamenco, burgués, partidario de una República independiente. Pero además, en última instancia, se impusieron las fronteras de la guerra, decididas por la inteligencia y la fortuna de dos militares destacados, Alejandro Farnesio en el sur y Mauricio de Nassau en el norte.

Felipe II había fracasado frente a Inglaterra en la misión encomendada a la Gran Armada, fracasaría también en sus pretensiones de colocar a su hija Isabel Clara Eugenia en el trono de Francia. Este doble fracaso repercutiría en la situación española en los Países Bajos. Alejandro Farnesio, que había sido el mejor general de Felipe II en esta terrible y larga lucha, murió en diciembre de 1592, cuando estaba a punto de ser apartado de su cargo al frente del ejército español en los Países Bajos. En aquel escenario comenzaba una nueva etapa, presidida por la figura de Mauricio en las Provincias Unidas, y por la pareja formada por la hija de Felipe II, la infanta Isabel Clara Eugenia, y su esposo el archiduque Alberto en Flandes.

Mauricio de Nassau a pesar de su juventud se estaba revelando como un gran jefe militar y político. Muy interesado en los avances científicos y técnicos, había reorganizado el ejército de las Provincias Unidas, modernizando su armamento y desarrollando nuevas tácticas de combate. A partir de 1590 con la captura de la importante plaza de Breda, había ido aplicando un plan sistemático para desalojar a los tercios españoles y logró hacerlos salir de Groninga, Overijssel, Güeldres y de las cabezas de puente establecidas al norte de las líneas definidas por los ríos Rin y Mosa. De este modo, mientras los tercios españoles se hallaban ocupados luchando en Francia, fue destruyendo la favorable posición ofensiva contra Holanda y Zelanda, que había conseguido, con tanto esfuerzo y habilidad, Alejandro Farnesio. Desde 1595 la situación estratégica entre el norte y el sur quedó prácticamente estabilizada. Después de treinta años de continuas y sangrientas luchas se había producido la división de los Países Bajos, una posibilidad que nadie había previsto y nadie deseaba, pero que parecía difícilmente superable.

Antonio Pérez

El caso del secretario Antonio Pérez fue uno de los episodios más oscuros del reinado y refleja muy bien el concepto de Monarquía absoluta, sólo responsable ante Dios, que tenía Felipe II. Antonio Pérez, nacido en 1540, era hijo ilegítimo de otro gran secretario, Gonzalo Pérez, un eclesiástico de origen converso, natural del reino de Aragón, que desempeñó la importante Secretaría de Estado durante largos años con gran eficiencia. A la muerte de Gonzalo en 1566, Antonio sucedió a su padre en aquel cargo, que era de máxima confianza política, por la trascendencia de los asuntos tratados y la necesidad de máximo secreto y confidencialidad. Pero la gran cantidad de problemas había aconsejado la división de la hasta entonces única Secretaría de Estado en dos secretarías, la de Italia y la del norte de Europa, distribuyendo así por áreas geográficas los asuntos a tratar. Por ello Antonio Pérez, adscrito a la facción del príncipe de Éboli, hubo de compartir su influencia con otro secretario, Gabriel de Zayas, perteneciente al bando opuesto del duque de Alba.

Un paso decisivo en el ascenso de Antonio Pérez fue la crisis de 1568 en que, aprovechando las trágicas circunstancias que confluyeron en aquel año terrible para el monarca, alcanzó su confianza, logro de gran mérito, dado el carácter reservado y suspicaz de don Felipe. Unos años después, en 1573, la muerte de Éboli y la del cardenal Espinosa, un eclesiástico que había hecho una gran carrera, como obispo, cardenal, inquisidor general y presidente del Consejo de Castilla, crearon un vacío de poder que permitió ganar todavía mayor influencia a Pérez dentro del «partido» de los Éboli, precisamente en un momento en que el «partido» contrario del duque de Alba se hallaba gravemente desacreditado por el fracaso en los Países Bajos.

Antonio Pérez, embriagado por el poder y la influencia que gozaba, ganó en atrevimiento y se dedicó a intrigar, atizando los recelos del rey contra una serie de grandes personajes, especialmente contra su hermano Juan de Austria. Igual que se había ganado la confianza de Felipe II, Pérez se ganó también la de don Juan y se dedicó a controlar sus ansias de gloria, procurando por una parte frenar sus ambiciones, pero ayudándole a conseguir alguna de sus aspiraciones. Desde el comienzo el secretario tejió un complicado doble juego entre el rey y el príncipe, siempre en interés propio.

El principal problema de la época era la situación de los Países Bajos y en ello se centraban la mayoría de los enredos del ambicioso secretario. Cuando don Juan fue enviado como gobernador general a Flandes junto a su secretario personal Juan de Escobedo, un viejo amigo de Pérez que había sido elegido por él para desempeñar este cargo, las intrigas alcanzaron una dimensión todavía mayor. Antonio Pérez minó la posición de Juan de Austria, fomentando los recelos del monarca, que no se fiaba de los proyectos de su medio hermano. Pérez acusaba a don Juan de no ser leal al rey, sino de buscar un reino para sí y de esperar incluso convertirse en regente a la muerte del soberano. Este hervidero de intrigas y engaños se hallaba en pleno auge cuando don Juan, sospechando que su comunicación con el rey se hallaba envenenada por sus enemigos, envió en julio de 1577 a su secretario Escobedo a Madrid, con instrucciones de convencer al rey, a través de su amigo Pérez, para que proporcionase los medios para la invasión de Inglaterra. La insistencia de Escobedo resultaba muy comprometida para el rey, pues negarse suponía enfrentarse a don Juan y poner en peligro su posición en los Países Bajos, y acceder era imposible por razones políticas y económicas, pues invadir Inglaterra era una misión descabellada. Escobedo se convirtió así en un peligro, especialmente para Antonio Pérez que se veía amenazado por todo lo que éste sabía y podía contar al rey. Pérez decidió, pues, eliminarle y la noche del 31 de marzo de 1578 una partida de matones lo apuñaló de muerte cuando regresaba a su alojamiento cerca del palacio real.

El asesinato de Escobedo, que al principio pareció que iba a quedar en la impunidad, acabó por desencadenar una gran tormenta política. Era evidente que el crimen se cometió con el consentimiento del monarca, quien convencido por Antonio Pérez de que existían causas importantes para eliminarlo, dentro de su concepción absolutista de la realeza, lo consideró legítimo, como una necesidad para bien del Estado. Pero pronto hizo el rey un descubrimiento terrible, al saber que Antonio Pérez había organizado la muerte de Escobedo no tanto por razón de Estado, sino para evitar que se descubriera su propio doble juego. Felipe II se sintió engañado y traicionado por una persona en la que había depositado toda su confianza y su humillación y su indignación fueron enormes.

Antonio Pérez cayó en desgracia y el favor real se trasladó a otro secretario, Mateo Vázquez de Leca, que era además enemigo irreconciliable de Pérez. Para completar el nuevo equipo de gobierno Felipe II llamó de Nápoles al ya anciano cardenal Granvelle. En 1579 Antonio Pérez fue detenido. Después de pasar varios años encarcelado, en 1591 Pérez huiría al reino de Aragón, provocando un conflicto gravísimo entre el rey y los aragoneses.

La incorporación de Portugal

En el proceso de unificación ibérica iniciado con el matrimonio de los Reyes Católicos, la incorporación de Portugal a la Monarquía española representó la culminación. Buscada desde el principio a través de continuos matrimonios entre las dos familias reinantes, estuvo cerca de lograrse en ocasiones anteriores, como sucedió con la boda de la infanta Isabel, hija mayor de los Reyes Católicos, y el rey Manuel el Afortunado de Portugal, de la que nació el príncipe Miguel, destinado a unir las herencias de sus padres. Pero la muerte prematura de la madre y del hijo frustró esta posibilidad. Tras muchas otras alianzas dinásticas, la oportunidad decisiva se presentó de manera imprevista en 1578. En el curso de una aventurada expedición en el norte de África, en la batalla de Alcazarquivir, donde muchos nobles murieron o fueron hechos prisioneros, desapareció el joven rey Sebastián de Portugal. Le sucedió su tío el cardenal Enrique, ya muy mayor, enfermo, y sin sucesión, por lo que el trono de Portugal quedaba en espera de un heredero.

Siguiendo la línea de integración que había creado paulatinamente el complejo conjunto de la Monarquía española, la unión de la Corona de Portugal tuvo características peculiares. Como indicaba la famosa frase de Diego de Silva y Mendoza, «la forma en que se unió esta Corona con la de Castilla tuvo de herencia, de conquista y de compra». De acuerdo con las leyes sucesorias, Felipe II era el candidato con mejores derechos para conseguir la herencia. Por línea femenina, como hijo de la emperatriz Isabel, hija mayor de Manuel I, era el pariente legítimo más próximo a la dinastía portuguesa de Avís, y tenía a su favor el inmenso poder e influencia que poseía como soberano de la Monarquía que ostentaba entonces la hegemonía mundial. Pero existían otros candidatos, Antonio, prior de Crato, y Catalina de Braganza, que tenían en su contra el ser descendientes de la casa real portuguesa por vía ilegítima, pero tenían la ventaja de ser candidatos nacionales.

Además de la herencia, desempeñaron también su papel la «compra» y la «conquista». Al servicio de su causa puso Felipe II todos los medios políticos y diplomáticos disponibles, que eran muchos. Cristóbal de Moura, un portugués al servicio de la Monarquía española, que fue nombrado embajador del rey Felipe en Portugal, desarrolló una excelente tarea de captación de adeptos. El rey hizo toda clase de gestos para atraerse las voluntades de los portugueses, como ayudar a rescatar a muchos de los nobles que se hallaban prisioneros en Marruecos. Por motivos diversos fueron muchos los que se adhirieron a la candidatura felipista. Desde el rey Enrique, pasando por la nobleza y el alto clero, hasta los mercaderes, eran mayoría los que aceptaban la sucesión española. Pero había algunos reductos de oposición, especialmente entre las clases populares. Aunque Felipe II deseaba establecer sus derechos por la vía pacífica, no descartaba el uso de la fuerza y preparó tropas a lo largo de las fronteras de Galicia, Extremadura y Andalucía, organizadas por los nobles de la zona y dispuestas a intervenir en caso de necesidad, para utilizarlas en todo caso como factor de presión sobre la sociedad portuguesa.

Para resolver el pleito sucesorio el rey Enrique recurrió a la convocatoria de las Cortes, como representantes del reino. Reunidas primero en Almeirim y trasladadas después a Santarem, manifestaron la oposición existente, a pesar de todas las ofertas y concesiones hechas por el monarca español. Las ciudades eran poco favorables y se resistían a aceptar la sucesión del rey español. Antes de llegar a un acuerdo, se produjo la muerte del rey Enrique en enero de 1580. Felipe II actuó inmediatamente. Ante la proclamación de Antonio, prior de Crato, en Lisboa y otras ciudades, don Felipe mandó intervenir al ejército capitaneado por el duque de Alba, que no tardó en sofocar los núcleos de resistencia. Álvaro de Bazán, marqués de Santa Cruz, acabaría posteriormente con los últimos reductos de oposición, en una contundente acción naval contra don Antonio y sus partidarios en las islas Azores.

Acto seguido, en 1581, Felipe II mandó convocar las Cortes en Tomar para negociar con los portugueses las condiciones de su incorporación a la Monarquía española. Don Felipe en persona se trasladó a Portugal para ser proclamado rey y jurar las leyes de su nuevo reino. Estas Cortes de Tomar, esenciales para marcar la pauta de las relaciones entre el rey y el reino, por ser las Cortes inaugurales del nuevo reinado, oscilaron entre el pacto político y la merced real y esta ambivalencia de partida se proyectó sobre todo el periodo de integración del reino lusitano en la Corona española, manifestándose continuamente la tensión entre absolutismo y constitucionalismo.

Felipe II fue solemnemente reconocido como rey por las Cortes en abril de 1581 y prometió conservar la autonomía de Portugal y su imperio. Permaneció todavía dos años más en Lisboa, para anudar los vínculos con el pueblo portugués e incluso pensó en fijar allí su residencia. Pero en abril de 1583 regresó a Madrid y no volvió más a Portugal. Como representante suyo dejó en calidad de virrey a su sobrino el archiduque Alberto de Austria.

La incorporación de Portugal supuso un engrandecimiento muy significativo para la Monarquía española. Además de añadir un nuevo reino al conjunto, representaba culminar el proceso de unificación ibérica y suponía un enorme aumento de poder en el afán de hegemonía mundial perseguido por Felipe II. No era sólo la integración de un territorio peninsular, sino la de un extenso imperio ultramarino, una ampliación enorme en el dominio del Atlántico y del Pacífico, con una flota y una economía suplementaria. Pero este despliegue planetario tenía también sus contrapartidas, pues aunque la Monarquía española incrementaba su poder, también aumentaban las tierras y mares donde podía ser atacada. Cada vez sería más difícil controlar tan extensos dominios y defenderlos adecuadamente contra tantos y tan diversos adversarios.

El agitado clima de la Corona de Aragón

Tras una larga ausencia de más de veinte años, Felipe II, a su regreso del viaje a Portugal, decidió hacer una nueva visita a la Corona de Aragón. El viaje, relatado por Enrique Cock, comenzó por el reino de Aragón para seguir después por Cataluña y Valencia. En noviembre de 1584 las Cortes castellanas habían jurado heredero al príncipe Felipe. Era preciso recabar el mismo reconocimiento de las Cortes aragonesas, catalanas y valencianas. Además, otro motivo familiar coincidía. El rey deseaba acompañar a su hija Catalina Micaela, que se marchaba de España tras haber contraído matrimonio con el duque de Saboya, Carlos Manuel, hasta el momento de su despedida de la península.

El 19 de enero de 1585, el rey, acompañado de sus hijos, Felipe, Catalina Micaela e Isabel Clara Eugenia, partió hacia Zaragoza. Allí se celebraría la boda de Catalina el 11 de marzo, en medio de grandes festejos. El 2 de abril la comitiva partió hacia Barcelona, pasando por Lérida, Poblet y Montserrat. A la Ciudad Condal llegaron a principios de mayo. Enzarzado el Consell de Cent en una interminable discusión sobre si debía recibir a Felipe II como rey de la Monarquía Hispánica o como conde de Barcelona, el soberano zanjó la cuestión haciendo el día 7 de mayo su entrada en la ciudad de improviso. Una vez más se ponía de manifiesto el distanciamiento entre las concepciones políticas de Felipe II, señor de una Monarquía Universal, y el Principado, apartado de los grandes cambios que se iban produciendo en la Monarquía de los Austrias. Como escribía el cronista Cabrera de Córdoba: «Entró de noche por excusar ceremonias antiquísimas, mantenidas de los catalanes por sagradas e inalterables, no convenientes a la grandeza de los presentes reyes y tantas veces omitidas de sus primitivos señores». El desconcierto se superó pronto. Al día siguiente de la llegada, los diputados y oidores de la Diputación del General fueron a cumplimentar al rey, para manifestarle su satisfacción por la visita. Los catalanes, a pesar del incidente ceremonial, se volcaron en festejos hacia la familia real.

De Barcelona, en junio, el monarca, con sus hijos Felipe e Isabel Clara Eugenia, marchó a Monzón para la reunión de Cortes Generales y allí pasó el verano y el otoño. Las Cortes de 1585 resultaron conflictivas. Manifestaron, una vez más, las diferencias entre el monarca y los reinos de la Corona de Aragón e insistieron en la esencia del pactismo, que invocando la tradición limitaba el despliegue del poder real. En agosto las Cortes tuvieron que trasladarse a Binéfar, por los rigores del clima estival y la extensión de una epidemia. Acabadas las sesiones, Felipe se dirigió hacia Valencia. Si en este viaje de Felipe II ocurrió en Barcelona una anécdota significativa de las discrepancias existentes entre el monarca y las tradiciones catalanas, en Valencia se produjo otro episodio conflictivo por el alojamiento de la Corte. La Corona, inmersa en un proceso de crecida y transformación del poder, se distanciaba progresivamente de los reinos forales, anclados en sus sistemas consuetudinarios. Las visitas reales eran ambivalentes. Por un lado deseadas, por otro temidas, por la carga económica y los problemas de organización. Felipe II haría su entrada en la capital valenciana el 19 de enero de 1586. La estancia del monarca transcurrió en medio de grandes celebraciones. A pesar de los problemas existentes, la presencia real era siempre ocasión para propiciar su favor. El rey dejó la ciudad el 17 de febrero, visitando de paso Alcira, Gandía y Játiva, desde donde partió hacia Castilla. Los conflictos y tensiones, aunque no demasiado graves, prefiguraban los posteriores enfrentamientos del siglo XVII. En todo caso resultaba evidente que el distanciamiento entre la Monarquía y sus reinos de la Corona de Aragón se acentuaba.

En la década de los años ochenta se produjeron graves alteraciones en diversos lugares del reino. Alarmante fue el incremento del bandolerismo en la península y muy especialmente en la Corona de Aragón. En el reino de Valencia la violencia había experimentado una notable crecida desde los años setenta y en 1580 la extensión del uso de armas de fuego, los llamados «pedernales», empeoró todavía más la situación. El virrey marqués de Aitona intentó restablecer el orden público y logró algunos éxitos notables en su lucha contra la delincuencia, pero su actuación le llevó a cometer contrafueros, vulneraciones de las leyes del reino valenciano, lo que desencadenó una serie de conflictos políticos, tal como se puso de manifiesto en las Cortes de 1585. En Cataluña sucedía algo similar, todavía más grave por la proximidad de la frontera francesa. En los Pirineos se enfrentaban continuamente los bandos de Cadell y del señor de Nyer, que se hicieron famosos con los nombres de «nyerros» y «cadells». Estos bandos luchaban entre sí, provocando general intranquilidad en la sociedad catalana, pero también se atrevían a atacar los intereses reales. En 1587 los bandoleros asaltaron los cargamentos de plata americana.

Pero la principal agitación se vivía en el reino de Aragón. El bandolerismo alcanzó enorme gravedad. Era un problema muy complejo. Por una parte existía un problema de contrabando de armas y caballos en la frontera francesa, complicado con las conexiones con los hugonotes franceses. Por otra parte existían enfrentamientos entre cristianos y moriscos. Pastores montañeses asaltaban las comunidades moriscas del valle del Ebro y los moriscos, a su vez, también atacaban a los cristianos, organizados en cuadrillas de los llamados «moros de venganza». Especial virulencia tuvo la guerra que enfrentaba en el condado de Ribagorza a señor y vasallos, con el factor añadido de que tanto la facción señorial como la campesina contaban con el apoyo de cabecillas de banda, pertenecientes a la nobleza aragonesa y catalana. El conflicto alcanzó su punto culminante en 1587-1588. La Corona, que veía con gran preocupación un levantamiento tan cercano a la frontera, intervino indirectamente en la lucha, con el propósito de incorporar el condado, como finalmente sucedió. Los problemas eran muy diversos. También se produjeron disturbios en Teruel y Albarracín en 1586-1588 con motivo de su asimilación a la ley general del reino. Este clima de agitación en que se hallaba sumergido Aragón hizo crecer el recelo de Felipe II hacia su sistema institucional y sus clases dirigentes, que no acertaban a poner remedio al problema.

Las alteraciones aragonesas

A fines del siglo XVI el reino de Aragón, aunque era un pequeño territorio no demasiado rico ni influyente, tenía una bien definida autonomía política dentro del conjunto de la Monarquía española. Su sistema institucional, apoyado en las Cortes y en la figura del justicia, máximos representantes de los fueros y privilegios del reino, constituía una firme salvaguarda frente al despliegue del poder real. La sociedad aragonesa, fuertemente marcada por el dominio nobiliario y por una vigorosa tradición constitucional, creaba frecuentes conflictos al gobierno central de la Monarquía, especialmente peligrosos por el carácter fronterizo del país, en una etapa de difíciles relaciones hispano-francesas, por lo cual en la Corte se observaban los acontecimientos aragoneses siempre con inquietud. El autoritario talante del rey encontraba en los irreductibles aragoneses una oposición frontal y permanente.

En el inicio de la década de los años noventa, la conciencia foral se hallaba muy sensibilizada por la pretensión de Felipe II de nombrar a un noble no aragonés como virrey, ejerciendo el que consideraba su pleno derecho, pero que en opinión de los aragoneses vulneraba los privilegios del reino. Además, molestaba profundamente a la nobleza, que se creía menospreciada por el lejano monarca, que se dejaba influir por consejeros poco propicios, como el conde de Chinchón, tesorero del Consejo de Aragón, que tan mal trato había dado a una de las más relevantes familias de la nobleza aragonesa, los duques de Villahermosa, señores de Ribagorza. Por otra parte, las guerras de religión en Francia, complicaban todavía más las cosas, dada su proximidad a las tierras aragonesas.

Después de años de tensión, el gran conflicto entre la Monarquía de Felipe II y el reino de Aragón se produjo inesperadamente con la llegada al país del que había sido secretario del rey, Antonio Pérez. Acusado de varios delitos, entre ellos el asesinato del secretario Juan de Escobedo, Pérez se fugó de la cárcel y, tras burlar la persecución de la justicia real en Castilla, se refugió en tierras aragonesas. Llegado a Calatayud en abril de 1590, se acogió al amparo foral de la manifestación, bajo la jurisdicción del justicia mayor del reino, invocando su condición de aragonés, porque aunque había nacido en Madrid, su padre, Gonzalo Pérez, era aragonés. Una vez que un oficial de la Corte del Justicia, desplazado a Calatayud, le hubo tomado bajo su jurisdicción, nada podía ya contra él el gobernador de Aragón, que había recibido órdenes de Madrid de apresar al fugitivo. Fuertemente custodiado, Pérez fue trasladado a Zaragoza. Las gentes le dispensaron una calurosa acogida y destacadas personalidades acudieron a visitarle a la cárcel de manifestados, donde Antonio Pérez disfrutaba de amplia libertad de movimientos.

Felipe II, al enterarse de lo sucedido, sufrió una gran humillación. A los muchos inconvenientes que los aragoneses interponían en la satisfacción de su voluntad soberana, se sumaba el desagradable problema de Antonio Pérez. El prestigio personal del rey se hallaba en juego. En Aragón nada valían las leyes de Castilla y, por tanto, tampoco la causa criminal fallada contra el secretario. Había que volver a empezar de nuevo en la acusación contra Pérez. Felipe II se esforzó en recuperar al fugitivo. Por más de un año el monarca agotó todos los medios jurídicos a su alcance, habiendo de contemplar cada vez más impaciente cómo sus intentos se frustraban, mientras Pérez, desde la seguridad que le proporcionaba el sistema foral aragonés, parecía burlarse, desacreditándole con una hábil campaña propagandística, apoyada en documentos secretos comprometedores.

Finalmente, el soberano, cansado de ver como su poder resultaba impotente frente a su infiel secretario y sus díscolos súbditos aragoneses, y temeroso de que Pérez acabara por escapar de Zaragoza, para refugiarse en la Corte bearnesa de Pau, tal como ya había intentado, decidió recurrir a la Inquisición para salvar los obstáculos forales que se interponían en su camino. Se acusó a Antonio Pérez de herejía, por su intento de pasarse al bando de los hugonotes. En consecuencia, a mediados de mayo de 1591, la Suprema ordenó el traslado de Pérez a la cárcel de la Inquisición aragonesa, situada en la Aljafería, y el 24 se procedió al mismo. Pero el recurso utilizado por el rey para burlar los fueros causó general indignación.

En Zaragoza el malestar llegó al extremo y estalló un motín. Los zaragozanos salieron a la calle, dando gritos de «Viva la libertad» y «Mueran los castellanos». La multitud se dirigió a la casa del marqués de Almenara, representante especial del monarca, acusándole de traidor. Aunque el justicia trató de protegerle, Almenara fue atacado y quedó malherido. Otro grupo de amotinados se congregó frente a la Aljafería, exigiendo la libertad de Pérez y amenazando con quemar el edificio. Ante el peligroso cariz que tomaban los acontecimientos, el virrey, que era el obispo de Teruel, el arzobispo de Zaragoza y los condes de Aranda y de Morata consideraron que era mejor ceder y convencieron a los inquisidores para que el conflictivo preso fuera devuelto a la cárcel de la manifestación. El regreso de Antonio Pérez a la prisión, montado a caballo y aclamado por el pueblo, resultó un camino victorioso.

Aquella jornada marcó un hito en el transcurso de los acontecimientos. Al espinoso problema de Antonio Pérez se había sumado la sublevación de la capital aragonesa. En Zaragoza la actitud de resistencia se vio reforzada con el nombramiento de Juan de Luna como diputado, hombre muy comprometido con la causa foral. El justicia, Juan de Lanuza, anciano y partidario de las soluciones de compromiso, se vería desbordado por los acontecimientos. La muerte de Almenara, como consecuencia de las heridas recibidas, terminó de agravar la situación.

La restauración de la autoridad real, el respeto a la Inquisición y la captura de Antonio Pérez se convirtieron en objetivos prioritarios de Felipe II. Comenzaron los movimientos de tropas y la amenaza de una intervención militar se proyectó como una sombra sobre el reino aragonés. Durante el verano la tensión fue aumentando. La falta de resolución se volvería una vez más contra el anciano monarca. Después de muchas deliberaciones, se fijó el día 24 de septiembre para efectuar el nuevo traslado de Pérez a la Aljafería. Justamente dos días antes falleció el justicia Juan de Lanuza, que sería sustituido en el cargo, de acuerdo con la costumbre, por su hijo, llamado también Juan, un hombre joven, sin experiencia política, problema grave en tan difíciles momentos.

El día 24 el secretario de la Inquisición compareció ante el justicia solicitando la entrega de Antonio Pérez. Lanuza reunió a los diputados y jurados de Zaragoza y, tras una exposición jurídica, en que se defendía la legalidad de suspender el privilegio foral de manifestación por causas de fe, se firmó el auto de entrega del prisionero. Para cumplir la orden se formó una solemne comitiva de autoridades, que se dirigieron primero a casa del virrey, donde se sumaron otras personalidades, y todos juntos marcharon en dirección a la cárcel de manifestados, en la plaza del Mercado, en medio de la expectación popular.

La plaza estaba llena de gente y, cuando se iba a proceder a la entrega del preso, se produjo una gran confusión, que degeneró en un nuevo motín. En medio de la agitación se produjeron varios disparos de arcabuz. Algunos amotinados lograron entrar en la cárcel sin que los soldados que la custodiaban opusieran apenas resistencia y liberaron a Antonio Pérez. Aprovechando el desconcierto general, Pérez huyó de la ciudad. El motín terminó con la salida en procesión del Santísimo Sacramento, recurso muy utilizado en la época para restaurar la tranquilidad. El saldo de la revuelta fue de 15 muertos y numerosos heridos. En los días siguientes el desorden se apoderó de Zaragoza. Era tal el desbarajuste, que Pérez regresó clandestinamente a la ciudad, donde permaneció oculto varias semanas hasta su definitiva huída.

Felipe II se hallaba en El Escorial cuando el 29 de septiembre recibió la noticia de lo sucedido en Zaragoza. Todo el mundo temía la reproducción en Aragón de un nuevo caso de rebelión como en Flandes. Un aragonés, el conde de Morata, advertía al rey: «Si Su Majestad no pone remedio inmediatamente, tendremos otros Países Bajos». Tras las oportunas deliberaciones, el monarca decidió una doble acción, de castigo y pacificación. En primer lugar había que proceder al castigo, de lo que se encargaría un importante ejército de 14.000 infantes y 1.500 soldados de caballería. Ante el temor de la represión que se avecinaba, Aragón decidió resistir. El 31 de octubre se declaró contrafuero la entrada del ejército real y se proclamó la obligación que tenían el justicia y los diputados de hacerle frente y rechazarlo.

El 6 de noviembre el ejército castellano cruzó por fin la raya de Aragón. En su avance no encontraron resistencia, pues el sentir general del reino era bien distinto al de la capital. En la misma Zaragoza, ante la inminencia de la llegada del ejército, comenzaron las defecciones. Dos de los nobles más significados, Aranda y Villanueva, el día 8 huyeron de la ciudad y corrieron a refugiarse en Épila. El justicia, encabezando el ejército aragonés, salió de la ciudad para ir al encuentro del ejército real. En la ciudad sólo quedó el virrey. Pero el día 9 de noviembre el justicia, ante el continuo avance de las tropas del rey, abandonó también y se marchó igualmente a Épila. Al perder sus caudillos, las indisciplinadas tropas que debían defender los fueros aragoneses huyeron en desbandada. El ejército de Felipe II había vencido sin llegar a luchar.

El 12 de noviembre el ejército real, al mando de Alonso de Vargas, entró en Zaragoza. Dos días antes Antonio Pérez había huido definitivamente de la ciudad. Mientras el secretario halló refugio seguro en Pau, los aragoneses deberían afrontar las consecuencias de su acción. Felipe II, mediante el uso del castigo y del perdón, prerrogativas supremas del poder de la realeza, iba a replantear las relaciones de la Corona con el reino de Aragón. Comenzó por aplicarse una política de reconciliación, asegurando el respeto por el ordenamiento foral. Hasta el punto de que el justicia y otros cabecillas, que en vano habían intentado resistir en Épila, acabaron por regresar a la capital. El 28 de noviembre llegó a Zaragoza Francisco de Borja, marqués de Lombay, como representante especial del rey, en misión pacificadora. Por su parte, las autoridades aragonesas decidieron convocar una Junta de Brazos, para el 20 de diciembre, con el fin de hacer un replanteamiento de la situación.

Sin embargo, en el gobierno de Madrid existían pareceres contrapuestos sobre la actuación conveniente, y el rigor que se consideraba necesario como escarmiento ejemplar acabó por concentrarse sobre los cabecillas. Para Felipe II, no sólo Antonio Pérez, sino todas las autoridades legítimas del reino aragonés habían cometido delito de alta traición. En consecuencia, ordenó decapitar al justicia de modo inmediato y sin proceso, y prender y llevar a Castilla a Aranda y Villahermosa. El día 19 de diciembre, un capitán detuvo al justicia en nombre del rey. Juan de Lanuza protestó alegando que sólo el rey y las Cortes conjuntamente podían juzgarle, pero de nada valieron sus quejas. También fueron detenidos el conde de Aranda y el duque de Villahermosa. Inmediatamente fueron llevados a Castilla. Villahermosa sería encarcelado en Burgos y Aranda en el castillo de la Mota. Aquella misma noche le fue comunicada al justicia en la prisión la sentencia de muerte y su ejecución a la mañana siguiente. El día 20 la ciudad amaneció tomada militarmente, para evitar nuevos disturbios. Lanuza fue llevado en un coche hasta la plaza del Mercado, donde se había levantado el cadalso. Nadie se atrevió a acompañar al reo, sólo el gobernador y sus ayudantes, unos frailes y unos militares estuvieron presentes en la ejecución del joven justicia. Por la tarde el cadáver fue llevado en andas y con ceremonia por diez altos oficiales del ejército hasta el panteón familiar en el convento de San Francisco, honor excepcional para un condenado por alta traición.

La ejecución del justicia causó enorme impacto. La represión siguiente, en que varias personas fueron ejecutadas y un gran número encarceladas, terminó de ensombrecer el panorama. De nuevo el miedo se apoderó de Zaragoza y de todo Aragón. Según decía uno de los principales testigos del momento: «Está todo el Reino suspenso y persuadidos a que se les quiere quitar los fueros». La Diputación de Aragón envió una delegación a Madrid para solicitar el perdón real. El marqués de Lombay apoyó desde Zaragoza la conveniencia de perdonar.

El 17 de enero de 1592 Felipe II concedió el perdón general, del que fueron excluidos Antonio Pérez y algunos cabecillas, unos ya encarcelados, como Aranda y Villahermosa, y otros todavía por apresar, así como más de un centenar de personas implicadas de un modo u otro en la rebelión. Las numerosas excepciones crearon hondo descontento entre los aragoneses ante el rigor demostrado por la Corona. Pero las expectativas aumentaron cuando, después de mucha reflexión, Felipe II decidió convocar Cortes en la ciudad de Tarazona, para mayo de aquel año. Aunque los médicos le habían desaconsejado el viaje, Felipe II declaró hallarse dispuesto a trasladarse a Aragón, a pesar de todos los inconvenientes, porque tenía un gran interés en dejar resuelto el problema aragonés y consideraba que su presencia era indispensable.

Finalmente, las Cortes se inauguraron en Tarazona el 15 de junio, antes de la llegada del monarca a tierras aragonesas. La lectura de la proposición real la hizo el protonotario Miguel Climente. El discurso anunciaba el tono sosegado con que el monarca deseaba tratar los asuntos de Aragón. Varios meses después de que las Cortes aragonesas iniciaran sus trabajos y negociaciones, el 30 de noviembre, el rey hizo su entrada en Tarazona, acompañado del príncipe Felipe y de la infanta Isabel Clara Eugenia. Al día siguiente los aragoneses vieron satisfecha una de sus solicitudes más esperadas con el nombramiento de un nuevo justicia, recayendo el cargo en Juan Campi, regente del Consejo de Aragón. El 2 de diciembre tuvo lugar en el palacio episcopal la ceremonia del juramento del príncipe Felipe como heredero por las Cortes aragonesas y la consiguiente y significativa jura de los fueros de Aragón por el príncipe, en presencia del rey. Celebrado también el solio de clausura de las Cortes, el solemne acontecimiento confirmaba la reconciliación entre la Corona y el reino.

Aunque se salvaron los fueros y el sistema político aragonés se conservó en su conjunto, la tendencia autoritaria y centralizadora de la política de Felipe II se pondría de manifiesto en los resultados de las Cortes de Tarazona. Una serie de rectificaciones forales, que representaban el aumento del poder de los funcionarios del monarca y la disminución de los del justicia y la Diputación, limaron aquellos aspectos del sistema que frenaban el ejercicio de la autoridad real en Aragón. También se redujeron ciertos aspectos populares que conservaba el sistema judicial aragonés. Las últimas consecuencias de esta revisión constitucional se revelerían con el paso del tiempo. En el verano de 1593 el ejército real abandonó Zaragoza. La pacificación general del reino de Aragón se había logrado.

El prisionero de El Escorial

Felipe II se iba haciendo mayor, su salud empeoraba, los problemas del gobierno eran muy graves. Como resultado se encerró cada vez más en El Escorial. Gobernaba con un reducido grupo de personajes de su mayor confianza, dejando paulatinamente de lado el sistema de consejos. A partir de 1585 las grandes decisiones de gobierno las tomaba la llamada «Junta de Noche». El rey se hallaba cada vez más solo. Muchos de sus colaboradores más importantes fueron muriendo, Granvelle y Zúñiga en 1586, Mateo Vázquez en 1591. Le quedaban unos cuantos fieles: Moura, Idiáquez, Chinchón.

El monarca se iba haciendo cada vez más inaccesible, aislándose del mundo. Su poder era inmenso, pero eran tantos los problemas y tan graves, que tomar decisiones era muy difícil y el monarca los iba aplazando y aplazando, por lo que acababan muchas veces pudriéndose. Los últimos años del reinado fueron años de crisis. Desde la cima del poder hegemónico se vislumbraba una inquietante sombra proyectándose sobre el futuro.

El príncipe heredero no resultaba demasiado prometedor. Su padre había intentado educarlo para ser un gran rey, pero el joven no parecía hallarse a la altura de lo deseado. Felipe II intentó poner a don Felipe bajo la tutela de Cristóbal de Moura, un hombre prudente, que gozaba de la total confianza del monarca, y trató de alejar la negativa influencia que el marqués de Denia, Francisco de Sandoval y Rojas, ejercía sobre el joven príncipe, nombrándole virrey de Valencia. Pero el plan fue en vano. Cuando Felipe II murió en El Escorial, el 13 de septiembre de 1598, una de las primeras decisiones del nuevo rey consistió en apartar del poder a Moura y convertir a Sandoval en su valido.

III. Felipe III

Lerma y el gobierno de prestigio

Si Carlos V fue un rey militar y Felipe II un rey burócrata, Felipe III fue un rey cortesano. Poco inclinado a las arduas tareas de gobierno, Felipe III pasaba la mayor parte de su tiempo en fiestas y diversiones. En su reinado la Corte alcanzó enorme complejidad y esplendor. Pero esta realidad no era sólo ocio, fasto y espectáculo, fue también un sistema de gobierno, un modo de ejercer el poder, mediante la utilización del prestigio como medio de mantener en alto un dominio, que se veía ya progresivamente amenazado por la crisis y los anuncios de la decadencia.

Figura esencial en el gobierno de la Monarquía durante la mayor parte del reinado de Felipe III fue Francisco Gómez de Sandoval y Rojas, marqués de Denia y después duque de Lerma, que se había ganado la confianza del nuevo rey desde que era príncipe heredero. La amistad del rey sería esencial para la ascensión y mantenimiento en el poder y su pérdida provocaría la caída en desgracia. A la debilidad de carácter de don Felipe se sumaba la enorme complejidad del gobierno de un conjunto tan amplio y diverso como era la Monarquía española. Era conveniente una figura que a la vez que descargaba al soberano de parte del excesivo peso del poder sirviera para coordinar la pluralidad de decisiones que se habían de tomar y articular las múltiples instituciones que integraban el sistema. Esta labor de coordinación anunciaba la figura del primer ministro, aunque Lerma nunca ostentaría ese título. La máxima expresión de confianza la alcanzó el valido en 1612, cuando el rey ordenó que se diera cumplimiento a la firma del duque como si de la suya propia se tratara. Además, el valido serviría también como una figura de protección del monarca, pues sobre él podrían recaer las responsabilidades por los desaciertos y fracasos de la política aplicada, salvando al rey de la oposición y de la crítica más severa y acaso de males más graves.

Lerma, que tenía como objetivo principal la conservación de la Monarquía y, por supuesto, el mantenimiento de su propia posición en el poder, aplicó una política de prudencia, que no resolvió los problemas, pero ganó tiempo, evitando entrar en conflictos que pudieran desgastar todavía más una situación ya muy afectada por la crisis, llevándola al desastre. Para compensar esta política poco activa y poco brillante, el espectáculo cortesano alcanzó el máximo esplendor, destinado a provocar la admiración de propios y extraños. El mantenimiento de la hegemonía se buscó a través de medios alternativos a la guerra, tratando de dar una imagen de gloria en las ceremonias y fiestas cortesanas. La nobleza fue atraída a la Corte, seducida por el lujoso estilo de vida, como medio de mantenerla satisfecha y controlada. Se desarrolló un magnífico mecenazgo artístico como fórmula de engrandecimiento de la Monarquía, que ocultara y contrarrestara en lo posible los inquietantes indicios de decadencia.

Este sistema de gobierno, muy caro, implicaba la complicidad de amplias redes clientelares, que debían ser compradas y recompensadas, lo que provocaría un elevado nivel de corrupción, mucho mayor que el habitual en la época. El tráfico de influencias y favores mantenía en marcha la maquinaria gubernamental, pero esta desbordante prodigalidad resultaría muy difícil de sostener a la larga y acabaría ocasionando un enorme escándalo por el contraste con la situación de la mayoría de la sociedad española. La Corte, que pretendía ser ejemplo y modelo a seguir, será acusada de aislar al monarca y al gobierno de la realidad del país, de derrochar grandes cantidades de dinero en época de crisis, y de corrupción moral, y acabará siendo censurada y rechazada.

Una de las decisiones más espectaculares del reinado de Felipe III fue el traslado de la Corte de Madrid a Valladolid en 1601. Muchas razones se barajan para explicar este cambio, que acabaría por ser sólo temporal. Podría haber influido el pago de un importante donativo de la ciudad de Valladolid primero, y después otro donativo de Madrid para propiciar el regreso. Podría también deberse a los intereses del duque de Lerma, cuyo señorío principal se hallaba en la Meseta castellana, próximo a la capital vallisoletana, que se verían favorecidos por el resurgir económico y social de aquellos territorios gracias a la presencia de la Corte. Durante los años que duró, la conversión de Valladolid en sede de la Corte y del gobierno representó un gran factor de dinamización, pero como había llegado acabó, ya que en 1606 Madrid recuperó su protagonismo político como capital.

La expulsión de los moriscos

En el reinado de Felipe III, el más corto de los Austrias, pues duró sólo poco más de dos décadas, el acontecimiento más sobresaliente fue sin duda la expulsión de los moriscos. Culminación del largo proceso iniciado con la conquista de Granada en tiempos de los Reyes Católicos, se interpretará en la época como el verdadero final de la Reconquista de España de manos del islam. Reconocimiento definitivo de que el propósito largamente perseguido de asimilación había fracasado rotundamente, la argumentación utilizada para la expulsión invocaba la razón de Estado, pues se consideraba a la población morisca como una quinta columna que ponía permanentemente en peligro la seguridad de la Monarquía española. Se temía una inminente conjura morisca. El desprestigio que en la reputación española había ocasionado la Tregua de los Doce Años con Holanda sería seguramente el desencadenante de una decisión sobre la que ya se había deliberado repetidamente en momentos anteriores, como sucedió en 1582 durante el reinado de Felipe II. En el contexto de una mentalidad providencialista y mesiánica como era la de la época, se explicaba que el retroceso en la lucha contra los herejes protestantes quisiera compensarse con un avance definitivo en la lucha contra los musulmanes, ya que era opinión general que los moriscos, aunque obligados desde hacía un siglo a bautizarse, ni eran cristianos verdaderos ni lo serían nunca.

Mientras algunos personajes de la Corte eran partidarios de la expulsión y la apoyaban sin reservas, como la reina Margarita de Austria, había otros que dudaban. El duque de Lema, que había tenido una actitud fluctuante hasta 1608, pues como marqués de Denia veía amenazados sus recursos por la pérdida de vasallos, luego, tras el acuerdo de indemnizar a los señores que quedaran afectados por la medida, se manifestaría claramente a favor, y lo mismo hicieron algunos clérigos, como el arzobispo de Valencia, Juan de Ribera, que atravesó muchas dudas, pero acabó dando su aprobación. También había quienes desaconsejaban la medida. Se manifestaban desfavorables muchos eclesiásticos, varios obispos y el papa. Eran igualmente contrarios algunos nobles que poseían grandes patrimonios con vasallos moriscos, como el duque del Infantado, que creían que perjudicaría sus intereses, y la mayoría de los arbitristas, que consideraban negativa una medida que acentuaría la despoblación y la decadencia.

La expulsión fue decidida por el Consejo de Estado el 4 de abril de 1609. Se ordenó la expulsión de todos los moriscos que vivían en los territorios de la Monarquía española. Las zonas más afectadas fueron aquellas en que los moriscos eran más numerosos: Valencia, Aragón y Murcia. En total hubieron de dejar la Monarquía unos 300.000 moriscos. Salieron muchos más de la Corona de Aragón: 181.998. Sólo del reino de Valencia, uno de los más afectados, partieron 127.000 personas de una población total de 350.000. De la Corona de Castilla salieron menos de la mitad: 90.142. A estas cifras habría que añadir una cantidad difícil de calcular de moriscos que anticiparon su salida y que lo hicieron clandestinamente. También habría que sumar los que murieron durante el viaje.

La expulsión se hizo escalonadamente. Los primeros moriscos obligados a partir fueron los del reino de Valencia, tras el bando dictado el 22 de septiembre de aquel mismo año 1609 por el virrey, el marqués de Caracena, pues al ser un número muy grande el gobierno los consideraba potencialmente más peligrosos. La expulsión fue un episodio muy dramático. Todos los moriscos tuvieron que dejar sus hogares de inmediato. Sólo podían quedarse los niños menores de cuatro años, para ser criados y educados en familias de cristianos viejos. No podían llevarse más pertenencias que las que pudieran transportar consigo. Debían reunirse en los puertos destinados al embarque: El Grao de Valencia, Vinaroz, Denia y Alicante. De allí se dirigieron hacia el norte de África, a Orán. La operación se desarrolló de manera ordenada y eficaz. Aunque se trataba de expulsar a una tercera parte de la población valenciana, no hubo grandes problemas. Algunos señores acompañaron a sus vasallos moriscos hasta los puertos de salida para protegerlos, pero otros no tuvieron tanta suerte y fueron atacados y despojados de sus escasos bienes. El viaje a las costas africanas se hizo en penosas condiciones, amontonados en galeras, y al llegar a su destino no fueron todos bien recibidos. Pronto se extendieron las malas noticias y contribuyeron a exacerbar los ánimos de los más inquietos. Aunque la mayoría se resignaron y se comportaron con sumisión, algunos no quisieron aceptar la orden de expulsión y estallaron varios conatos de rebelión. Algunos grupos de moriscos de las serranías de Alicante, en lugares como Guadalest y Laguar, y de los valles interiores de Valencia, como la Muela de Cortes, Castellá y Vall de Ayora, tomaron una determinación desesperada y se alzaron en armas, pero fueron vencidos fácilmente por el ejército y acto seguido expulsados.

El 28 de diciembre de 1609 una real cédula ordenó la partida de los moriscos de Castilla. En principio podían salir voluntariamente hacia Francia, cumpliendo el trámite de registrarse en Burgos. Pero unos meses después, el 1 de mayo de 1610, se suspendió el paso por esta ciudad y se obligó a los que todavía quedaban a dirigirse hacia el puerto de Cartagena para salir por mar. Paralelamente, a partir del 12 de enero de 1610 el marqués de San Germán mandó salir a los moriscos de Andalucía y Murcia. Una parte de los moriscos andaluces habían partido antes de la publicación del bando real y el resto fueron saliendo gradualmente. Algunos moriscos murcianos intentaron eludir la expulsión trasladándose por un tiempo al reino de Valencia, pero en cuanto regresaron a sus lugares de origen fueron forzados a marcharse.

Por último, cuando bastantes familias habían ya salido espontáneamente, se aplicó el decreto de expulsión a los moriscos aragoneses, por orden dictada el 29 de mayo de 1610 por el virrey el marqués de Aytona. Esta disposición obligaba también a la comunidad morisca establecida en Cataluña. La mayoría partieron por el puerto de los Alfaques, en Tarragona. Otros lo hicieron a través de los Pirineos, pasando a Francia por Navarra y por Canfranc, en Huesca. En 1610 el grueso de la expulsión se había ya llevado a término, aunque el embarque duraría todavía tres años más.

La salida fue muy traumática, tanto para la propia comunidad morisca como para el conjunto de la población española. Cerca del 70 por 100 de los moriscos vivían en la Corona de Aragón y la pérdida de este importante contingente humano en unos territorios poco poblados y en época de crisis demográfica supuso un grave problema económico, por la disminución de población activa y por la falta de mano de obra especializada, por lo que se generaron al principio algunas reacciones contrarias a la deportación.

Muy graves fueron los problemas que la salida de los moriscos ocasionaron en el reino de Valencia. Allí eran muy numerosos, sobre todo como vasallos de los señoríos laicos, y controlaban las actividades agrarias de las comarcas de secano y de algunas de regadío, como Gandía y Játiva. Tras su marcha algunos cultivos padecieron un gran retroceso, especialmente los de caña de azúcar y arroz, también los de trigo. Se produjo un sensible desabastecimiento de los mercados, lo que desencadenó malestar y protestas. En Murcia se vio igualmente muy afectada la agricultura y se produjo el rechazo a la industria sedera, por la gran dedicación de los moriscos a la cría del gusano de seda. En Aragón sufrió una notable merma la agricultura, y de manera destacada la de las tierras más fértiles, por lo que el impacto resultó todavía mayor. La pérdida de población repercutió también en las actividades artesanales. En tierras castellanas fueron asimismo las actividades agrarias las perjudicadas, concretamente el trabajo en huertas y vegas. En toda la península se resintió el transporte, pues muchos moriscos eran arrieros y al marchar dejaron un hueco difícil de cubrir inmediatamente.

De nada valieron las protestas de unos y otros, la expulsión se cumplió, a pesar de todas las dificultades que habría de ocasionar. Las consecuencias fueron negativas en muchos aspectos. Aumentó la despoblación, se incrementó la crisis económica, provocando problemas de escasez y retrocesos en diversas actividades agrícolas y artesanales. Se generaron también conflictos sociales, como enfrentamientos entre señores y campesinos, por la repoblación con cristianos viejos de las tierras dejadas por los moriscos. Los nobles, que se habían opuesto individual y colectivamente a la expulsión de sus vasallos moriscos por el perjuicio que su marcha les acarrearía, al quedarse sin trabajadores para sus tierras, consiguieron importantes concesiones como compensación. La más destacada era poder disponer de las tierras que los moriscos hubieron de abandonar e imponer nuevas cartas de población a los nuevos colonos cristianos que las repoblaran, lo que permitió a la nobleza valenciana cambiar en beneficio propio las rentas señoriales que percibía. Pero la legislación de la Corona de 1614 sobre las poblaciones señoriales que habían quedado despobladas no resolvía todos los problemas. La cuestión más espinosa era la de los censales contraídos con la garantía de estos lugares abandonados. Una disposición real trató de encontrar una solución justa para ambas partes, pero al final la ganadora fue la aristocracia señorial y los perdedores los prestamistas, muchos de ellos burgueses. La tradicional alianza entre la Corona y la nobleza se ratificó una vez más. A las negativas repercusiones económicas y sociales, se sumó la censura internacional, que consideró la medida como una muestra más de la intolerancia religiosa de la Monarquía española.

El gobierno de los reinos

En el reinado de Felipe III la política aplicada a la Corona de Castilla estaba dirigida principalmente a la consecución de recursos para salvar la grave crisis de la Hacienda, que crecía continuamente. Importante fue el papel de las Cortes castellanas a través de la negociación del impuesto de millones. En 1600 las Cortes concedieron el «servicio», pero sujeto a un gran número de «condiciones». Esta nueva fórmula tributaria debía ser renovada periódicamente, pero en la práctica se hizo permanente. Aunque el cumplimiento de las condiciones por parte de la Corona resultaba difícil de controlar, la negociación tuvo la virtud de reforzar el papel político de las Cortes como institución, sobre todo de las ciudades que tenían voto en ellas y podían enviar procuradores a negociar y, en definitiva, de las oligarquías que tenían el poder municipal en dichas ciudades.

La política hacendística era caótica. Los recursos dirigidos a conseguir fondos para hacer frente a los crecientes gastos de la Hacienda fueron muchos, pero de escasa eficacia y con resultados muy perjudiciales para el bien común. Especialmente significativas fueron las ventas de jurisdicciones y de cargos, que dieron oportunidad a muchas gentes acomodadas para promocionarse socialmente, entrando en el régimen señorial y en los gobiernos municipales, pero a costa de ampliar todavía más los efectos negativos del sistema feudal y debilitar la administración. La manipulación de la moneda fue otro de los expedientes comunes. La masiva introducción del vellón tendría consecuencias funestas para el sistema monetario. En 1599 la plata dobló su valor como consecuencia de la emisión de una gran cantidad de moneda de cobre y el valor llegaría incluso a triplicarse. En 1602 se resellaron las monedas para evitar la importación de cobre y así las nuevas piezas aumentaron su valor en un 50 por 100 del que tuvieron originalmente. Pero todo era insuficiente y en 1607 se produjo una bancarrota. Las fluctuaciones monetarias dejaron la economía castellana en clara desventaja. De 1619 databa un informe elaborado por el Consejo de Castilla, que presentaba un sombrío panorama de despoblación y empobrecimiento general, como consecuencia sobre todo de la exagerada presión fiscal, que según recomendaba el Consejo debía ser prontamente limitada por motivos de estricta supervivencia.

Pero la crisis no era sólo de la Corona de Castilla. En tiempos de Felipe III comenzó a gestarse un grave problema constitucional en la Corona de Aragón y en la Corona de Portugal que acabaría por estallar en el reinado siguiente. A comienzos de su reinado, Felipe III cumplió con el tradicional compromiso de viajar a la Corona de Aragón. A los motivos estrictamente políticos se unió otro de carácter ceremonial, ir a recibir a su esposa, Margarita de Austria, con la que ratificó el matrimonio en Valencia. Acto seguido el nuevo monarca se trasladó a Barcelona, donde reunió las Cortes catalanas. Estas Cortes de 1599 se desarrollaron con normalidad y parecieron dejar razonablemente satisfechas a las dos partes, el rey y el reino, aunque no faltaron indicios preocupantes. El rey concedió importantes mercedes nobiliarias, que dejaron complacida a la clase dirigente del Principado, y se elaboraron muchas nuevas leyes. Pero no todas estas leyes votadas en las Cortes recibieron después el consentimiento real, lo que desencadenó una gran tensión entre la Diputación del General y el virrey, y las leyes no llegaron a aplicarse. Unos pocos años después, en 1604, se celebraron las Cortes valencianas, cuyo tema principal de debate serían los contrafueros cometidos por los virreyes en su esfuerzo por controlar el bandolerismo. No hubo, en cambio, convocatoria de Cortes en Aragón, debido a las alteraciones de fines del reinado anterior.

Tras este viaje inicial, Felipe III nunca volvería a visitar la Corona de Aragón. Su absentismo tuvo resultados políticos muy graves, pues convirtió al monarca en una figura distante. Comenzó a manifestarse entonces en toda su crudeza el problema de la ausencia del rey, que enturbió las relaciones de la Monarquía con los reinos y aflojó paulatinamente los lazos de fidelidad y de mutua correspondencia entre el rey y sus súbditos. Especialmente preocupante era el distanciamiento de las clases dirigentes locales, cada vez más alejadas de la Corona. La incomprensión recíproca entre la Monarquía y los reinos se haría cada vez mayor y la única ventaja para el monarca, que consistía en alegar ignorancia en determinados momentos de crisis, acabará por desaparecer al convertirse en una ignorancia culpable, que lejos de constituir una excusa se transformará en un cargo más de acusación. En veinte años la situación empeoró de manera notable. Si al principio del reinado las cosas parecían marchar razonablemente bien, a la muerte de Felipe III el problema constitucional había alcanzado un grado muy inquietante, que no presagiaba nada bueno para el futuro.

Uno de los problemas principales de los reinos de la Corona de Aragón era el bandolerismo. El número y la fuerza de las cuadrillas aumentaba sin cesar y su composición abarcaba desde la nobleza descontenta, con muchos de sus miembros situados al margen de la ley, hasta los bandidos procedentes de las clases populares, empujados por la miseria y la marginación social. Los virreyes, que disponían de pocos medios económicos y militares, se veían desbordados, con muchas dificultades para luchar con éxito contra un fenómeno cada vez más generalizado y que gozaba de múltiples complicidades. Al tratar de organizar una represión eficaz, los virreyes difícilmente podían evitar entrar en colisión con las leyes particulares del reino y el resultado final era siempre un serio conflicto político.

En Cataluña el problema fue abordado sucesivamente por tres diferentes virreyes. El marqués de Almazán no acertó a actuar de manera eficaz contra un bandolerismo extraordinariamente atrevido, que osaba atacar los grandes cargamentos de metal precioso destinados a Génova, como sucedió en 1612 y 1613 en los asaltos perpetrados por los bandoleros Trucafort y Barbeta cerca de Igualada, y acabaría sumido en la impotencia. Su sucesor, el duque de Alburquerque, se propuso la restauración de la autoridad real en el Principado y, contando con el apoyo de las ciudades, emprendió una actuación muy enérgica que alcanzó a partir de 1616 un éxito significado en su lucha contra el bandolerismo, pero pagando el precio de vulnerar las constituciones. Después, otro virrey, el duque de Alcalá, pretendió continuar la represión, pero cayó en el error político de enfrentarse a las ciudades al reclamarles el «quinto real», es decir, la quinta parte de los ingresos municipales para la Corona, lo que complicó todavía más la situación. En Valencia el bandolerismo era también muy activo bajo diversas formas, las «bandositats» de linajes y las cuadrillas de moriscos. El virrey Juan de Ribera se enzarzó en continuos conflictos constitucionales que limitaron sus posibilidades. Más éxito tuvo después el marqués de Caracena.

Clima de violencia desatada era también el que se vivía en la isla de Mallorca. Desde 1613 la nobleza local se enzarzó en una sangrienta e inacabable lucha de bandos, entre dos facciones conocidas como «Canamunt» y «Canavall». La lucha tenía poco de caballeresco; para eliminar al contrario cualquier método era bueno. Las venganzas eran continuas y los acuerdos que se lograban en algunas ocasiones no representaban garantía, pues el enfrentamiento no cesaba. Para mantener estas banderías los nobles recurrieron a la colaboración de delincuentes y para obtener impunidad, buscaban o compraban la complicidad de jueces y autoridades. De un modo u otro toda la sociedad mallorquina quedó implicada en estas luchas y enfrentamientos durante mucho tiempo. Los intentos de los virreyes por acabar con esta situación resultaban insuficientes ante el poder de la nobleza isleña.

Menos problemática era la situación en otros territorios de la Monarquía española, como el reino de Portugal y los estados de Italia, aunque también existían de manera más o menos manifiesta tensiones y conflictos. La ausencia del rey era muy sentida en Portugal y, junto con otros motivos de descontento como la débil defensa española de las posesiones lusitanas en Extremo Oriente contra los ataques holandeses, hubo algunos problemas en las relaciones entre el rey y el reino por el distanciamiento. Tal como se había acordado en el momento de la incorporación, los representantes del rey en el territorio debían ser portugueses y así lo fue, por ejemplo, Cristóbal de Moura, que había sido preceptor de Felipe y que ocupó el cargo de virrey de 1600 a 1603 y de 1606 a 1612. Pero en los años sucesivos se plantearon algunos conflictos por el empeño del monarca en nombrar a personajes castellanos. Similares problemas ocasionó el nombramiento de ministros que no eran naturales del reino para las nuevas instituciones creadas, como el Consejo de Indias y la Junta de Hacienda, mal vistos, además, por los lusitanos, porque entraban en competencia con otros organismos de la administración portuguesa. La visita del monarca en 1619 pareció mejorar las relaciones, pero no sería suficiente, pues fue la primera y última.

En los estados italianos la presencia del rey no se echaba tanto en falta, pero también existían inquietudes y reivindicaciones. En el reino de Nápoles los motivos de debate político se centraban en dos cuestiones esenciales, por una parte la discusión sobre el carácter absoluto o limitado de la Monarquía, y por otra parte las pretensiones de participación popular en la administración del territorio. Los reformistas deseaban contar con el apoyo de las autoridades españolas, pero para los virreyes resultaba prácticamente imposible enfrentarse a los intereses de la aristocracia, pues la alianza entre nobleza y Monarquía era la base sobre la que descansaba el poder. Además, había que contar tanto con la influencia de la nobleza terrateniente como con la de la nobleza togada. En el reino de Sicilia se daba parecida situación, aunque en la isla el poder de los barones era mayor y el de los togados menor. Los virreyes de uno y otro reino debían cuidar permanente el equilibrio interno de fuerzas, pues cualquier desorden podía fácilmente poner en peligro las relaciones con la Monarquía.

Cuestión diferente era el problema de Flandes, entonces bien encauzado hacia una solución que acabara con décadas de guerra. Poco antes de morir, Felipe II había cedido los Países Bajos españoles a la pareja formada por su hija predilecta, Isabel Clara Eugenia, y su sobrino el archiduque Alberto, prometido de la infanta. Aunque se convirtieron oficialmente en soberanos independientes y sus hijos, de haberlos tenido, hubieran heredado estos territorios, en realidad la soberanía de los archiduques se hallaba estrictamente limitada por una serie de instrucciones reservadas y el rey de España seguía conservando el poder de decisión. Sin embargo, pese a las limitaciones, Alberto e Isabel gobernaron con notable independencia y acierto durante el reinado de Felipe III, procurando asociar a su gobierno a la nobleza valona. Una de sus grandes preocupaciones era conseguir una nueva aproximación a las provincias del norte, tratando de volver a reunificar los Países Bajos. En dos ocasiones, en 1598 y 1600, consiguieron la ayuda de los Estados Generales de las provincias del sur para sus tentativas de recuperar la lealtad de las provincias norteñas, prometiéndoles una autonomía política completa y la libertad de profesar la religión calvinista. Pero era ya demasiado tarde para rehacer la unión perdida y estas iniciativas fracasaron. No consiguieron, pues, incorporar los Países Bajos del norte, pero consolidaron firmemente su posición en los Países Bajos meridionales, donde llegaron a gozar de una gran popularidad. Mantuvieron una brillante Corte, actuando como mecenas de las artes, y otorgaron su plena confianza a Pedro Pablo Rubens, uno de los grandes pintores de la época, encargándole no sólo cuadros y asesoramiento artístico, sino también misiones diplomáticas de gran responsabilidad.

Si no lograron Alberto e Isabel cambiar la situación de división entre el norte y el sur, tampoco Mauricio de Nassau conseguiría liderar la unificación, incorporando el sur. En 1600, Mauricio invadió Flandes. Tuvo lugar entonces la gran batalla de Nieuwpoort o de las Dunas. La derrota de las armas españolas fue una señal anunciadora de la decadencia de la Monarquía Católica. Pero a pesar de la victoria que había obtenido sobre los tercios españoles, los flamencos no se alzaron para apoyar a Mauricio. Después de tantos años de duras luchas y con tantas cosas como los separaban del norte, los habitantes del sur habían perdido la voluntad de lanzarse a una rebelión de consecuencias imprevisibles. Que la potencia española no estaba completamente deshecha se probó en 1604 con la captura de Ostende por los tercios capitaneados por Ambrosio de Spínola. Después de esta acción, ni unos ni otros pudieron ya realizar nuevos avances. La situación de tablas no era una victoria, pero tampoco una derrota. En el sur se desarrolló una etapa de tranquilidad, bajo el gobierno de los dos archiduques, Alberto e Isabel, dos figuras que demostraron gran talento político y un sobresaliente sentido del deber. En 1616, ante la falta de descendencia de la pareja ducal, Felipe III se hizo prestar juramento de fidelidad por las provincias flamencas obedientes a España. Después, tras la muerte del archiduque Alberto en el año 1621, de nuevo en guerra, asumió el gobierno en solitario la infanta Isabel Clara Eugenia, ya no como soberana sino como gobernadora en nombre de su sobrino Felipe IV, hasta su fallecimiento en 1633.

El desgaste de la situación no se reducía sólo a los reinos periféricos, también en la Corona de Castilla el descontento había crecido mucho. La corrupción era tan enorme que causaba general escándalo, mayor a medida que la decadencia se acentuaba. El duque de Lerma estaba cada vez más desacreditado, sus adversarios llegaron incluso a acusarle de haber envenenado a la reina. La oposición se fue organizando entorno al príncipe de Asturias, el joven Felipe, en espera del momento en que se produjera la sucesión del trono. Los colaboradores del valido, como Rodrigo Calderón y Pedro Franqueza, comenzaron a caer en desgracia, acusados de corrupción, y en 1618 él mismo hubo de retirarse, consiguiendo como seguro para el porvenir el capelo cardenalicio, pues como escribiría un famoso poeta de la época, el conde de Villamediana, Lerma «el mayor ladrón del mundo», para salvarse del merecido castigo «se vistió de colorado». En el valimiento a Lerma le sucedió su hijo el duque de Uceda, pero gobernó poco tiempo y nunca alcanzó el poder que había disfrutado su padre. Felipe III murió en 1621 dejando a la Monarquía española sumida en graves problemas.

IV. FELIPE IV

Olivares, o la pasión por el poder

A Felipe III le sucedió su hijo Felipe IV. El nuevo rey comenzó su reinado despidiendo al duque de Uceda y llamando, para sustituirlo en la dirección de los asuntos de gobierno, a Baltasar de Zúñiga y a su ambicioso sobrino Gaspar de Guzmán, conde de Olivares y duque de Sanlúcar la Mayor, después conde-duque de Olivares. El sistema de valimiento alcanzaría en ese reinado su culminación en la persona de Olivares, un hombre de Estado en una época de decadencia, tal como lo ha definido John Elliott. Deseoso de desarrollar un amplio plan de reformas, Olivares contaría para sus propósitos con la colaboración a lo largo de los años de diversos nobles, especialmente de las familias de los Guzmanes y de los Zúñigas, varios de ellos parientes suyos próximos, como su cuñado el conde de Monterrey, su primo el marqués de Leganés y su yerno el duque de Medina de las Torres. La red clientelar confeccionada por el valido aseguraría su influencia durante muchos años. Aunque nunca tuvo el título de primer ministro y aparentemente no fue sino un consejero más, su poder llegaría a ser inmenso y gozaría de la total confianza real. La actuación del nuevo ministro, hombre decidido y enérgico, a veces incluso violento, iba a plantear grandes cambios en la Monarquía española.

La crisis interna y la progresiva pérdida del prestigio exterior reclamaban urgente atención, y los nuevos gobernantes emprendieron un programa reformista dirigido a conseguir un doble objetivo, frenar la «declinación» y salvar la «reputación». Hacer la reforma y hacer la guerra eran para Olivares, como también para el cardenal Richelieu en Francia, dos caras de la misma moneda. Consideraba necesaria la reforma política para superar la crisis económica y para poder hacer la guerra con garantías de éxito; pero, a la vez, creía necesaria la guerra para recobrar la hegemonía internacional y de esa manera lograr la recuperación interna del país. El proyecto era perfecto en teoría, pero en la práctica el problema se presentaría cuando no fuera posible hacer conjuntamente las dos cosas, la reforma y la guerra, y hubiera que dar prioridad a la una o a la otra. Y el dilema se plantearía muy pronto y no tendría una solución satisfactoria. Olivares y Felipe IV, como Richelieu y Luis XIII, elegirían la guerra. Pero la guerra, tan costosa en hombres y en dinero, haría imposible la reforma y, mientras en Francia llevaría a la victoria, en España acabaría por conducir al desastre.

La «reformación» de la Monarquía

El cambio de política se inició luchando contra la corrupción del reinado anterior. Al morir Felipe III cayeron en desgracia todo un grupo de personajes, el valido Uceda, el arzobispo Acebedo de Burgos, que ocupaba el cargo de presidente del consejo de Castilla y otros, como Osuna, Lemos, Hinojosa, a todos los cuales se acusó de corruptos. La persecución tuvo resultados diversos. Algunos se salvaron, como Lerma, a quien su condición de cardenal le libró del castigo. Otros, en cambio, padecieron penas muy severas, como fue el caso de Uceda y Osuna, que murieron en prisión, y el de Rodrigo Calderón, ejecutado en la horca. Se deseaba dar un escarmiento ejemplar, como comienzo de una nueva experiencia política, más austera y claramente reformista, pero tanta dureza acabó inspirando más piedad que otra cosa. Quevedo escribió su famosa *Epístola censoria,* aconsejando a Olivares la restauración de la antigua austeridad española como el mejor medio para reconquistar la grandeza de la Monarquía.

El proyecto de reforma era muy complejo, pues abarcaba múltiples aspectos económicos, sociales y políticos, y comenzó por la

Corona de Castilla, la más afectada por la crisis y en la que el rey gozaba de mayor capacidad de acción. Influida por los arbitristas, pero enmarcada en una mentalidad providencialista y mesiánica, la reforma recogía los intentos iniciados a fines del reinado anterior y reunía las medidas más variadas, donde el afán moralizador desempeñaba un papel muy importante, con disposiciones como el cierre de burdeles y las leyes suntuarias. Recogiendo la preocupación general por la caída demográfica y el fenómeno de los despoblados, se tomaron medidas para aumentar la población. Para paliar la crisis económica se planteó un incipiente mercantilismo, adoptando una política de protección de las manufacturas, tratando de recuperar el comercio, cuidando especialmente el monopolio en el tráfico de Indias, buscando ofrecer nuevas oportunidades de trabajo que acabaran con desocupados y ociosos. Se intentó igualmente una política de racionalización administrativa, buscando el recorte de cargos y prebendas, para conseguir un sistema más operativo y para disminuir los enormes gastos de la Hacienda. El problema hacendístico y fiscal tendría desde el principio máxima prioridad, pues se consideraba esencial para lograr la revitalización del Estado.

Las iniciativas reformistas gubernamentales respondían a una demanda de la sociedad. En las Cortes castellanas de 1621 se plantearon muchos proyectos, pero ciertos aspectos de la acción de Olivares despertaron suspicacias. Uno de los procuradores, el caballero granadino Mateo Lisón de Biedma se enfrentó abiertamente a las propuestas reales, invocando un programa «constitucional». El valido trataría de eludir el escollo, las reuniones de Cortes, negociando a partir de 1622 separadamente con las diversas ciudades con voto en ellas. En las cartas enviadas a las ciudades se resumían los puntos principales del proyecto de reforma. El tema central era el plan de supresión de los «millones» para cambiarlo por otro impuesto nuevo. Pero la mayoría de las ciudades, a pesar de las presiones ejercidas por el gobierno a través de los corregidores, no quisieron aceptar el nuevo sistema.

Ante el general rechazo, Olivares decidió publicar unilateralmente en 1623 los «capítulos de reformación», un conjunto de medidas que aspiraban a solucionar algunos de los problemas más graves de Castilla, como la ruina de la agricultura y la decadencia del comercio, los escandalosos contrastes entre la despoblación rural y la superpoblación de la villa y Corte, entre la miseria de muchos y el lujo excesivo de unos pocos, y algunas lacras como las caras e interminables pruebas de nobleza y de limpieza de sangre. Después del lanzamiento del programa reformista continuó las negociaciones con las Cortes.

Tras este planteamiento de carácter más teórico y general, las urgencias de la crisis obligaron a pasar a la acción con medidas prácticas y concretas. Las necesidades de la Hacienda eran muy grandes y se incrementó todavía más la presión fiscal. Las Cortes votaron en 1625 la prórroga de los «millones», duplicando la cantidad global, y se aumentaron las alcabalas con un impuesto complementario del 1 por 100. Como recurso adicional para allegar fondos para la Hacienda, las Cortes dieron permiso a la Corona para crear nuevos señoríos, o sea, permitieron el traspaso de vasallos de realengo a la jurisdicción señorial, mediante el pago de una cantidad.

No todo se reducía a la reforma fiscal. Olivares y su equipo de gobierno eran perfectamente conscientes de que si se quería de verdad sanear la Hacienda era preciso comenzar por revitalizar la economía. Siguiendo el mercantilismo aconsejado por algunos arbitristas como Sancho de Moncada, la obsesión del ministro era restaurar el comercio. Su objetivo era fomentar la burguesía mercantil. Para ello tomó una serie de medidas sociales y económicas. En 1622 se autorizó a comerciar a los caballeros de las órdenes militares. En 1626 las Cortes de Aragón hicieron una ley permitiendo que los nobles se dedicaran al tráfico mercantil. Pero este esfuerzo por compatibilizar nobleza y comercio tuvo unos alcances muy limitados y los prejuicios subsistieron por mucho tiempo. En 1624 se fundó en Sevilla el Almirantazgo de los países septentrionales para potenciar el comercio entre España y los Países Bajos católicos y para hacer la guerra económica contra las Provincias Unidas. Pero, copiando el modelo holandés, de tanto éxito en la época, la idea apuntaba a que el Almirantazgo acabara por funcionar como una compañía privilegiada de comercio. Asesorado por un grupo de expertos, la mayoría portugueses, tenía Olivares el proyecto de crear en el futuro cuatro compañías, para comerciar cada una en un ámbito distinto, el Mediterráneo, el norte de Europa, las Indias Orientales y las Indias Occidentales. Similar relación entre guerra y economía dio origen a la Junta de Comercio. Pensada inicialmente para hacer la guerra económica contra los adversarios de la Monarquía española, acabó transformándose en 1625 en un proyecto reformista, la «Junta de Población, de Agricultura y Comercio».

Olivares, entusiasmado con sus planes reformistas, se comprometió personalmente con las iniciativas emprendidas. La Junta de Comercio se hallaba presidida por él. En su entusiasmo arrastró al propio rey, que alababa la política reformista de «labranza, crianza, población, navegación de los ríos, trato y comercio». Pero estos entusiasmos reformistas iniciales se enfriaron muy pronto. La mayoría de los proyectos no prosperaron. La deseada reforma de la Corona de Castilla quedó frenada. El problema del campo se agravó con la creación de nuevos señoríos, que fortalecieron el sistema feudal precisamente cuando se quería modernizar la economía y la sociedad, dándose, además, la paradoja de que algunos ministros reformistas, comenzando con el propio valido, figuraban entre los compradores de jurisdicciones. La reforma fiscal, pieza esencial y la más urgente, fracasó sin remedio. Los millones no fueron suprimidos, el sistema de impuestos en lugar de mejorar había empeorado. Olivares, enfrentado con las contradicciones y limitaciones de su proyecto reformista, se encontró frustrado, pero no se dio por vencido.

La Unión de Armas

Las resistencias y obstáculos al reformismo emprendido eran cada vez mayores. Y a pesar de que el proyecto inicial se centraba en Castilla, enseguida se vio que era necesario emprender un plan más amplio, que incluyera el conjunto de la Monarquía. Olivares expuso su nuevo y más ambicioso programa reformista en un importante documento presentado al rey el día de Navidad de 1624, el *Gran memorial*. No se trataba de reformas concretas y limitadas, lo que se planteaba era un nuevo concepto de lo que había de ser la Monarquía española:

> Tenga V. M. por el negocio más importante de su Monarquía el hacerse rey de España; quiero decir, señor, que no se contente V. M. con ser rey de Portugal, de Aragón, de Valencia, conde de Barce-

> lona, sino que trabaje y piense con consejo maduro y secreto por reducir estos reinos de que se compone España al estilo y leyes de Castilla [...] que si V. M. lo alcanza será el príncipe más poderoso del mundo.

La idea era avanzar hacia la unificación de la Monarquía. «Multa regna sed una lex» era el aforismo en el que Olivares resumía su programa. Esta ley única había de ser la ley castellana, pero no por ser la de la Corona de Castilla, sino por ser la más favorable al poder real, la que daba más facilidades al ejercicio de la autoridad regia. Y su finalidad era consagrar el poder absoluto del monarca y recuperar la hegemonía universal.

Los medios propuestos por el valido para la unificación de los reinos que componían la Monarquía española, como tantas veces sucedía con sus ideas y proyectos, eran contradictorios. Por una parte alababa la fidelidad de los súbditos no castellanos, criticaba «las diferencias sin causa con que se ha querido tratar las naciones de España» y aconsejaba fomentar una mayor participación de aragoneses, catalanes, valencianos, portugueses y naturales de otros reinos en el gobierno general de la Monarquía. Pero por otra parte exponía unos planes muy maquiavélicos, como dar un golpe de Estado encubierto o provocar una rebelión, con el fin de aprovechar la oportunidad para acabar con las leyes particulares de los reinos de la Corona de Aragón, que obstaculizaban el poder absoluto del soberano.

La fórmula concreta que Olivares ideó en 1625 para hacer realidad su gran proyecto fue la «Unión de Armas». Las exigencias de la guerra, la crisis de la Hacienda y la necesidad de aligerar el peso que soportaba Castilla le llevaron a creer en la conveniencia de redistribuir las cargas fiscales y militares entre los diversos reinos, para que todos colaboraran, de acuerdo con sus posibilidades, en la empresa común de devolver su pasada grandeza a la Monarquía española. El plan consistía en que cada reino se comprometiera a suministrar y mantener una cantidad determinada de hombres a sueldo que formarían una fuerza común de reserva para el conjunto de la Monarquía. El número total fijado era de 140.000 hombres, distribuidos entre los reinos según su población y sus posibilidades económicas. Pero el modo de valorar el contingente de hombres pagados fue muy aproximativo, de acuerdo con la idea que el gobierno tenía de la situación de cada reino, idea que no correspondía siempre con la realidad. El reparto fue el siguiente: Castilla y las Indias, 44.000 hombres; Cataluña, 16.000; Aragón, 10.000; Valencia, 6.000; Portugal, 16.000, Nápoles, 16.000; Sicilia, 6.000; Milán, 8.000; Flandes, 12.000; islas mediterráneas y atlánticas, 6.000. Este contingente no estaría constantemente en activo, pero habría de estar disponible para una emergencia.

Olivares estaba muy entusiasmado con su plan, que le parecía justo y razonable y del que esperaba toda suerte de ventajas para cada uno de los integrantes, pensando, además, que lograría la unión de todos los reinos: «Para los intereses comunes tiene esta proposición encerrada en sí infinitas cosas y efectos de gran autoridad para cada uno de los reinos en particular, y para todos juntos la precisa correspondencia de los corazones». Pero el valido se equivocaba. En lugar de aumentar la unión y la solidaridad, acabaría por provocar conflictos y rupturas.

Ante las necesidades cada vez mayores de la guerra, Olivares decidió poner en marcha la «Unión de Armas» lo antes posible y comenzó por la Corona de Aragón. Aprovechando la deseada convocatoria de Cortes en Aragón, Cataluña y Valencia, todavía pendiente desde el inicio del reinado, para el preceptivo doble juramento del rey y del reino, se presentó el proyecto a cada uno de estos territorios. Para simplificar, el plan era reunir las tres Cortes en tres ciudades cercanas: Barbastro fue el lugar elegido para las aragonesas, Monzón para las valencianas y Lérida para las catalanas, pero la oposición de Barcelona obligó a variar el plan y reunir las Cortes en la capital catalana. El 7 de enero de 1626 Felipe IV y Olivares salieron de Madrid con destino a la Corona de Aragón.

Reunidas primero las Cortes valencianas, el proyecto fue recibido con enorme oposición. Después de duras negociaciones, finalmente los valencianos votaron un subsidio muy alejado de lo esperado, sólo 1.080.000 libras, cantidad que equivalía al sueldo de 1.000 soldados durante quince años, con la dificultad añadida de que la Corona había de buscar los hombres. Olivares se resignó, para poder pasar inmediatamente a negociar con los otros dos reinos. Pero el empeño fue todavía más difícil. Las Cortes de Aragón resultaron más indómitas que las valencianas y el rey y el ministro las abandonaron en plena discusión para dirigirse a Cataluña.

Las Cortes catalanas, inauguradas el 28 de marzo, fueron las más complicadas. Alarmados por las peticiones regias, que consideraban muy superiores a sus posibilidades, y mal dispuestos a complacer al monarca, tras la larga serie de conflictos de los últimos años, los representantes del Principado manifestaron desde el principio una cerrada oposición. Recurrieron frecuentemente al «dissentiment» para paralizar las Cortes y el enfrentamiento fue creciendo. Finalmente, el 3 de mayo Olivares impuso una votación que acabó en un grave conflicto, pues no hubo manera de llegar a un acuerdo, y acabaron enfrentándose con las armas en la mano. Felipe IV, acompañado por su ministro, abandonó inmediatamente Barcelona, dejando las Cortes sin clausurar.

El viaje a la Corona de Aragón había conseguido una limitada colaboración de valencianos y aragoneses. Las Cortes del reino de Aragón acabaron por conceder en junio 2.000 hombres a sueldo durante quince años o la cantidad equivalente en dinero. El resultado se hallaba muy alejado del previsto por Olivares, pero no dejaba de ser un gran esfuerzo, sobre todo en época de crisis. Eran las concesiones más elevadas que las Cortes habían votado nunca. El conflicto entre el rey y el reino dejó en segundo plano iniciativas reformistas muy interesantes, como la obtención de plazas en los consejos reales para la nobleza aragonesa, señal de un deseo de mayor integración, en la línea de lo aconsejado por Olivares en el *Gran memorial,* o la declaración de compatibilidad entre nobleza y dedicación a las actividades mercantiles. Pese a todo, el descontento era recíproco. Ni el valido quedó satisfecho ni aragoneses, valencianos y catalanes lograron la concesión de la mayoría de sus aspiraciones.

El plano inclinado hacia el desastre

La Unión de Armas no resultaría la solución deseada para la restauración de la Monarquía. El principal problema quedaba en Cataluña. Si preocupante era la situación anterior, la frustrada reunión de Cortes dejaba la relación del gobierno con los catalanes todavía en peores términos. El nuevo intento de reunir las Cortes en 1632 no daría tampoco resultados positivos. Tanto el rey como los catalanes se encastillaron en sus respectivas posiciones, sin asomos de comprensión recíproca. La posterior evolución de los acontecimientos no hizo sino empeorar la situación interna de la Monarquía. Como consecuencia de la guerra, sobre todo a partir de la declaración oficial de guerra entre España y Francia en 1635, la presión fiscal y la tensión social no harían sino aumentar continuamente y en Cataluña y Portugal el descontento político alcanzaría niveles alarmantes.

La situación general de la Monarquía era preocupante. La crisis de la Hacienda era pavorosa. En 1627 se había producido una bancarrota y en 1628 se perdió la flota de Indias capturada por los holandeses en la batalla de Matanzas y aquel año no llegó la deseada plata. La necesidad urgente de conseguir préstamos hizo que los conversos portugueses pasaran a ocupar una destacada posición financiera en la Corte española. Olivares prefería que fueran súbditos del rey los que prestaran el dinero que se necesitaba, aunque fuesen de origen judío, y estaba dispuesto a protegerlos de la Inquisición y darles una oportunidad de integración en la sociedad española. Pero la modernidad de sus ideas en un tema tan conflictivo como era el de los judíos suscitó muchos recelos y se aprovechó la ocasión para atacarlo, acusándolo de ser descendiente de conversos.

La oposición al valido crecía al compás de sus fracasos. Sus afanes de reforma podían afectar muchos intereses creados y cada vez eran más los que trataban de obstaculizar sus planes. En 1627 Olivares vio su influencia en peligro, pues sus adversarios se agruparon en torno a los hermanos de Felipe IV, don Carlos y don Fernando, conocido como el Cardenal infante, por ser cardenal arzobispo de Toledo. Los años siguientes fueron malos para el Conde-duque. Las derrotas en la guerra y los graves problemas con Francia iban minando la confianza que el rey había depositado en él, pero pronto lograría recuperarse.

En los años treinta la construcción del nuevo palacio del Buen Retiro atrajo la atención de todos. Como el viejo alcázar madrileño no parecía el marco adecuado para la grandeza del monarca español, Olivares impulsó la construcción de un nuevo palacio más moderno, digno de la gloria de Felipe el Grande, el Rey Planeta. El Buen Retiro sería una oportunidad magnífica para el desarrollo de las artes. Felipe IV, un hombre muy culto y poseedor de un exquisito gusto para la pintura, demostró sus altas cualidades para el mecenazgo. Los mejores artistas de la época colaboraron en el proyecto y las colecciones reales se ampliaron sustancialmente. Todo esplendor parecía poco para reflejar la grandeza de la Monarquía española. Pero una vez más la iniciativa generó toda clase de críticas, mientras para unos el palacio era un «gallinero» de mal gusto, para otros semejante gasto era un despilfarro, un escándalo en una época de crisis y decadencia.

Los gastos de la Corte no eran los más costosos. La hemorragia de recursos económicos y humanos procedía de la guerra. La presión fiscal experimentó una escalada imparable. Una nueva negociación con las Cortes castellanas confirmó el impuesto de millones. Como todo era insuficiente, se buscaba el modo de hacer contribuir a los estamentos privilegiados, nobleza y clero, que estaban exentos del pago, con contribuciones «voluntarias», que generaban gran oposición. Los conflictos con el estamento eclesiástico fueron numerosos y, en consecuencia, las relaciones con la Santa Sede empeoraron, especialmente en tiempos del papa Urbano VIII, que era favorable a Francia. En 1632 la política regalista experimentó un gran avance con la elaboración de un sumario de «los abusos de Roma». Figuras como Juan Chumacero y Sotomayor, consejero de Castilla, y fray Domingo Pimentel desempeñaron un papel importante en la consolidación de la doctrina que defendía los derechos del rey frente a los del papa.

La crisis económica aumentaba sin cesar. El caótico sistema monetario se degradaba continuamente y se procedió a una nueva devaluación del vellón. La creciente presión fiscal ocasionaba múltiples tensiones, que acabaron en ocasiones en conflictos violentos. La inquietud era general. Uno de los movimientos más graves fue la revuelta de Vizcaya de 1632. Olivares había decidido en 1631 establecer un estanco o monopolio de la sal en toda la Corona de Castilla. En Vizcaya, donde el consumo de la sal era alto, el estanco suponía una gran carga económica, pero significaba también un agravio político, porque la medida se consideraba contraria a los fueros. En el otoño de 1632 se produjeron disturbios en Bilbao. A la oposición al gobierno general de la Monarquía por su iniciativa se sumaron los enfrentamientos internos de la propia sociedad vasca. La violencia de los amotinados, mayoritariamente de las clases populares, se polarizó contra los notables del país, acusándolos de «traidores» que «vendían a la república» porque habían aceptado el nuevo impuesto. El movimiento pronto quedó dominado y el castigo fue limitado. Aunque hubo seis ejecuciones, se dictó un perdón general, se encargó la restauración del orden a un noble de origen vasco y el controvertido impuesto fue retirado.

En esta misma década de los años treinta se produjeron una serie de agitaciones en Portugal. Sus motivaciones eran múltiples, pero respondían fundamentalmente a dos causas tradicionales de descontento, la fiscal y la militar. A las tensiones de base derivadas de la crisis económica general y a la dependencia portuguesa de la Corte de Madrid, la guerra sumaría otros factores como el aumento de los impuestos, los alojamientos militares y el reclutamiento para el ejército. El año más conflictivo fue 1637, en que se desencadenó una oleada de alteraciones en muchos lugares del centro y del sur de Portugal. El tumulto más grave fue el que se produjo en Évora. La crisis agraria, muy aguda en la región del Alentejo, propició el adecuado caldo de cultivo y los contrastes sociales entre los estamentos privilegiados y las clases populares estallaron con toda virulencia en el momento en que los impuestos sobre el consumo provocaron las iras de las gentes. El pueblo, apoyado por el bajo clero, atacó a la nobleza y al alto clero, que habían apoyado a los funcionarios reales encargados de recaudar los impuestos. En última instancia la algarada adquirió un tinte político al dirigirse contra el rey distante, al que se acusaba de tirano.

En otros reinos de la Monarquía se vivía una inquietud similar. Los problemas económicos y la crecida de la presión fiscal tuvieron consecuencias negativas en todas partes. El impacto de la guerra en Nápoles provocó serias dificultades y para controlar la peligrosa situación Olivares envió como virreyes a dos familiares suyos, el conde de Monterrey y el duque de Medina de las Torres. En los Países Bajos españoles las algaradas populares, el abandono de los jefes militares flamencos, el pacifismo de los Estados Generales no anunciaban buenas perspectivas para la causa de Felipe IV. La muerte en 1633 de la infanta Isabel Clara Eugenia abrió peligrosas incertidumbres, pero la actuación del marqués de Aytona y la presencia desde 1634 del Cardenal infante lograron asegurar el dominio español en Flandes. El deterioro más grave se produjo en Cataluña. La declaración de guerra entre España y Francia en 1635 marcó un hito decisivo. A partir de aquel momento la situación se fue degradando sin cesar. Olivares esperaba que la nueva situación de la guerra hiciera cambiar de actitud a los catalanes, inclinando a la Diputación del General y al Consejo de Ciento definitivamente a favor del gobierno español, pero no fue así en absoluto. La guerra económica que el valido intentaba hacer contra Francia no fue secundada por los comerciantes catalanes. Las relaciones políticas se enturbiaron todavía más. Desde 1638 la Diputación se inclinó por una actitud de cerrada oposición y se dedicó a obstaculizar sistemáticamente las medidas del gobierno del Conde-duque. Y en 1639 la autoridad municipal barcelonesa, hasta entonces más moderada y abierta, se sumó decididamente a la línea crítica más dura. Olivares, que había confiado en que al abrir un frente de guerra en Cataluña, en el Rosellón, lograría por fin implicar a los catalanes en un conflicto bélico al que hasta entonces se habían resistido denodadamente, se encontró con que el resultado de la implicación no iría en la dirección esperada.

La crisis de 1640

La crisis estalló en 1640. Como dijo Olivares, «este año se puede contar sin duda por el más infeliz que esta Monarquía ha alcanzado». Crisis económica y crisis política vinieron a confluir. Los problemas exteriores a causa de la lucha por la hegemonía provocaron una debilidad interior que fue aprovechada por catalanes y portugueses para plantear la ruptura. Cataluña, situada en una zona de frontera, había quedado atrapada en medio del gran duelo por la hegemonía entablado entre Francia y España. El frente de guerra abierto en tierras catalanas había comprometido directamente al Principado en la lucha, con costes muy elevados, como demostró la campaña de Salses a fines de 1639. Cataluña, que esperaba el reconocimiento por el gran esfuerzo realizado, se vería completamente frustrada. Olivares, en cambio, se hallaba terriblemente indignado por la escasa colaboración prestada en la guerra por la población catalana. Al Conde-duque lo que le importaba era ganar la guerra y si para ello había que sacrificar a Cataluña, estaba dispuesto: «Lleve el diablo las constituciones», exclamó lleno de ira.

El distanciamiento era total y el conflicto amenazaba con estallar en cualquier momento.

Fue entonces cuando el viejo problema de los alojamientos alcanzó su máxima virulencia. Tras la toma de Salses en enero de 1640, la Diputación del General, presidida por Pau Claris, un canónigo que ocupaba la presidencia de la institución como diputado eclesiástico, se enfrentó abiertamente con el virrey por el tema de los alojamientos militares. El 18 de marzo el diputado del estamento militar, Francisco de Tamarit, fue detenido. En el mes de mayo se produjo en el nordeste de Cataluña un alzamiento campesino muy violento contra los tercios. Y una vez que lograron expulsar a los soldados, los amotinados se dirigieron contra las autoridades que representaban al monarca en el Principado, el virrey y los magistrados de la Audiencia, a los que acusaban de colaborar con el gobierno de Olivares, considerado el enemigo principal.

El episodio culminante de este enfrentamiento se produjo el 7 de junio de 1640, jueves de Corpus, jornada que se conoce en la historiografía catalana como «el Corpus de Sangre». Una multitud, identificada como segadores, entraron en Barcelona y se adueñaron de la ciudad, dando muerte al virrey, el conde de Santa Coloma. Desde esa fecha el poder real en Cataluña entró en un proceso de disolución y el clima de rebelión fue aumentando hasta sumir el país durante todo el verano en el desorden y el descontrol. Ante este vacío de poder, la Diputación del General, bajo la dirección de Pau Claris, tomó las riendas y, para encauzar la situación, convocó en septiembre una Junta de Brazos, en sustitución de unas Cortes entonces imposibles al no poder contar con la convocatoria real.

Ante lo sucedido Felipe IV quedó enormemente impresionado. El gobierno tomó la decisión de recuperar el control del Principado por todos los medios, mucho más por el peligro añadido que suponía su proximidad a Francia, y comenzó a preparar el envío de un ejército. Como respuesta, la Junta de Brazos catalana dispuso el reclutamiento de tropas para resistir y abrió negociaciones secretas con agentes franceses para solicitar el apoyo de Luis XIII. La llegada de los tercios, mandados por el marqués de los Vélez, decantó definitivamente la posición catalana. Tortosa y Tarragona fueron tomadas, y ante la amenaza que se cernía sobre Barcelona, la Junta proclamó la República catalana, para pasar inmediatamente a integrarse en la Monarquía francesa, reconociendo a Luis XIII como conde de Barcelona. La derrota del ejército de Felipe IV en la batalla de Montjuic el 26 de enero de 1641 supuso el fin de la posibilidad de una recuperación rápida de Cataluña por la Monarquía española y la consolidación de la revuelta. Comenzó entonces una larga guerra, la llamada «Guerra de los Segadores», que habría de durar hasta 1659.

La rebelión de los catalanes daría ocasión propicia para que otro reino descontento, Portugal, tomara también la decisión de romper con Felipe IV y con la Monarquía española. A diferencia de Cataluña, donde el alzamiento tenía una fuerte carga revolucionaria, el movimiento portugués era más limitado, centrándose exclusivamente en la separación, sustituyendo al monarca reinante por un nuevo monarca nacional, Juan IV de Braganza. Ante el proyecto de Olivares de sacar del reino a la nobleza portuguesa, como medio de evitar una posible amenaza de levantamiento, y con el fin de enviarla a luchar por la recuperación catalana, se precipitó la puesta en marcha del plan preparado por los conspiradores.

El 1 de diciembre de aquel mismo año 1640 se produjo el golpe de Estado. Un grupo de «cuarenta hidalgos» tomó el Paço da Ribeira. La virreina, Margarita de Saboya, duquesa viuda de Mantua, fue apartada del poder, pero el odiado secretario Miguel de Vasconcelos fue asesinado en un episodio de gran violencia, en que su cadáver, tras ser arrojado por una de las ventanas de palacio, acabó despedazado por la multitud. Inmediatamente después de los acontecimientos de palacio, las clases dirigentes y el pueblo portugués se adhirieron al movimiento de manera ordenada. Una gran procesión por las calles de Lisboa sirvió para encauzar los primeros momentos de la nueva situación. Juan IV fue proclamado rey, y las Cortes portuguesas, como representantes del reino, fueron convocadas para legitimar el inicio del nuevo reinado, escenificando el pacto constitucional entre el nuevo rey y el reino, y tomando las primeras medidas de gobierno, destinadas a consolidar la independencia. Felipe IV y Olivares recibieron la noticia con gran consternación, para el gobierno de Madrid el hecho era absolutamente ilegítimo y consideraban a Juan IV como un usurpador. No renunciaban en modo alguno a poner fin a la situación creada, pero, como era imposible acudir a todos los problemas a la vez, desde el principio dieron absoluta prioridad a la recuperación de Cataluña, dejando a Portugal para ocasión posterior.

De Olivares a Haro

Las rebeliones de Cataluña y de Portugal amenazaban con la disgregación de la Monarquía española y daban ejemplo a otros descontentos. Poco tiempo después se descubrió una conspiración encabezada por dos nobles pertenecientes a la familia Guzmán, el duque de Medina Sidonia y su primo el marqués de Ayamonte, con el propósito de hacerse con el poder en Andalucía, separándola de la Monarquía española, con la ayuda por Portugal. Manipulado por la nobleza y agobiado por la miseria, el pueblo pedía la rebaja de los precios de los alimentos y el reparto del trigo almacenado por los especuladores. El plan estaba pésimamente organizado, pero era revelador de la inestable situación que se atravesaba. No fue difícil apaciguar la rebelión y el episodio acabó con la defección de Ayamonte y la detención de algunos amotinados.

En la inquietud nobiliaria había seguramente influido la enorme presión fiscal, agudizada por las cada vez mayores exigencias de la guerra, ahora dentro de la Península. Se reclamó la ayuda de todos los grupos sociales y los nobles no escaparon de la persecución. Se esperaba de ellos que colaboraran con hombres y con dinero, pero las resistencias fueron muchas. En 1642 la oposición de la nobleza al Conde-duque de Olivares, al que se culpaba principalmente del desastre, era creciente.

El programa reformista del valido había fracasado en todos los frentes y había suscitado reacciones incalculables que estaban arriesgando la existencia misma de la Monarquía española. En lugar de unir a los hombres y a los reinos, la política del valido había provocado la desunión más total. La guerra civil se había adueñado de la Monarquía española y la disgregación amenazaba con desmembrar todo el conjunto tan laboriosamente formado desde tiempos de los Reyes Católicos. Ante la hostilidad creciente contra él, Olivares acabó por solicitar al rey permiso para retirarse del gobierno, lo que Felipe IV le concedió en enero de 1643. El antes poderoso ministro abandonó la Corte y se retiró a Toro, donde murió loco en 1645.

La caída en desgracia de Olivares no supondría un cambio importante en las relaciones de poder existentes en el gobierno. Aunque Felipe IV hizo un intento de gobernar personalmente, poco duró su empeño y pronto volvió a apoyarse en un valido. El nuevo hombre de confianza fue Luis Méndez de Haro, miembro del mismo grupo de familias aristocráticas que había sostenido antes a Olivares. Pero el estilo de gobernar cambió sustancialmente, pues Haro era persona de carácter mucho más suave que su predecesor y logró mantener el favor real durante dieciocho años, en medio de las circunstancias más adversas, pero sin una oposición significativa. Sin embargo, el nuevo valido nunca alcanzaría el grado de influencia que había tenido Olivares. En estos años otro de los apoyos importantes del monarca fue sor María de Jesús de Ágreda, una monja con experiencias místicas, que desde su convento de Ágreda le aconsejaba por carta tanto en el orden personal como en el político.

Un nuevo ciclo revolucionario

La desaparición de Olivares no supuso el fin de los problemas. La crisis revolucionaria de 1640 se reprodujo años después. Entre 1647 y 1652 diversos territorios de la Monarquía española se vieron perturbados por una serie de revueltas, básicamente de carácter popular, pero también con participación nobiliaria en muchos casos. Todas estas tensiones y conflictos no respondían únicamente al proceso de decadencia en que se hallaba inmersa la Monarquía española, sino al contexto de crisis general que afectaba a toda Europa por aquellos años.

En la Corona de Aragón los problemas no habían terminado. Aunque en 1644 Felipe IV había ofrecido el perdón general a los catalanes y había jurado con toda solemnidad, tras la recuperación de Lérida, observar las constituciones de Cataluña, la guerra continuaba. En Valencia el rey había convocado Cortes en 1645 logrando acuerdos significativos con la oligarquía regional, pero no fue suficiente para asegurar la tranquilidad, pues en los años siguientes, de 1646 a 1648, el reino valenciano atravesó una situación que podría calificarse de prerrevolucionaria, debido al activo bandolerismo, las luchas entre facciones en el municipio de la capital y la enorme presión del conflicto bélico. En Aragón también se habían reunido la Cortes en 1646, consiguiendo la Corona afianzar sus posiciones políticas y concediendo, a cambio, mayores posibilidades de integración de los aragoneses en el sistema de gobierno general de la Monarquía; sin embargo, ese mayor entendimiento se vio enturbiado por algunos estallidos populares contra el ejército y, sobre todo, por la conspiración del duque de Híjar, que fue apresado en 1648, acusado de pretender proclamarse rey de Aragón, separando al reino de la Monarquía española.

Muy graves fueron las rebeliones italianas, en Sicilia el año 1647 y en Nápoles de julio de 1647 a abril de 1648. Básicamente se trataba en ambos casos de una reacción contra la situación económica y social, pero de resultas pondría también en cuestión la presencia española en aquellos territorios. En Palermo un típico motín de subsistencias degeneró hacia una revuelta política que atentaba contra el sistema municipal y los privilegios de la nobleza feudal. El virrey, cuyo apoyo buscaban los amotinados, acabaría por hacer causa común con la aristocracia.

La revuelta napolitana sería mucho más compleja. Existía desde hacía tiempo una gran tensión, agravada por la falta de convocatoria del Parlamento y por las negativas consecuencias derivadas de la guerra. El desencadenante del alzamiento del pueblo napolitano fue una vez más la oposición contra los impuestos que gravaban los comestibles. El cabecilla de la revuelta, Massaniello, se convirtió inmediatamente en un gran héroe popular. Su asesinato, lejos de apaciguar la situación, radicalizó todavía más el movimiento, que apuntaba al cambio del orden social, tratando de conseguir la disminución del poder nobiliario. Como el intento de reacción del virrey fracasó, los revoltosos dieron un paso más y proclamaron en octubre la república napolitana, teóricamente bajo tutela francesa. Pero la rebelión pronto fue sofocada por el ejército español, cuyo mando se confió a un hijo bastardo de Felipe IV, Juan José de Austria.

En la primavera de 1648 todo había terminado en Sicilia y Nápoles. A partir de entonces se trató de mantener, con muchas dificultades, un difícil equilibrio entre el gobierno de la Monarquía española y la nobleza local. Pero el equilibrio era muy inestable. En Cerdeña, a partir de 1649, se desencadenó una verdadera guerra de banderías nobiliarias y en el parlamento de 1654-1656 los sardos plantearon a la Corona una larga lista de reivindicaciones.

Por aquellas mismas fechas, de 1647 a 1652, se produjo en Andalucía una serie de alteraciones cuya causa fundamental eran los problemas económicos y sociales, agravados por la peste. La carestía de la vida, especialmente el alto precio de los alimentos, la crisis manufacturera, sobre todo la del sector sedero, la inestabilidad monetaria, la depreciación de los juros afectaban a la gran mayoría de la población. Los disturbios, de carácter típicamente urbano, tuvieron su centro en las principales ciudades andaluzas, Granada, Córdoba y Sevilla, así como en otras villas más o menos próximas. De estas alteraciones una de las primeras fue la de Lucena, en 1647. En esta villa de señorío el foco de rebeldía se dio entre los artesanos. La revuelta comenzó por los alimentos y careció de ambiciones políticas, limitándose a cambiar el corregidor por un personaje local, sin llegar a extremos muy radicales. En cambio, en Sevilla se produjo en 1652 un motín muy grave, que costó la vida a unas 100 personas, sin que los revoltosos consiguieran ninguno de sus propósitos, pues inmediatamente después de que las autoridades aplastaran la revuelta las concesiones hechas en materia de abastos y de precios fueron suprimidas.

La crisis generaba continua intranquilidad social durante la década de los años cincuenta. Eran muchos los motivos que generaban oposición y descontento. Con frecuencia estallaban tumultos en diferentes lugares: Andalucía, Murcia, Galicia. La mayoría de los problemas derivaban de la extremada presión fiscal, casi insoportable en aquel contexto de decadencia. Como recogió Jerónimo de Barrionuevo en sus *Avisos* era sobre todo el impuesto de millones el que concentraba la hostilidad de la mayor parte de la sociedad. España entera continuaba postrada en la decadencia. La compensación a tan desolador panorama fue la recuperación de Cataluña. Después de muchos años de guerra, Barcelona se rendiría en 1652 al hijo del rey, Juan José de Austria, que se convirtió en virrey del Principado. Felipe IV, prudentemente, se inclinó por una política de perdón y pacificación. Aunque con algunas modificaciones, los catalanes conservaron sus leyes e instituciones, por cuya defensa tanto habían luchado. Para el final de la guerra y la definitiva reincorporación del Principado a la Monarquía española, bien que con la pérdida del Rosellón y la Cerdaña, incorporados a Francia, habría que esperar a la Paz de los Pirineos de 1659.

El fin del reinado y el fin de la hegemonía

Los últimos años del reinado de Felipe IV fueron muy penosos. El rey se hallaba enfermo y muy envejecido. Luis de Haro había fallecido en 1661 y tras él no hubo ninguna figura importante en el gobierno. Los personajes más destacados de esos últimos años fueron el conde de Castrillo, el duque de Medina de las Torres y el conde de Peñaranda, pero ninguno de ellos logró alcanzar la posición de los anteriores validos. El sistema de gobierno evolucionaba en un sentido colectivo, en el que la aristocracia cortesana más influyente y las altas jerarquías eclesiásticas compartirían el protagonismo político. Los intentos del rey en sus últimos años por dar un nuevo aliento político a la Corona de Castilla, mediante una convocatoria de Cortes en 1664, no darían ningún resultado positivo, pues el rey murió antes de que se reunieran. Los signos de resistencia detectados influyeron, además, en que las Cortes castellanas dejaran de reunirse en los años venideros.

A la decadencia personal del monarca se sumaba la decadencia de la Monarquía española como gran potencia hegemónica. Si el rey había recibido de su padre una herencia problemática en la que se manifestaban graves anuncios de crisis, a pesar del esfuerzo realizado y en parte precisamente por lo excesivo de ese esfuerzo, la Monarquía había experimentado en esas décadas pérdidas gravísimas. Se había logrado recuperar Cataluña; Portugal, en cambio, había conseguido consolidar su separación, a pesar de que Felipe IV nunca aceptaría esta realidad y se negaría rotundamente a firmar la paz con los Braganza. Pero el rey había aprendido la dura lección y la transmitiría a su hijo en su testamento: «Hagan guardar a todos mis reinos sus leyes, fueros y privilegios, y no permitan se les haga novedad en el gobierno de ellos [...], pues por no haberse guardado resultaron los daños que se saben». La crisis económica y social dominaba el panorama sin que se atisbara una recuperación. El prestigio español se había hundido en los campos de batalla y la Paz de los Pirineos había ratificado el fin de la hegemonía internacional, auque España había logrado mantener gran parte de sus posesiones, las europeas en los Países Bajos y en Italia y las americanas.

Y esta herencia menoscabada no tenía tampoco entonces perspectivas de mejora en el futuro. Entre otras cosas no existía un heredero capaz de suscitar esperanzas. Tras morir su primera esposa, Isabel de Borbón, y su hijo y heredero, el prometedor príncipe Baltasar Carlos, el rey hubo de volver a casarse para tratar de dar un sucesor al trono. Su segunda esposa fue su sobrina Mariana de Austria, hija del emperador Fernando III y de la infanta María de Austria, hermana de don Felipe. La larga serie de matrimonios endogámicos en el seno de la dinastía Habsburgo daría entonces sus más tristes resultados. Después de años sin sucesión por la muerte de otros hijos, la Corona habría de ir a parar a un pobre niño, el príncipe Carlos, cuya muerte todos esperaban desde el mismo día de su nacimiento.

V. Carlos II

La Regencia de Mariana de Austria

Felipe IV murió en 1665. Su hijo y sucesor Carlos II era un niño enfermizo y hasta su mayoría de edad su madre, la reina Mariana de Austria, se convirtió en regente. Pero esta mujer, de poco carácter y menos dotes de gobierno, sería incapaz de ponerse a la altura de tan gran responsabilidad. Para asesorarla existía una Junta de Gobierno, formada por experimentados ministros, los presidentes de los Consejos de Castilla y Aragón, el arzobispo de Toledo, el inquisidor general, un consejero de Estado y un grande de España. Al margen de este equipo de gobierno que Felipe IV había designado para asistir a la reina regente quedaba una de las más destacadas figuras políticas y militares de aquella época, Juan José de Austria.

El estado de la Monarquía era muy preocupante. La situación económica se hallaba muy degradada y el caos monetario acababa de agravar el problema. La abundancia de moneda falsificada, el enorme aumento del premio del vellón por encima de la plata, la desbocada inflación, la especulación sin medida eran algunos de los factores que habían colocado a la economía en un callejón sin salida. Tantos y tan graves problemas desbordaban las limitadas capacidades de la regente. Doña Mariana no era una mujer fuerte que pudiese afrontar sola sus deberes. El gobierno de la Monarquía española volvió a quedar en manos de validos, aunque la escasa categoría de los personajes elegidos por doña Mariana inclinaría a darles más bien el simple nombre de favoritos.

El padre Nithard

Muy pronto la reina comenzó a recurrir al consejo de su confesor, el padre Nithard, para que la asesorara en los problemas del gobierno y la ayudara a tomar decisiones. El padre Juan Everardo Nithard, un jesuita tirolés, era hombre piadoso, pero no destacaba por sus dotes políticas. Pese a sus limitaciones y al inconveniente de ser extranjero acabó convirtiéndose en la figura imprescindible. La privanza de Nithard provocó general oposición, a pesar de que emprendió una política conciliatoria, con medidas populares, como la reducción a la mitad de las «sisas», impuesto sobre el consumo de productos básicos, la carne, el vino, el vinagre y el aceite, para aliviar algo la dura presión fiscal, o con medidas de gracia, como el indulto del duque de Híjar, que se hallaba en prisión, acusado de intentar sublevar Aragón. Pero estas muestras de buena voluntad eran insuficientes. Los más variados grupos se manifestaban en contra del favorito. Los nobles le acusaban de ser un advenedizo extranjero que les había desplazado del poder que les correspondía. Y el pueblo también se oponía a su encumbramiento. Por si fuera poco, una de las disposiciones iniciales, la prohibición de las representaciones teatrales, resultó enormemente impopular. También se suprimieron las corridas de toros.

Tan preocupado se hallaba el gobierno por su impopularidad, que para evitar posibles conflictos aplazó la preceptiva convocatoria de Cortes. Aunque las Cortes castellanas habían perdido gran parte de su influencia, se temía que pudieran servir de instrumento a los descontentos. Por tanto se consideró más seguro prescindir de ellas. Por necesidades fiscales siguió funcionando una diputación que se ocupaba de administrar el servicio de «millones» y en adelante el gobierno resolvió el problema solicitando directamente de los ayuntamientos la prórroga de los impuestos vigentes. Las Cortes de Castilla no se convocaron durante todo el reinado. Tampoco se concedió permiso de reunión a la Junta de Galicia. De modo semejante se procedió con las Cortes de Navarra, que no consiguieron reunirse hasta 1677. Y menos se convocaron las Cortes de los reinos de la Corona de Aragón. Las de Cataluña y Valencia no se reunieron nunca bajo Carlos II y las de Aragón lo hicieron dos veces, en 1677 y en 1686. Del riesgo de problemas que suponían las Cortes podía resultar ilustrativo el caso del parlamento de Cerdeña, donde la reunión había desembocado en un grave conflicto.

Pero entre todos los problemas, el económico era especialmente grave. La Regencia se inauguró con una bancarrota. En mayo de 1666 la Real Hacienda hizo suspensión de pagos y se intentó una revisión de compromisos. La idea era tratar de comenzar de nuevo, pero los efectos prácticos fueron contraproducentes, porque provocaron el crecimiento de la deuda de juros. El déficit era alarmante, pero su peor dificultad, que era la escasez de plata, parecía tener expectativas de mejora, pues la producción minera en el Nuevo Mundo comenzaba a apuntar por aquellas fechas signos de recuperación.

No pasaría mucho tiempo sin que el gobierno recurriera de nuevo a las demandas fiscales. En julio de 1667 se dirigió a todas las ciudades con voto en Cortes para recordarles que el impuesto de millones iba a expirar al año siguiente y solicitarles su renovación para un nuevo periodo de seis años. De nada sirvieron ocasionales oposiciones, en noviembre una Real Cédula confirmaba la prórroga de los «millones» por otros seis años, dado que la mayoría de las ciudades habían dado su conformidad. El mismo expediente se repetiría en 1773. Tampoco los nobles se salvaron de contribuir. En ese mismo año 1667 la Corona solicitó de la alta nobleza un donativo, al que la mayoría se resistió.

Las malas noticias de la guerra con Francia no hacían sino incrementar el descontento reinante por la mediocridad de un gobierno, incapaz de solucionar los graves problemas existentes. El fino olfato político de Juan de Austria le hizo percibir el difícil trance en que se hallaba el valido, sólo respaldado por la regente. Más de un año duraría el duelo político que entablaron Nithard y don Juan por el poder. Si el padre Nithard contaba con el decidido apoyo de la reina regente, don Juan contaba con un apoyo que él sabía utilizar como nadie, la opinión pública. Sátiras, folletos, y todo género de literatura clandestina corría de mano en mano por corrillos y tertulias. Detrás de estos papeles anónimos y de los rumores existían patrocinadores y entre ellos el principal era don Juan. Deseoso de cobrar protagonismo político, el príncipe se presentó en la Corte y comenzó a usar sus influencias, hasta conseguir el 4 de junio de 1667 un decreto autorizándole para asistir al Consejo de Estado. Pero poco duró su éxito. El siguiente día 11, cuando fue recibido en audiencia por Carlos II, el pequeño rey puso brusco final a la entrevista.

La posición de don Juan era difícil, pero todavía más molesta resultaba para doña Mariana y para Nithard, que trataban de buscar una forma de alejarle de Madrid. La guerra de Flandes proporcionó la oportunidad apetecida. Se decidió destinarle como gobernador general de los Países Bajos. Pero don Juan no se dejó engañar por este ofrecimiento y se resistió a aceptar durante meses. Una extraña conjura descubierta a fines de mayo de 1668 sería el desencadenante que acabaría por terminar con aquella indeterminación. Se trataba de un presunto plan de asesinar al padre Nithard en el que se hallaba implicado un caballero aragonés, José Mallada. Se sospechaba que don Juan pudiera ser el instigador del proyecto, pero no pudo probarse. Mallada pagó con su vida el intento, siendo ejecutado sin proceso. Cuando don Juan se enteró de lo sucedido montó en cólera y escribió una carta a Peñaranda, Aragón y Crespí, miembros los tres de la Junta de Gobierno, calificando duramente a Nithard de «tirano sin Dios y sin rey». Don Juan se negó además a ir a Flandes. Finalmente, el gobierno, por un decreto de 3 de agosto, desterró a don Juan a Consuegra.

Pero el enfrentamiento entre don Juan y Nithard no había hecho más que empezar. En octubre conocieron doña Mariana y la Junta de Gobierno un plan urdido para secuestrar al padre Nithard. El sumario se concluyó rápidamente y Juan de Austria fue declarado culpable. La Junta de Gobierno votó su detención, pero la orden no pudo cumplirse. El príncipe había huido de Consuegra, acompañado de un grupo de partidarios. Para justificar su fuga dejó una carta, argumentando que se veía obligado a ponerse a salvo de la «tiranía y execrable maldad del padre Everardo». Reconocía sus tentativas de apartar del gobierno al jesuita, pero negaba la intención de matarle. Con esta carta, muy pronto ampliamente difundida, y con la extensa respuesta que le dedicó Nithard, comenzó una batalla de propaganda política, de la cual saldría victorioso el príncipe.

Don Juan huyó a Aragón, donde se topó con la hostilidad del virrey, el conde de Aranda, recién nombrado por Nithard. Por tanto decidió seguir hacia Cataluña, donde esperaba encontrar mucha mejor acogida, en recuerdo de los años allí transcurridos, y contando con el apoyo del duque de Osuna, virrey del Principado, amigo suyo. El 9 de noviembre Osuna y el príncipe celebraron una larga entrevista en San Feliu de Llobregat y acordaron que don Juan residiría en una casa próxima a Barcelona. Don Juan recibió durante su estancia un trato verdaderamente regio. A medida que la noticia de su presencia fue difundiéndose por tierras catalanas, acudieron a visitarle las principales autoridades y muchos particulares. Los catalanes no habían olvidado la generosidad de don Juan en los momentos difíciles. Pero en su actuación se las ingeniaron siempre para conciliar su apoyo a la causa de don Juan con la debida fidelidad a la Corona.

Juan de Austria aprovechó este respaldo para lanzar desde Barcelona otra gran batalla propagandística. Escribió cartas a España entera, empezando por la Corte, desde la reina regente a todos los organismos y personajes importantes, y siguiendo por el conjunto de los reinos que integraban la Monarquía, Castilla, Cataluña, Valencia, Aragón, y por todos los estamentos, nobleza, clero, ciudades. La finalidad de su maniobra era lograr la destitución del padre Nithard. Las reacciones fueron muy variadas. Una de las más decididas fue la de Barcelona. También el Consejo General de la Ciudad de Valencia se inclinó por el príncipe. Otros adoptaron actitudes más cautelosas, desde los que leyeron la carta y después remitieron una copia a la regente, hasta los más renuentes, que ni siquiera la abrieron. En general fue mucho más fría la actitud de las autoridades, las altas jerarquías y las clases dirigentes, que temían comprometerse en un movimiento que acaso pudiera desembocar en una revolución, y que de resultar triunfante beneficiaría principalmente a Juan de Austria. En cambio, las clases medias y populares lo acogieron de forma más favorable y entusiasta. En Granada aparecieron diversos pasquines, clavados en los edificios públicos de la ciudad, apoyando a don Juan y amenazando con cortar las cabezas de los tiranos.

La postura de don Juan ganaba adeptos por momentos. Cansados de la permanente crisis interna y de las continuas derrotas exteriores, eran muchos los que deseaban un cambio de gobierno. Estaban hartos de la ineficacia del favorito extranjero y pensaban que un hombre fuerte como el príncipe podría remediar tantos males como estaba padeciendo España. Los catalanes creían además que podía haber llegado su oportunidad. A través de don Juan lograrían participar del gobierno de la Monarquía española, influir en su propio destino y en el del conjunto de los reinos que la formaban.

El gobierno se hallaba entre la espada y la pared. Por un lado, los ministros compartían con don Juan la oposición al valido, pero por otro, no querían ceder ante sus presiones. La reina regente, cada vez más aislada, aceptó el 1 de diciembre tratar con don Juan, siempre que él regresara a Consuegra. Pero el príncipe se negó. Cada vez más presionados por la opinión pública, los ministros empezaron a decantarse por su causa, abandonando al favorito, pues defenderlo significaría un grave peligro para la tranquilidad. El 19 de diciembre, el Consejo de Castilla se inclinó por seguir manteniendo contactos con don Juan y por limitar la autoridad del valido, sugiriendo que se trasladara a Roma. El Consejo de Aragón propuso también el día 20 que marchara a Roma. El día 21 el Consejo de Estado votó igualmente su salida, pero con destino a Viena, como embajador extraordinario. Como resultado, la Junta de Gobierno aceptó que Nithard debía abandonar España. Juan de Austria había triunfado. Su «pronunciamiento» contra el gobierno desde Cataluña había tenido éxito. El 31 de enero de 1669 salió de Barcelona, rumbo a Madrid, acompañado por una escolta de 400 soldados de caballería. Su viaje hacia Zaragoza fue apoteósico. Las gentes le victoreaban como «el restaurador» de España y en la capital aragonesa le dispensaron una gran bienvenida.

En Madrid, la reina se hallaba profundamente disgustada y muchos se sentían atemorizados por lo que pudiera ocurrir. Los últimos intentos de negociar de nada sirvieron. Las tropas que debían defender Madrid se pasaron a don Juan. Había llegado el momento decisivo. El lunes 25 de febrero, la Junta acabó por ceder y decidió la inmediata expulsión del padre Nithard. Presentaron el decreto a la reina, quien no tuvo más remedio que aceptarlo. Aquella tarde el valido abandonó Madrid. Entretanto, Juan de Austria aguardaba en Torrejón de Ardoz, rodeado de un grupo cada vez más nutrido de partidarios. Conocido su triunfo, contra lo que muchos esperaban, don Juan se abstuvo de rentabilizar en provecho propio su éxito. Declaró rotundamente: «No he pensado jamás en la civil ambición de alzarme con el manejo del gobierno». Sin embargo, no renunció a proclamar un manifiesto político, basado en principios sencillos y populares, reducción de impuestos, igualdad fiscal, claridad en la administración y en las finanzas, mejoras en el ejército, justicia para todos. El día 5 de marzo salió don Juan para Guadalajara. El gobierno fue cediendo en las fechas siguientes a todas sus demandas. Nithard fue nombrado embajador extraordinario ante la Santa Sede y partió de inmediato hacia Roma. Se creó una «Junta de Alivios», para llevar adelante las reformas. El problema parecía haber quedado resuelto.

El movimiento triunfante, encabezado por Juan de Austria, poseía interesantes rasgos históricos. Pese a tratarse de un golpe militar, el pronunciamiento había resultado incruento; con la ayuda de la opinión pública se había conseguido destituir a un ministro impopular; y en todo ello Cataluña había desempeñado un papel fundamental. Había quedado demostrado que el país no estaba muerto. Tal vez no estaba claro el camino que debía emprenderse, pero empezaban a apuntarse algunos intentos de solución. La «Junta de Alivios» comenzó con mucho ímpetu, pero no abordó reformas en profundidad, se contentó sólo con algunas medidas circunstanciales, y a los pocos meses dejó de reunirse. El pronunciamiento de don Juan había provocado la caída de Nithard, pero en el fondo la situación no había cambiado. Continuaba el enfrentamiento entre la reina y el príncipe y el deseo de apartarlo de la Corte tampoco había variado. Don Juan aceptó, en junio de 1669, el nombramiento de vicario general de la Corona de Aragón, con sede en Zaragoza. Desde allí vigilaría el curso de los acontecimientos.

El duende de palacio

Sin Nithard y sin don Juan, la regente debía gobernar con la Junta, cada vez más inoperante y desprestigiada. Pero la situación no duraría mucho tiempo. Doña Mariana necesitaba refugiarse en la seguridad de una persona de su confianza. Si antes había elegido como favorito a su confesor, el sustituto fue un hombre de muy diversa categoría, un simple paje de la Corte, a quien ella encumbró. Fernando Valenzuela era un hidalgo que se casó en 1661 con una de las camareras de la reina, consiguiendo de esta forma el favor regio. Poco a poco se había ido convirtiendo en el indispensable informador y consejero. Fue su habilidad para intrigas y secreteos la que le valió el mote del «duende de palacio».

Valenzuela, como Nithard, carecía de talla política, pero era bastante más habilidoso. Sin acaparar de entrada los cargos principales, supo influir en el gobierno y crearse un grupo de partidarios en la Corte. Y acertó, sobre todo, en poner en práctica una política de popularidad. Su programa se basaba, para satisfacer a las clases altas, en la más que generosa distribución de mercedes y honores, y para contentar al pueblo, en medidas de control de precios, obras públicas, diversiones, corridas de toros, espectáculos teatrales y manifestaciones artísticas. Una política de escaparate, pero muy eficaz, que a diferencia de lo sucedido con el austero Nithard, le hizo muy popular. Aunque muchas de sus realizaciones fueron efímeras, algunas quedaron para la posteridad. Una de sus facetas más positivas fueron las obras de mejora y embellecimiento de Madrid. Valenzuela reconstruyó la Plaza Mayor, dañada por el gran incendio de 1672, realizó reformas en el alcázar y construyó dos puentes sobre el Manzanares. Pero las fiestas y diversiones que organizaba no podían ocultar la pobreza y la miseria.

A la permanente crisis peninsular se sumó de nuevo la guerra con Francia y los motines de Mesina. En Sicilia el problema había comenzado a causa de los enfrentamientos internos de la sociedad de la isla, polarizados en torno a la confrontación Palermo-Mesina, y a la falta de habilidad de las autoridades españolas para mantener el equilibrio. La inclinación de la Monarquía y sus virreyes a favor de la aristocracia siciliana, vinculada a Palermo, había ido mermando la fidelidad mesinesa. Además, la amplia autonomía municipal de Mesina no era bien acogida por la administración virreinal. Todo ello complicado por la depresión económica y las crisis de subsistencias que la isla padeció aquellos años. En 1672, motines de hambre, luchas entre bandos, la rebelión del «Senado» contra el gobernador de la ciudad, Luis del Hoyo, provocaron una situación explosiva, que el virrey de Sicilia, el príncipe de Ligné, intentó solucionar por la fuerza y acabó por desembocar en la grave revuelta de 1674. Ante esta situación, los mesineses solicitaron ayuda a Luis XIV, que se mostró dispuesto a prestársela. Pero España resistió bien en el Mediterráneo. Las fuerzas francesas quedaron aisladas y acabaron por tener que abandonar la isla al firmarse la paz en 1678. Mesina no tendría entonces más remedio que rendirse y fue castigada por su rebelión. Se redujo la autonomía municipal, el gobierno de la ciudad pasó a ser controlado por el virrey y se construyó una ciudadela para garantizar el control militar. La Monarquía seguía fiel a su política absolutista.

La mayoría de edad del rey

El 6 de noviembre de 1675 Carlos II cumplió catorce años. De acuerdo con el testamento de Felipe IV, llegaba a su mayoría de edad para reinar. Pero don Carlos seguía siendo incapaz de gobernar. Al proclamarse la mayoría de edad del rey debía finalizar la Regencia, pero era impensable el ejercicio solitario del poder por el monarca. En vísperas de la fecha, menudearon las intrigas políticas. Se trató una vez más de apartar a Juan de Austria, que seguía en Zaragoza, enviándole a Italia. Pero el rey escribió a su hermano, reclamando su asistencia. El día 4 se intentó que el monarca prorrogara el régimen vigente, pero se negó y el día 5 informó a su madre de que había convocado al príncipe. La mañana del 6 don Juan cabalgó hacia el alcázar entre las aclamaciones de la multitud. Fue recibido en palacio como infante de España y acogido con gran deferencia por Carlos II. Parecía que, por fin, había llegado la hora de don Juan. Pero no fue así. Por consejo de doña Mariana, Carlos II accedió a prorrogar la situación dos años más. La reina y la Junta de Gobierno ejercerían el poder efectivo, aunque la firma sería la del rey. Don Juan abandonaría Madrid y también Valenzuela.

Don Juan salió inmediatamente de la capital, despechado pero con el fiel apoyo popular y con el respaldo de gran parte de la nobleza. Valenzuela también marchó, con el nombramiento de capitán general de Granada, ciudad donde residió por unos meses, hasta que en abril regresó a la Corte. A partir de entonces su ascensión fue fulgurante. La oposición creció en paralelo a su escalada. Los nobles conspiraban, la Junta de Gobierno dejó de reunirse. Pero la ascensión del favorito continuó. Se le otorgó grandeza de primera clase y después se le confió el gobierno en calidad de «primer ministro» y pasó a residir en el alcázar. Además, su enriquecimiento personal fue inmenso, sus bienes llegaron a valorarse en más de 700.000 ducados. Fue demasiado. La nobleza, ofendida por el arribismo social de Valenzuela y políticamente contraria al control que ejercía sobre el poder, se opuso por todos los medios. Le hizo el más absoluto vacío, dejando de acudir a las ceremonias cortesanas, y pasó a la ofensiva política. El 15 de diciembre de 1676 se publicó un manifiesto contra Valenzuela, firmado por 24 grandes. Denunciaban «la nociva influencia» de la reina y demandaban el alejamiento de doña Mariana, el encarcelamiento de Valenzuela y la designación de Juan de Austria como consejero del monarca. Los Consejos secundaron la petición.

La política reformista de Juan de Austria

De nuevo se producía una encrucijada política decisiva. La reina se resistió cuanto pudo, pero el 24 de diciembre una junta presidida por el cardenal arzobispo de Toledo, decretó el encarcelamiento de Valenzuela, que huyó a El Escorial. El 27 se llamó a don Juan, que se hallaba en Zaragoza, preparando una fuerza militar, para repetir su marcha sobre Madrid. El príncipe partió de la capital aragonesa, acompañado por un ejército que fue aumentando por el camino. Llegaban voluntarios de toda la Corona de Aragón. Cruzó la raya de Castilla y sus fuerzas siguieron creciendo. Avanzaba rápidamente y contaba ya con 15.000 hombres, entre ellos ocho grandes de Castilla y lo más lucido de la nobleza aragonesa. Ante esta presión, en Madrid Carlos II decidió ceder. Se envió un destacamento para que apresara a Valenzuela en El Escorial y se retiró de Madrid la guarnición militar. El 23 de enero don Juan entraba en el palacio del Buen Retiro, para ofrecer sus servicios al rey.

Los acontecimientos de enero de 1677 fueron más que un «pronunciamiento», se los podría calificar de golpe de Estado, pero realizado con el respaldo masivo, tanto de las clases dirigentes como de las clases populares. En toda España se consideraba a don Juan como el salvador de la patria. El entusiasmo era inmenso, especialmente en la Corona de Aragón. Las esperanzas suscitadas hacían confiar a todos en el pronto remedio de tantos males como afligían a la

Monarquía española. Don Juan había repetido el gesto de 1669, pero esta vez lo llevó hasta sus últimas consecuencias. Doña Mariana fue apartada de su hijo y como destierro eligió Toledo. Valenzuela fue apresado y acabó desterrado a las islas Filipinas. Don Juan asumió el poder efectivo, actuando como un primer ministro y ejerciendo en la práctica una especie de tutela del rey.

Aunque muy pronto comenzaron a surgir críticas, la labor de don Juan era muy positiva y su dedicación admirable. Pero la situación no podía ser más difícil. La guerra contra Francia se hallaba en pleno apogeo, Cataluña muy amenazada y Mesina en rebelión. Las crisis de subsistencias seguían azotando a la población. El año 1677 fue especialmente malo. 1678 resultaría todavía peor, fue el año en que los precios del grano alcanzaron el nivel más alto de todo el reinado. Don Juan poco podía hacer para remediar prontamente estos males. Menos todavía para evitar el otro gran desastre que castigó a España por aquellas fechas, la peste.

Aunque Juan de Austria no podía resolver todos los problemas, se aplicó a la realización de algunos proyectos que consideraba prioritarios, especialmente el viaje real a Zaragoza. Para don Juan llevar al rey a la Corona de Aragón era un compromiso de agradecimiento por el apoyo que le habían prestado. Y era también un programa político de gran alcance, pues Aragón, Cataluña y Valencia deseaban la presencia real y resultaba fundamental para la Corona un buen entendimiento con estos reinos que contribuyera a restaurar el equilibrio interno de la Monarquía española. También Carlos II deseaba hacer el viaje. El 1 de mayo de 1677 el rey juraba en Zaragoza los fueros aragoneses ante las Cortes, reunidas en solemne sesión. Para Aragón era un acontecimiento importante: la presencia del monarca y las primeras Cortes que se reunían desde 1646. Y en ellas se plantearon los más variados problemas, en un sentido claramente reformista. Aquel mismo año también se celebraron Cortes en Navarra. Y el proyecto de don Juan era hacer que el rey visitara también Cataluña y Valencia para convocar las respectivas Cortes, pero no fue posible realizarlo.

El afán reformista no se le puede regatear a don Juan. Son muchas las medidas que intentó aplicar, como la reforma de los Consejos, reduciendo el número de sus miembros; la mejora de la justicia, evitando la facilidad con que los delincuentes ricos eludían el castigo; el alivio de las poblaciones sometidas a la presión de los ejecutores por no hallarse al corriente de las contribuciones; la reducción de mercedes y privilegios exagerados; las restricciones en el aumento del clero, que se juzgaba excesivo; las mejoras en el alumbrado de Madrid; y sobre todo, la creación de la Real y General Junta de Comercio, por decreto de 29 de enero de 1679. Esta Junta de Comercio, a pesar de su nombre, se ocupaba del fomento de la industria y tenía una finalidad fiscal, aumentar la riqueza del reino para mejorar el estado de la Hacienda, en la línea de las doctrinas económicas vigentes. El proyecto abarcaba desde buscar un remedio a la despoblación hasta fomentar fábricas, comercio, navegación y crear montes de piedad. Se componía de cuatro ministros, representantes de los Consejos de Castilla, Indias, Hacienda y Guerra, y los elegidos fueron Carlos Herrera, José de Veitia, Francisco Centani y Ramírez de Arellano. Pero su existencia no estuvo exenta de problemas y en abril de 1680 quedó suspendida de forma indefinida.

Otra de las preocupaciones de Juan de Austria y de España entera era asegurar la sucesión de la Monarquía. Carlos II debía casarse para dar un heredero al trono, que evitara los conflictos que podrían suscitarse en caso de morir sin hijos. La frágil salud del rey había planteado el problema, que planearía sobre todo su reinado. La elegida fue María Luisa de Orleans, una princesa francesa, sobrina de Luis XIV, que suponía la posibilidad de abrir una nueva vía de entendimiento con la poderosa Francia. Pero don Juan no llegaría a ver la celebración de aquella boda. A mediados de julio enfermó de fiebres y aunque siguió trabajando en sus proyectos reformistas, como el importante plan de devaluación monetaria, dos meses después, el 17 de septiembre de 1679, falleció en Madrid, a la edad de cincuenta años.

La reforma monetaria de 1680

Al iniciarse la década de los años ochenta la situación parecía haber tocado fondo. El marqués de Villars, embajador de Luis XIV, escribía por entonces en sus *Memorias de la Corte de España:* «Sería difícil describir en toda su magnitud el desorden reinante en el gobierno de España. Puede decirse en general que ha llegado a tal punto que parece casi imposible el que se pueda restablecer». El caos monetario había llegado en tiempos de Carlos II a provocar una situación desesperada. Por Castilla circulaba una moneda de baja calidad, el vellón, formada entonces por una liga de 93 por 100 de cobre y únicamente un 7 por 100 de plata, cuyo valor intrínseco era de 10 reales el marco –230 g–, en tanto que su valor legal era de 24. Semejante diferencia en una moneda que se basaba en el valor real se consideraba como un fraude, que el gobierno era el primero en practicar y en el que también intervinieron muchos particulares, que no tuvieron escrúpulos en falsificar moneda, a pesar de las duras penas previstas para tal delito. El resultado fue un descrédito total con gravísimas consecuencias económicas: inflación, alza de precios, un aumento desenfrenado del «premio» de la plata, especulación.

La reforma monetaria había sido planteada por Juan José de Austria en el marco de su política de fomento de la economía. Se habían estudiado diversos planes para dotar al país de una moneda estable y el 13 de agosto de 1679, cuando don Juan se hallaba ya enfermo, la Junta de Moneda tomó la decisión de devaluar. Sin embargo, su fallecimiento provocaría un retraso en la puesta en marcha de la reforma, que finalmente se ejecutaría por un decreto de 10 de febrero de 1680. Por este decreto se devaluaba el marco de moneda de molino en un 75 por 100 de su valor corriente; pasaba de 12 reales a 3 reales. Además, todo el vellón de cobre puro fue devaluado a una cuarta parte de su valor. Por otra parte, como la cantidad de moneda ilegal que circulaba por Castilla era tan enorme que resultaba imposible retirarla de circulación, se adoptó la excepcional medida de legalizar todo el vellón falso e importado. También se redujo el «premio» de la plata del 275 al 50 por 100. Tan drásticas medidas se paliaban por tres concesiones que hacía el decreto. Los poseedores de moneda auténtica de molino podían cambiarla en una casa de moneda, en el plazo de sesenta días, con una bonificación del 50 por 100. Se condonaban todas las deudas por impuestos reales anteriores al año 1674. Y los que decidieran pagar sus deudas a la Hacienda, correspondientes al periodo 1674-1677, podían hacerlo en moneda de molino a la cotización antigua, siempre que lo hicieran en los siguientes sesenta días.

El durísimo decreto de febrero de 1680 no era fruto de la desesperación, sino una determinación enérgica, que trataba de cortar de un solo tajo la espiral inflacionaria que devoraba la economía española y que hacía imposible la recuperación. Aunque a largo plazo sus efectos fueron muy beneficiosos, el resultado inmediato fue catastrófico. Cundió el pánico, muchos perdieron sus ahorros, los comerciantes suspendieron sus negocios y algunos fueron a la quiebra, la moneda circulaba escasamente y el trueque se hizo común. El decreto afectaba a la moneda castellana, pero aunque los demás reinos peninsulares, Aragón, Cataluña, Valencia, Navarra, tenían su propio sistema monetario, como la masa de moneda castellana circulante en ellos en esa época era importante, la crisis afectó a España entera.

Medinaceli, primer ministro

Juan de Austria había dejado un vacío difícil de llenar y su herencia reformista despertaba muchas esperanzas, pero también muchos recelos. El hombre que hubo de afrontar el gran reto fue Juan Tomás de la Cerda, octavo duque de Medinaceli, andaluz, grande de España, uno de los hombres más ricos del país. Medinaceli sucedió a don Juan en el poder y en el favor del rey, pero no alcanzó la influencia que su antecesor había gozado. Se potenció entonces el carácter colectivo del poder. Los ministros eran cortesanos destacados, triunfadores en las luchas que enfrentaban a las diferentes facciones nobiliarias, ministros más que validos elegidos por el monarca. El 21 de febrero de 1680 el duque de Medinaceli recibió el título de primer ministro, que si bien otros antes que él habían desempeñado en la práctica, era la primera vez que se otorgaba oficialmente.

Medinaceli hubo de hacer frente como pudo a la difícil situación. En su labor contó con la destacada ayuda de José Veitia y Linage, que en 1682 pasaría a secretario del Despacho. Como el impacto inicial del decreto de devaluación fue enorme en la vida del país, el gobierno también se vio gravemente afectado, teniendo que resignarse a grandes pérdidas fiscales, que venían a agravar todavía más la permanente crisis de la Hacienda. Se planteaba, por tanto, una vez más la necesaria reforma fiscal. En marzo de aquel año dos ministros del Consejo de Hacienda presentaron un memorial denunciando como ruinoso el sistema de arriendo de impuestos y proponiendo su sustitución por encabezamientos. Aunque el Consejo votó en contra, se tomó la determinación de preparar los encabezamientos. Otro de los grandes problemas del gobierno era la obtención de plata, para los pagos exteriores, que no podían hacerse en moneda de vellón. Sólo contaba con dos fuentes de obtención de plata, América y los financieros, como Francisco Báez Eminente y Francisco Centani. La devaluación provocó entre los asentistas general confusión y alarma y ocasionó el descenso de los préstamos. En el año 1680 la Corona no pudo conseguir ningún asiento desde febrero hasta noviembre, salvo el caso aislado del acuerdo con Simón Ruiz Pessoa en mayo. De todos modos, Medinaceli no se arredró y el 22 de mayo tomó otra medida complementaria, promulgando un decreto que abolía el curso legal de todas las monedas antiguas, y a partir del cual los poseedores únicamente las podían cambiar por las equivalentes en curso.

Medinaceli se interesó vivamente por los asuntos económicos, especialmente por la potenciación del vital comercio con América. En 1680 se solventó el largo contencioso que enfrentaba a Sevilla, tradicional sede del monopolio, lugar obligado de carga y descarga de las mercancías americanas, con Cádiz, que le disputaba la exclusiva, gracias a las ventajas que ofrecía su gran puerto natural, preferido por los barcos de gran tonelaje, que tenían dificultades en remontar el río Guadalquivir. A pesar de las protestas de la Casa de Contratación, Cádiz con su mayor accesibilidad había atraído a un gran número de mercaderes. Y en 1680 el gobierno, deseoso de incrementar al máximo las facilidades para el comercio con América, aceptó la realidad y designó a Cádiz como puerto obligatorio de carga y descarga. De momento, la maquinaria administrativa de la Casa de Contratación permaneció en Sevilla.

La lana continuaba siendo un puntal importante de la economía castellana, que como todos los demás sectores padecía fuertemente la crisis. De la importancia que se concedía a la recuperación de los rebaños de ovejas trashumantes y la consiguiente recuperación del comercio de exportación lanero habla la renovación, también en 1680, del privilegio concedido a la Mesta por Olivares en 1633. Y no era sólo el comercio el único objetivo, pues Medinaceli se hallaba muy preocupado por el restablecimiento de la industria y la medida podía significar también un aumento de la producción de lana, y una posibilidad para la industria pañera, siempre muy sacrificada.

La generación de 1680 tenía auténtico interés por la reformas. Mientras algunos particulares, como el catalán Feliu de la Penya, autor del *Fénix de Cataluña,* ponían en práctica sus teorías, también el gobierno, encabezado por Medinaceli, se comprometió en llevar adelante una política reformista. Las graves consecuencias de la devaluación monetaria obligaban a avanzar por el camino de las reformas, concediendo a las cuestiones económicas prioridad absoluta. Había que poner al país entero a trabajar y en esa línea se insertaba, por ejemplo, una medida como la pragmática sobre la nobleza y el trabajo de 13 de diciembre de 1682, que acababa con los obstáculos legales existentes para la participación de la nobleza en las iniciativas económicas de cierto nivel. Tenía una enorme trascendencia económica y social y aunque no afirmaba nada nuevo, venía a dar carácter oficial a una realidad ya existente, destruyendo las barreras que obstaculizaban la promoción social de la burguesía más emprendedora y abriendo camino a las iniciativas industriales de la nobleza. Se trataba de estimular la inversión, tan necesaria para la «restauración del comercio». Sin embargo, la eficacia de estas medidas fue escasa.

Después de un tiempo de suspensión, la Junta de Comercio, pieza clave de la política de fomento iniciada por Juan de Austria, fue restablecida el 25 de diciembre de 1682. En 1683 se independizó a la Junta de la jurisdicción de los Consejos y en 1684 se amplió con la incorporación de otros miembros. Para enlazar con el dinámico movimiento reformista catalán, se nombró como agente en Barcelona a Narcís Feliu de la Penya. A pesar de las adversas condiciones económicas, la Junta restablecida inició una interesante actividad. Se concedieron ayudas para respaldar las iniciativas de los fabricantes más emprendedores, se tomaron medidas para el restablecimiento de la atrasada marina mercante y se hicieron algunos proyectos para la mejora de las vías de comunicación y transporte, como los canales fluviales. El ejemplo cundió pronto. La primera Junta local se fundó en Granada en 1683, en 1687 se creó otra en Sevilla, en 1691 en Madrid, y en 1692 en Valencia y Barcelona.

La otra gran cuestión que abordó el gobierno fue el problema fiscal. El proyecto de reforma avanzaba con penas y fatigas. En 1683, mientras una Junta de Medios se afanaba en encontrar nuevos recursos para Hacienda, otra Junta de Encabezamientos, presidida por el propio Medinaceli, procuraba cambiar el sistema de recaudación fiscal. Se trataba de sustituir el sistema de arrendamientos por el de encabezamientos, a la vez que se pretendía actualizar la carga tributaria de la población. Veintiún ministros expertos en el tema fueron enviados a recorrer los territorios de la Corona de Castilla, con instrucciones de establecer una justa tasa de tributación y con poderes para condonar las deudas en casos de necesidad. La acogida no fue demasiado buena, la crisis económica era muy grave, existían muchos intereses creados y las cuestiones fiscales siempre eran vistas con temor, hasta el punto de que en algunos lugares las autoridades se mostraron muy reacias y la población reaccionó violentamente, como fue el caso de Santiago de Compostela.

Los impuestos más afectados por los cambios eran las alcabalas, los cientos y los millones. En marzo de 1684 se habían cerrado acuerdos con 17 provincias, por tres años. El resultado de la difícil negociación era una rebaja fiscal que oscilaba en torno al 15 por 100 y que era todavía mayor en algunos lugares, alcanzando hasta el 30 por 100. Semejantes concesiones no tenían precedente. Pero la contradicción había ido demasiado lejos, se había producido una reducción real en la tributación justo cuando la Hacienda buscaba desesperadamente un aumento de ingresos. El gobierno se alarmó. Una sesión plenaria del Consejo de Hacienda y la Sala de Millones, convocada para el 10 de marzo de 1684, decidió que el proyecto debía ser retirado, sólo podía continuar donde ya se hubiese implantado, pero las restantes provincias seguirían con el sistema de arrendamiento. En 1691, sólo dos provincias funcionaban totalmente por encabezamiento. Con este fracaso se cerraba un intento más de reforma fiscal.

El bandolerismo

Los problemas económicos no eran los únicos. El exponente más significativo y extremo del descontento social era, sin duda, el bandolerismo. La Corona de Aragón seguía ostentando la primacía en materia de actividades bandoleras. En Cataluña el problema todavía subsistía, pero había perdido la virulencia de tiempos anteriores. También en Aragón operaban algunas bandas, como la que en 1682 se dedicaba a desvalijar el correo entre Lérida y Zaragoza y las autoridades siempre se quejaban de la impunidad en que se movían, amparándose en los fueros.

El principal foco de bandolerismo en esta época se centraba en el reino de Valencia. A las banderías nobiliarias, que se disputaban el control de determinados territorios y se enzarzaban en continuas venganzas, se añadía el fenómeno de la marginación. Aunque la mayoría de las bandas tenían una base popular, integrada por delincuentes, desertores, vagabundos y desesperados de la miseria, con frecuencia los cabecillas pertenecían a familias nobles. Y existían además oscuras relaciones, que ligaban a los bandoleros con personajes que los protegían, constituyendo una trama de corrupción muy difícil de extirpar. Pese al empeño de los virreyes valencianos, los bandidos, bien armados, hacían de las suyas, aprovechando las dificultades del terreno montañoso y las escasas fuerzas de que disponían sus perseguidores. Y en ocasiones la represión generaba conflictos políticos. El virrey de Valencia, el duque de Veragua, hubo de ser destituido, acusado de violación de los fueros. Había mandado ejecutar a un famoso fraile bandolero, a pesar de su condición de eclesiástico, lo que provocó la indignación del arzobispo Rocabertí y le costó el cargo, además de ser excomulgado.

Muchas veces los bandoleros eludían durante años a la justicia y en ocasiones, al fallar la represión, la salida más eficaz para acabar con el problema era proporcionarles una vía alternativa de reinserción social, otorgándoles el perdón, a cambio de que se enrolaran en el ejército por un tiempo determinado. Muchos cabecillas eligieron este camino, seguidos en ocasiones de su banda. Berenguer fue a servir a Milán en 1680 con 118 de sus secuaces. Matías Oltra, uno de los bandoleros más destacados, aceptó primero ir a Milán y después a Orán y las dos veces rompió su promesa. Finalmente, en 1685 se fue Nápoles con 50 de sus hombres, pero regresó y continuó sus aventuras al margen de la ley, hasta que en 1696 lo prendieron y murió en la cárcel. Frecuentemente las bandas traspasaban los límites de los diversos reinos vecinos, para ponerse a salvo del acoso de las autoridades, provocando la extensión del fenómeno, como sucedió en Murcia, donde los bandoleros Martín Muñoz y Pedro Ponce tenían su centro de operaciones en Yecla y actuaban en colaboración.

También en Andalucía el bandolerismo era muy activo. En Jaén fueron célebres por esos mismos años dos bandoleros de origen aristocrático, Pedro de Escobedo y Juan de Frías, que encabezaban pequeños grupos, pero muy influyentes. Después de negociar una salida a su situación con el obispo de Jaén, Escobedo y Frías se acogieron al perdón, a cambio de prestar servicio militar en la guerra. En la Andalucía occidental se desarrolló un tipo especial de bandidaje, muy lucrativo, relacionado con el comercio americano. Unos, los «metedores», se dedicaban a introducir géneros en Sevilla y Cádiz sin pagar aduanas. Y otros asaltaban los convoyes que transportaban por los caminos, hacia el interior, los metales preciosos y valiosas mercancías. Todos ellos se hallaban muy bien protegidos por personajes de alto rango. La violencia de las bandas era un problema de difícil solución.

El gobierno de Oropesa

La influencia del duque de Medinaceli duró poco tiempo y fue paulatinamente desplazada por la del conde de Oropesa, Manuel Joaquín Álvarez de Toledo. En 1684 había sido designado presidente del Consejo de Castilla y pronto fue haciéndose con el poder, hasta que acabó por sustituir al primer ministro Medinaceli en 1685. Junto con Oropesa ascendió al cargo de secretario del Despacho Universal Manuel de Lira, que sustituyó a José de Veitia Linage. A un experto en temas de comercio americano le sucedía, en un puesto de cada vez mayor relieve político, un diplomático. Así pues, estos dos personajes, Oropesa y Lira, tenían en sus manos los resortes del poder en la Monarquía.

La Corte continuaba como de costumbre. General preocupación ocasionaba la falta de descendencia real y muchas de las incontables intrigas palaciegas tenían como asunto el estado de la reina, especulándose continuamente sobre las perspectivas de embarazo. La sucesión del trono y la continuidad de la dinastía Habsburgo en España, cuestiones políticas de primera magnitud, se enredaban con secreteos de alcoba, maniobras cortesanas y chismes populares.

La situación económica seguía siendo preocupación prioritaria del gobierno y el conde de Oropesa realizó nuevos y esforzados intentos de abordar el problema y darle soluciones. En primer término se hallaba el permanente apuro de la Hacienda. Como la situación financiera era tan angustiosa, el gobierno hubo de recurrir a medidas extremas. En febrero de 1686 se decretó una suspensión general de pagos. Se abordó también la reforma monetaria, completando las medidas de Medinaceli. Aunque la nueva moneda y el valor de los precios habían permanecido estables, los metales preciosos seguían fuera de circulación. Para remediarlo, en octubre de 1686 la moneda de plata de Castilla fue devaluada aproximadamente en un quinto de su valor. Conjuntamente se reajustaron los valores relativos del oro y de la plata. Los intereses del comercio extranjero, cuyas operaciones solían hacerse en plata, se vieron seriamente afectados por la medida, al quedar obligados a aceptar una moneda devaluada. Pero el gobierno encajó con firmeza las consecuencias negativas a corto plazo, para conseguir la estabilidad que pudiera servir de base a la deseada recuperación económica.

Otro punto importante del programa de Oropesa fue la reforma hacendística, para la que contaría con la colaboración del marqués de los Vélez, Fernando Fajardo, que sería designado superintendente general de Hacienda en 1687. La reforma fiscal se hacía cada vez más urgente y en una interesante memoria Vélez replanteó el proyecto de una contribución única que sustituyera a los criticados «millones». El estado de la Hacienda era pavoroso. El producto de las rentas reales había descendido a 8.409.779 escudos de vellón, mientras los gastos públicos crecían hasta 12.297.155 escudos. Y el principal descenso era el del impuesto de «millones», un impuesto, por tanto, cada vez más ineficaz, a la vez que injusto. Aunque la mayoría del gobierno se mostraba partidario de la supresión de los «millones», temían un cambio súbito y acabaron por mantenerlo, tratando de mejorar algunos abusos. Sólo se cosecharon fracasos y una vez más la reforma de la Hacienda quedaría en suspenso.

Como la Hacienda se hallaba cada vez más arruinada, era preciso buscar recursos como fuera. Incluso la propia Corte padecía penurias, las jornadas reales a las diversas residencias habían ido reduciéndose y en ocasiones llegaban a faltar en palacio hasta los víveres más cotidianos. Para tratar de remediar la crisis, el gobierno se pasaba los días en reuniones y deliberaciones. Desde 1687 hasta 1690 funcionaron una serie de Juntas de «medios» o de «alivios», integradas por ministros, consejeros, teólogos y presididas por Oropesa, Vélez y alguna vez hasta por el mismo rey.

Una Junta especial, que inició su tarea en enero de 1688, abordó otro de los grandes obstáculos con que chocaba siempre la Hacienda, el enorme volumen de la deuda contraída. Como la suma asignada al pago de la deuda era considerable, desde hacía ya mucho tiempo los descuentos sobre los «juros» se habían convertido en una fuente habitual e importante de ingresos. Durante la época de Carlos II, los descuentos anuales hechos sobre los juros iban del 50 por 100 al 75 por 100. Hacia 1680 habían llegado a representar más de una tercera parte de las rentas del Estado. El gobierno de Oropesa tomó la tajante determinación, por decreto de febrero de 1688, de condonar toda la deuda fiscal hasta 1686, estableciendo que en el futuro, de la suma restante tras el pago de los juros de preferencia, se separaría la cantidad de 4.000.000 de escudos, destinada a las necesidades del Estado, otros 500.000 se dedicarían al pago de los asentistas, y 200.000 más se aplicarían a salarios y pensiones. Todos los demás gastos únicamente podrían cancelarse con los ingresos restantes. Este sistema, con algunas variantes, permanecería vigente durante el siguiente cuarto de siglo y, aunque no resolvía el problema básico de escasez de recursos, tuvo la virtud de poner orden, garantizando al gobierno unos ingresos fijos. Relacionada con la escasez de medios, pero también con la necesidad de mayor eficacia, se hallaba otra de las líneas de acción del gobierno del conde de Oropesa, que tenía por objetivo la reforma de la burocracia administrativa, para conseguir reducirla y racionalizarla. Repitiendo reformas anteriores, un decreto de enero de 1687 mandaba suprimir todos los cargos superfluos de los Consejos. Sin embargo, no parece que este nuevo intento corriera mejor suerte.

El levantamiento de los «barretines»

A pesar de los indicios de recuperación periférica, en Cataluña el esperanzador panorama se vería gravemente empañado por el levantamiento campesino, llamado de los «barretines» o «gorretes», que se desarrolló entre 1687 y 1690. El movimiento fue una reacción contra los alojamientos militares, que en aquellos años se hicieron muy gravosos por las crisis de subsistencias y que se verían después aumentados por la guerra con Francia. No era sólo un enfrentamiento entre pueblo y ejército, respondía también a tensiones internas de la sociedad catalana. Existían conflictos entre campesinos acomodados, que escapaban de las cargas de los alojamientos obteniendo privilegios de nobleza, y campesinos pobres, que veían más incrementado el peso de las contribuciones. Existían también distanciamientos entre sociedad rural y sociedad urbana. Y mayor era aún la disparidad de intereses entre las elites dirigentes y el resto de la población. A diferencia de 1640, las autoridades catalanas hicieron causa común con la Monarquía.

La primera chispa que incendiaría el campo catalán se produjo en Centelles, en la comarca de Osona. En la primavera de 1687, el pueblo se quejó de la carga que suponían los alojamientos e intentó resistirse al pago de la contribución. La resistencia se convirtió en levantamiento cuando el virrey, el marqués de Leganés, envió una fuerza militar de 600 infantes y 40 caballos. Una discusión entre una vecina y un soldado provocó la revuelta. El peligroso estallido duró poco, los revoltosos abandonaron las armas, pidieron disculpas y la situación se apaciguó, pero el conflicto no tardaría en resurgir. En la siguiente primavera, otra pelea entre un soldado y una mujer, esta vez en Vilamajor, en el Vallès, provocó un nuevo alzamiento, que rápidamente reunió a 600 o 700 hombres armados de diversas poblaciones. Su primer movimiento fue marchar contra Mataró, que había aceptado pagar la contribución. A continuación se dirigieron hacia Barcelona. Por el camino se añadía gente constantemente, y al llegar a las puertas de la capital catalana ya eran 8.000 ó 10.000 hombres, muchos más que en 1640.

Los campesinos alzados en armas enviaron a sus representantes a negociar con el virrey. La primera reacción de las autoridades fue resistirse a hacer concesiones. Pero el peligro que suponía tomar medidas de fuerza sin garantías de éxito y el riesgo de que el problema se extendiera aún más hicieron que el virrey se inclinara a ceder. El 10 de abril se decidió la capitulación, con la condición de que todos regresaran a sus lugares de origen. Finalmente, el día 20 se produjo la retirada. Los «barretines» habían conseguido sus propósitos, pero la tranquilidad estaba lejos de reinar en el campo catalán, pues los problemas de fondo no habían desaparecido. Víctima política de estos acontecimientos fue el virrey marqués de Leganés, que sería sustituido por el conde de Melgar.

El episodio de los «barretines» se enmarcaba en un cuadro más amplio de inestabilidad social en la Cataluña rural. Aquel verano de 1688 surgió por doquier multitud de conflictos, por razones varias. Además de los habituales choques con los soldados, hubo enfrentamientos antiseñoriales, precariedad económica de ciertos grupos como los jornaleros, interés del campesinado en acceder a la representación política en los consejos municipales, defensa de sus intereses por parte de los privilegiados y los grupos dirigentes. Destacó, entre otros, el llamado «avalot de les faves», que se produjo en Manresa, contra los canónigos, por una cuestión de diezmos, a lo que después se añadió la oposición a ciertos impuestos municipales y a la participación en el consejo de notarios y privilegiados, exigiendo la entrada de campesinos. El intentó se cerró con ocho ahorcados. Otro caso fue el de Puigcerdà, donde se presentó un grupo de 500 segadores, que obligó a dejar el trabajo a todos los jornaleros que no cobrasen al menos cuatro reales diarios. El tumulto se reprimió y acabó con un ahorcamiento.

Ante tal cúmulo de violencias las autoridades reales se vieron desbordadas. La incapacidad del virrey Melgar para resolver la situación le costó el puesto, y la llegada del nuevo virrey, el duque de Villahermosa, justo al comienzo del tercer año de conflicto, llevaría la revuelta a su punto álgido, agravado por la guerra con Francia y la posible relación de los resistentes con los franceses. La principal preocupación de Villahermosa era asegurar el control del Principado, frente a las alteraciones internas y la amenaza de invasión del ejército francés. Ambos problemas no podían desvincularse. De hecho, existían connivencias. Los objetivos de los «barretines» seguían siendo los mismos, evitar el pago de las contribuciones al ejército e impedir el alojamiento. Al producirse la entrada de las tropas francesas en el Principado, la movilización de los «barretines» se intensificó todavía más. Pero Francia no llevó adelante la invasión de Cataluña y los «barretines» perdieron ese recurso.

Entonces el virrey se inclinó por el castigo y comenzó la represión contra el movimiento campesino. Ahora ya sin esperanzas de hallar apoyos y soluciones, los «barretines», que se habían quedado solos frente al ejército, se aprestaron a la lucha final. Casi todo el campo catalán se hallaba alzado en armas. A fines de noviembre los enfrentamientos eran continuos. El virrey decidió pasar a la acción, empleando a fondo la fuerza militar de que disponía. El choque decisivo se produjo el 24 de noviembre de 1688 en Sant Feliu de Llobregat. Los «barretines» fueron vencidos. Pero, negándose a desistir, la mayoría de los campesinos se retiraron y trataron de concentrar sus fuerzas y reunirse con otros grupos, para preparar el asedio de Barcelona. Después de unos cuantos choques armados, el 30 de noviembre los «barretines», desengañados por la inutilidad de su esfuerzo, abandonaron el sitio de Barcelona y regresaron a sus casas.

La represión tuvo una doble dimensión, política y militar. Se otorgó, el 14 de marzo de 1690, un perdón general, con algunas excepciones. Algunos cabecillas fueron ejecutados y otros pasaron al servicio de Francia. Y la Corona no olvidó premiar el buen comportamiento de la nobleza y de las oligarquías urbanas, concediendo diversos privilegios colectivos e individuales. Pero a la vez, se trató de reforzar el poder real en Cataluña, para asegurar su control interno y su defensa frente a las acometidas francesas.

La influencia política de Mariana de Neoburgo

En el contexto de unas pésimas relaciones entre Madrid y París, la reina francesa, que no había podido dar a Carlos II un heredero para el trono español, murió en 1689. La difícil situación internacional y la necesidad de conseguir sucesión para la Corona hicieron del nuevo matrimonio del rey cuestión prioritaria. Los consejeros de Estado se inclinaron por reforzar la alianza imperial y eligieron a Mariana de Neoburgo, hija del elector Palatino, cuya familia era de tan gran dignidad como probada fecundidad. El casamiento se celebró aquel mismo año 1689. Mariana de Neoburgo no fue como su antecesora una reina en la penumbra, sino que jugó un papel político de primera fila, aunque su influencia no llegara a dar los frutos que hubiera ambicionado, al no conseguir tampoco de su marido el ansiado heredero y no poder inclinar la sucesión en favor de la casa de Austria.

La situación de la Monarquía española a principios de los años noventa seguía siendo muy crítica. A pesar de tantos intentos de reforma como se habían llevado a cabo, el estado de la economía continuaba sin recuperarse de forma significativa, la Hacienda real atravesaba una crisis permanente, la administración seguía siendo lenta, el número de funcionarios excesivo y la guerra representaba un peso casi insostenible. Oropesa había ido perdiendo prestigio y ya eran muchos en la Corte los que se oponían a su persona y a su acción de gobierno. A este estado de descontento general, vino a sumarse la influencia de la reina, que había recibido del emperador instrucciones confidenciales para provocar cambios en el gobierno español. El 24 de junio, Oropesa recibió una nota personal del monarca, invitándole a retirarse. Así desapareció de la escena política, por unos cuantos años, uno de los hombres de mayor valía de aquel reinado, a quien el embajador Stanhope había calificado como «el hombre más capaz con quien me he encontrado en España».

Después de Oropesa, Carlos II pareció animarse a tomar personalmente las riendas del poder, pero la experiencia no duró mucho. Lo verdaderamente revelador fue que ningún otro personaje tuvo fuerza suficiente para suceder a Oropesa. Ni el rey ni la reina ni el juego de los partidos cortesanos lograron coincidir a la hora de elegir la figura sobre la que debía recaer la responsabilidad del gobierno, con las negativas consecuencias de la dispersión del poder y de las rivalidades por alcanzarlo. El grupo político más importante estaría en adelante formado por la camarilla alemana de la reina Mariana de Neoburgo, camarilla respaldada por el Imperio, pero sin influencia concluyente y duradera en el gobierno de la Monarquía española. En 1693 se llegaría a la solución de distribuir el poder, nombrando a cuatro destacados aristócratas «tenientes generales», con atribuciones sobre cuatro grandes demarcaciones territoriales de la Monarquía: el condestable de Castilla en Castilla la Vieja, el almirante de Castilla en Andalucía y Canarias, el duque de Montalto en Castilla la Nueva y el conde de Monterrey en la Corona de Aragón. Pero este inestable equilibrio no tardaría en deshacerse y los tenientes generales irían abandonando, salvo el almirante de Castilla, que lograría mantener el favor de la reina.

Durante la última década del siglo el gobierno español, privado de una mano firme que empuñara el timón, agobiado por las dificultades, subsistió en una especie de bancarrota permanente. La falta de fondos era ya absoluta, no se sabía a qué medio recurrir para obtener algunos ingresos; todos parecían estar agotados o haberse revelado como insuficientes. Se intensificó todavía más la venta de títulos de nobleza, recurso habitual a lo largo de todo el siglo, hasta el extremo de que las exclusivas grandezas de España pasarían de sólo 41 en 1627 a 113 en 1707. Y no siendo suficiente la venta, en 1692 se decidió que todos aquellos que hubieran comprado títulos con posterioridad a 1680, por una suma inferior a 30.000 ducados, deberían abonar el resto hasta completar dicha suma, o en caso contrario el título se consideraría por una vida, en lugar de hereditario. El ejemplo es bien representativo de cómo se apuraban los recursos, ante la miseria de la Hacienda. La otra alternativa era intentar ahorrar y recortar gastos. Mucho mejor si se podía conciliar la medida con otras finalidades, como la mayor operatividad de la administración. En ese sentido se dictó el decreto de julio de 1691, ordenando una fuerte reducción de la burocracia. Pero no parece que a esta nueva tentativa le acompañara tampoco el éxito.

En agosto de 1692 las apremiantes necesidades de la guerra obligaron a crear una Junta especial de Medios, encabezada por Antonio Ibáñez de la Riba, presidente del Consejo de Castilla y arzobispo de Zaragoza, y por Pedro Núñez de Prado, conde de Adanero y presidente del Consejo de Hacienda. La principal decisión que tomó, en noviembre de 1692, fue la suspensión de pagos de todas las deudas del Estado contraídas hasta 1690, exceptuando lo relacionado con la guerra y la Casa Real. Como el decreto afectaba a pensiones y salarios, resultó irremediablemente impopular. Y en los años siguientes la situación se repitió y aun empeoró, pues cada vez eran menos los ministros capaces de paliar el problema. Vélez, competente, pero desbordado, murió en 1693. El marasmo hacendístico ahogaba todo intento de reforma y cerraba el camino a los signos económicos positivos, como la fuerte crecida de las importaciones de metales preciosos, más de 40 millones de pesos en los galeones de 1691 y 30 millones en la flota de 1696.

La Segunda Germanía valenciana

La crisis económica y la guerra con Francia presionaban duramente a la sociedad y por estos años se produjeron diversos conflictos. Pero fue en el reino de Valencia donde tuvo lugar la más grave explosión de descontento social de esa última década del siglo XVII. La revuelta valenciana de 1693, conocida con el nombre de Segunda Germanía, por el nombre de «germans», «hermanos», que se daban los insurrectos en recuerdo de la Germanía del siglo XVI y como expresión de igualitarismo, tuvo muchas similitudes con el alzamiento catalán de los «barretines», pero su duración fue más breve y no entrañó tanta complejidad. En el contexto de un movimiento antiseñorial se desarrolló la revuelta, en la que pueden distinguirse dos fases, una primera de carácter legal, con el planteamiento de reivindicaciones jurídicas, y una segunda, radical y violenta.

Los problemas venían de muy atrás. A pesar de la recuperación económica, en el reino de Valencia existían serias dificultades, incluso en el sector sedero. Pero la situación más grave se vivía en el campo. Conjuntamente con el fenómeno del bandolerismo endémico, las continuas crisis de subsistencias y la fuerte presión señorial habían provocado en repetidas ocasiones alzamientos campesinos, que pretendían resistirse al pago de los derechos señoriales y demandaban la revisión de las cartas de poblamiento. Las comarcas más afectadas habían sido las cercanas a Valencia y las del sur del río Júcar, repobladas tras la expulsión de los moriscos y donde la situación de los vasallos era más dura.

El movimiento campesino pasó de revuelta popular primitiva a un planteamiento legal, por la vía jurídica, en que las reivindicaciones campesinas eran presentadas por gentes cultas y acomodadas, como síndicos, procuradores y abogados, apoyados por el clero. Basándose en un supuesto privilegio concedido por Jaime I, los vasallos reclamaban ante la Audiencia que los señores presentasen los títulos que les autorizaban a percibir sus derechos. La primera reacción de la Audiencia valenciana y del Consejo de Aragón fue negarse al requerimiento, manifestando así la alianza entre las instituciones reales y la nobleza, y hacer encarcelar a un grupo de campesinos y al notario Vilanova.

Sin desanimarse ante el fracaso inicial, los cabecillas campesinos, entre los que destacaban Francesc García, Feliu Rubio y Bartomeu Pelegrín, recurrieron a la justicia del rey, como medida de defensa ante la prepotencia señorial. Enviaron un memorial a Carlos II en nombre de treinta y cinco lugares, insistiendo en su pretensión de comprobar los títulos señoriales, apoyándose en que gozaban de antiguos privilegios que les eximían de pagar no sólo «los derechos exorbitantes que hoy les obligan a contribuir, pero ni otros algunos por ser regalía privativa de Vuestra Majestad». Pero el rey se inhibió del caso en favor de la Audiencia valenciana, con lo que quedaba claro que ésta dictaminaría en contra. Al cerrarse la vía jurídica, la reivindicación campesina quedaba abocada a la resignación o a la rebelión.

El conflicto, lejos de apaciguarse, se tornó cada vez más radical. La activa propaganda recibía una muy buena acogida entre el campesinado. Centrado el problema en torno a la partición de las cosechas, el tiempo de la siega propició el estallido. El 9 de julio de 1693 cuatro campesinos fueron encarcelados por el «batlle» de Gandía, acusados de negarse a partir los frutos que pertenecían al duque. La rebeldía se extendió con rapidez por el campo valenciano. Inmediatamente, bajo la dirección de Josep Navarro, comenzó a organizarse un ejército agermanado, bastante numeroso, pero sin demasiada fuerza por la falta de armas. El primer objetivo era conseguir la libertad de los presos de Gandía y después dirigirse a Valencia para pedir justicia al virrey y al propio monarca. La reacción del virrey, el marqués de Castel Rodrigo, fue atajar de raíz el movimiento, aplicando una dura represión militar, antes de que se extendiera más y pudiera entrar en contacto con la flota francesa. Las tropas enviadas por el virrey se enfrentaron a los agermanados el 15 de julio en Setla de Nunyes, con el resultado de 10 ó 12 campesinos muertos, más de 40 prisioneros y el resto en fuga.

Finalizado militarmente el episodio, las autoridades hicieron un llamamiento general a la desmovilización, prometiendo un perdón general del que se exceptuaba a los cabecillas. Se puso precio a la cabeza de Francesc García y Josep Navarro. En enero de 1694 García fue condenado a muerte en ausencia, pero nunca fue capturado; peor suerte corrió Navarro, que fue condenado y ejecutado un mes después. El resto de los prisioneros fue condenado a penas duras, lo que aumentó aún más el descontento. Las consecuencias de la Segunda Germanía fueron negativas para los campesinos y favorables a los señores. El fracaso padecido y la falta de perspectivas dejaban a los vasallos inermes frente a la alianza de los señores con la Corona y las autoridades reales. Aunque la situación se mantuvo bajo control durante los años siguientes, a la primera ocasión propicia volvería a estallar y esa oportunidad la brindaría la Guerra de Sucesión.

La herencia española

No era sólo Valencia. Todo el país atravesaba gravísimas dificultades. Las tentativas de negociar la paz con Francia no daban resultado. En diciembre de 1694 el Consejo de Castilla tomó la extraordinaria determinación de acusar al gobierno, en nombre del pueblo, por la desastrosa situación a la que se había llegado. El Consejo de Estado debatió igualmente el tema, denunciando a la camarilla alemana de la reina y reclamando su expulsión. Se llegó a solicitar la reunión de las Cortes como único remedio para salvar la Monarquía. La confusión era general, pues en realidad nadie controlaba el poder. Todos intrigaban y buscaban la forma de influir en el monarca.

La reina seguía gozando de gran influencia, pero eran muchos los personajes que aspiraban a desempeñar papeles protagonistas. El cardenal Luis de Portocarrero, arzobispo de Toledo, era seguramente el principal rival de Mariana de Neoburgo. Oropesa, de nuevo en la Corte, ascendía poco a poco los escalones del poder, hasta que en 1698 conseguiría ser nombrado presidente del Consejo de Castilla. Aquel mismo año, en enero, se eligió un nuevo confesor real, fray Froilán Díaz. También algunos personajes extranjeros jugaban un importante papel en la Corte madrileña, empezando por la camarilla alemana de la reina. Muy importante era la actividad desarrollada por el cuerpo diplomático, y sobre todo por el embajador imperial, el conde Ferdinand von Harrach, después sustituido por su hijo, y el embajador francés, el marqués de Harcourt. Ambos rivalizaron por inclinar la suerte en favor de la causa de sus candidatos. En este entramado de intrigas cortesanas, el confesor real fray Froilán Díaz, en vez de servir de guía al angustiado monarca, aumentó todavía más su carga convenciéndole de que se hallaba hechizado. Esta tenebrosa historia duró varios meses y, a pesar del escepticismo que manifestaba el inquisidor general Rocabertí, por consejo del confesor el pobre rey fue sometido a exorcismos, que agravaron aún más si cabe su menguada salud. Mientras tanto las potencias europeas se repartían ya la herencia, anticipando su muerte.

En Madrid la situación era cada vez más desesperada. Al problema de la sucesión se añadían muchos otros. Una grave crisis de subsistencias azotaba de nuevo la Península, después de dos años de malas cosechas, la carestía del pan castigaba duramente a la población. La situación de la Hacienda, siempre mala, era ya extrema. Las reformas emprendidas no parecían haber dado ningún resultado positivo. La decepción se adueñó de todo el mundo. Madrid, como capital y sede de la Corte, resultaba especialmente sensible y allí fue donde estalló el conflicto. El 28 de abril de 1699 una discusión en el mercado desencadenó el motín. En poco tiempo se reunió una gran muchedumbre que se dirigió al palacio de Oropesa, a quien culpaban de la mala situación. Los alborotadores sitiaron el edificio y lo apedrearon, intentando quemarlo y saquearlo. Los servidores del conde trataron de defenderse y dispararon contra los amotinados, causando algunas víctimas. La mayoría de la gente se dirigió al real alcázar para pedir pan. Después de muchas promesas de bajar los precios del pan, del vino, de la carne y tras conseguir de los propios reyes, asomados al balcón del palacio, la concesión de sus peticiones, los amotinados comenzaron a tranquilizarse.

Aunque el motín de Madrid tenía como causa principal la crisis de subsistencias, su carga política quedó bien clara en el ataque contra Oropesa, que sería su principal víctima política, aunque la amenaza se extendía a muchos más personajes de la Corte y del gobierno. Del pánico general da idea la conducta de los consejeros y de los grandes que, asustados por el tumulto, se refugiaron en el palacio real y cedieron a todas las reclamaciones. Y que el asunto de la sucesión también contaba se manifestó en los gritos a favor de Francia, unos, y a favor del Imperio, otros, que se proferían durante los alborotos. El resultado fue que el 9 de mayo Carlos II decretó el exilio de Oropesa. El vacío de poder fue aprovechado por los diferentes partidos para intentar controlar la situación. La camarilla de la reina, muy impopular, hubo de endosar los errores del gobierno. Como figura dominante surgió el cardenal Portocarrero y el confesor real, aunque volvió a plantear el tema de los hechizos, acabó por caer definitivamente en desgracia.

El año 1700 comenzó con mejores perspectivas, pero pronto se complicaron de nuevo las cosas debido a un nuevo Tratado de Partición. En España todos se convencieron que si se quería mantener la integridad de la Monarquía, intentando evitar una guerra general, era preciso tomar urgentemente una determinación. El 6 de junio se reunió el Consejo de Estado y los consejeros se inclinaron claramente por la elección del candidato respaldado por el poder más fuerte, que era el francés, para evitar la disgregación de la herencia española. El rey, preocupado por la conservación de la Monarquía y por el porvenir de sus súbditos, se decidió por la sucesión francesa. Carlos II volvió a caer enfermo a finales de agosto. Su estado de salud era preocupante, pero no se decidía a otorgar el testamento, hasta que por fin lo hizo el 3 de octubre, inclinándose por el candidato francés. Un mes después, el 1 de noviembre de 1700, falleció el último de los soberanos españoles de la casa de Austria.

LA POLÍTICA EXTERIOR DE LOS AUSTRIAS

Alfredo Alvar Ezquerra

VI. La política europea de la Monarquía Hispánica

Últimamente algunos de los historiadores especializados en las relaciones internacionales ponen en duda el que en la época que nos interesa los países tuvieron una «política exterior». Es verdad que con propiedad no podríamos hablar de «política exterior de España», ya que no se defendían intereses comunes en nombre de una nación. Pero de la parte no se puede extraer el todo. Porque aunque lo anterior sea cierto, es igualmente verdadero que había una «política europea de la casa de Austria española» o de la Monarquía Hispánica que consistía en la defensa de los intereses patrimonia les de la dinastía y en la preservación de la religión católica en esos mismos territorios, todo lo cual, recaía esencialmente sobre las espaldas y los pechos de la Corona de Castilla, aunque no sólo, por cuanto cada territorio cumplía con unas funciones, obligaciones y derechos. En definitiva, «España» por entonces no tenía una política exterior común, pero los «españoles» de la época, bien fueran súbditos de la Corona de Castilla o de Aragón, sabían cuáles eran las miras esenciales de sus reyes.

En aquellas relaciones internacionales el peso de los esfuerzos económicos y humanos por mantenerlas estaba diseñado en función de los enlaces matrimoniales, que fueran fructíferos, de las Monarquías. Es verdad que muchas veces estaban delineados por las súplicas de los vasallos, pero la última palabra la tenían los consejeros más próximos a los reyes. A raíz de esos frutos surgían amistades u hostilidades de manera abierta y se sabía que a una boda regia entre dos dinastías, seguía –o debía seguir– el hermanamiento –sobre el papel– de sus vasallos. Si había un heredero (varón a ser posible) de dos Coronas, se convertía en rey de ambas: la cuestión no es baladí.

Así las cosas, la política exterior que siguieron los reyes de la casa de Austria hinca sus raíces precisamente justo antes de que la familia ocupara el trono de las Coronas españolas. Fue durante el reinado de los Reyes Católicos cuando las miras matrimoniales se abrieron mucho más que lo hasta entonces conocido. Dicho sea de paso: la política exterior –y la interior– pueden, y deben ajustarse a las fechas de los reinados correspondientes. Por el contrario, las coyunturas sociales, demográficas o económicas no tienen por qué corresponderse con los reinados de turno.

La ejecución del poder

Por debajo del rey, que era toda la fuente de la que manaban la soberanía y la jurisdicción, había una serie de instituciones unipersonales o colegiadas que aplicaban o debatían –según los casos– ese poder. De manera ejecutiva, en lo alto de la estructura piramidal unipersonal, estaban los virreyes. De manera consultiva, coronaban la estructura piramidal colegiada los Consejos. En sus respectivas materias, el de Estado y el de Guerra, aunque otros a veces se interesaran por asuntos que eran de competencia ajena (así, Indias con la plata; Hacienda con los fondos generales; Castilla, Aragón, Flandes, Italia, Portugal por la materia de sus competencias).

La figura del virrey es de capital importancia en la Monarquía de los Austrias. El estudio detenido de cada uno de ellos está aún por hacer. El virrey (así como el gobernador) era la representación del monarca en los reinos en los que él no podía estar presente, mientras que el gobernador lo era en los territorios que no fueran reinos. Por razones excepcionales y para mantener la tradición peninsular hubo virreyes también en Indias (Nueva España desde 1535, Perú desde 1543; Nueva Granada, 1717; Río de la Plata, 1776), además de en Aragón, Mallorca, Cerdeña, Sicilia, Nápoles y Navarra. Gobernadores hubo en Flandes, Milán y Castilla cuando el rey estaba de viaje (sobre todo en tiempos de Carlos V y en los de Felipe II, pero ya en menor medida).

La Corona de Aragón, en la recta final de los tiempos medievales, tenía un problema de articulación geográfica: unos territorios estaban en la península Ibérica y otros eran insulares (Baleares, Cerdeña o Sicilia). En 1503 se incorporó a ella el Reino de Nápoles. Por ello, desde finales del siglo XIII hubo un *alter ego* del rey que le suplía durante sus ausencias. Las funciones habitualmente estaban mal definidas o respondían a la subjetividad de cada nombramiento. La persona en la que recaía el nombramiento solía ser un infante real o un familiar próximo (al que se compensaba con ese nombramiento el que no fuera a gobernar jamás) y cada vez más algún aristócrata de altísima alcurnia –no siempre naturales del territorio al que se les enviaba–. Sin embargo, a partir del siglo XIV se fue instituyendo la costumbre de nombrar a un lugarteniente en cada territorio.

Con el Descubrimiento y la anexión de Navarra, el peso político castellano se incrementó sobremanera. Así, la otrora unidad territorial y cultural de Castilla se fragmentó. Por los resultados de su funcionalidad, se asimiló la figura de los virreyes y se les empezó a designar en nombre del rey de Castilla, al estilo aragonés.

Los virreyes tenían una responsabilidad superior: velar por la administración civil y judicial, así como por la gobernación del virreinato que se les encomendara. Había una abstracción lógica: lo fundamental era mantener el territorio tranquilo y fiel al rey, impedir la expansión de la herejía y recaudar los tributos que se pactaran. Además, el virrey era el capitán general de su virreinato. A cambio, darles cuanto el rey pudiera en lo cualitativo. Por ejemplo, mercedes en el imperio; garantías de recepción de sus obligaciones señoriales; defensa contra los enemigos exteriores; consultas de los deseos y exposición de las obligaciones territoriales en los parlamentos locales que eran convocados por el virrey y cuantas ventajas fueran inherentes a todos los habitantes de un virreinato de pertenecer a una estructura política supranacional y de comunicaciones tan lentas.

El problema de las comunicaciones era de capital importancia. A la hora de tomar una decisión, por ejemplo en Lima, en principio y dependiendo de su gravedad, había que consultar con la Corte.

Entre que fueran los correos, se debatiera ante el rey y se volviera con las instrucciones, el problema que existiera podría no sólo haberse resuelto, sino que el propio virrey se hubiera muerto. En medio de la inmensa soledad del océano, un bajel iba a América con unas órdenes y se cruzaba con otro en el que se iba a transmitir la muerte del virrey. Por tanto, en muchas ocasiones, los virreyes actuaban en verdad como reyes de sus territorios, eso sí a sabiendas que en lo inmediato los poderes intermedios o las oligarquías, eran ojos avizores a sus actos y que, en último término existía el «juicio de residencia», una inspección a cada oficio público. Todo el ejercicio del poder virreinal estaba sometido a la subjetividad de las decisiones que se fueran tomando. Y la responsabilidad que se exigía, también respondía a las subjetividades políticas del momento.

El debate en la praxis estaba servido: o autonomía funcional o sujeción como si se tratara de altos funcionarios reales. El nombramiento solía tener vigencia trienal, aunque se podía prolongar a voluntad del monarca, que era quien nombraba.

Un imperio funcional

Hubo, por lo tanto, múltiples vías de afianzamiento de los lazos de dependencia. El mayor, sin duda, el de la necesidad de la protección. Así se fue fraguando un imperio funcional, en el que la capacidad de pactar con las oligarquías naturales y mantener, en la medida de lo posible, las situaciones tradicionales locales, a cambio de mover con agilidad galeras o ejércitos o dar a esos poderes regnícolas capacidad de reconocimiento supranacional, bien con el Toisón, por ejemplo, bien con la designación de puestos cerca del rey cimentaron esas uniones y lealtades. Efectivamente, aquella agregación de territorios o aquella confederación constituyeron un imperio funcional que se mantenía vinculado según los principios de la lealtad al señor natural y a la religión comunes pero que, obviamente, cada uno de los agregados desempeñaba uno o varios papeles por y para los demás.

Ellos supieron ir construyendo un imperio político, económico, cultural, con vigencia por tres siglos y estructuralmente sin grandes modificaciones por doscientos años. Todos coparticipaban, a su manera, de todo, aunque unos con más ahínco que otros. Por doquier la Monarquía de España había sabido ir venciendo obstáculos y consolidando su presencia por la vía de los pactos y la negociación. Pactos y negociación que, habitualmente, beneficiaba a las oligarquías territoriales a cambio de que ellas suministraran aquellos bienes tangibles o no, necesarios para el mantenimiento de la estructura política supranacional. Este principio del pacto con la oligarquía se aplicó igualmente en Indias, con extraordinarios resultados, como se refiere en los «pueblos de indios» o, sencilla y llanamente, en que se mantuvo ese imperio transoceánico hasta la invasión napoleónica, o que no se exterminó a la población oriunda, ya que era con la que se pactaba.

Por su parte, no ya sólo esas oligarquías sino también el pueblo menudo no acabarían de ver con distanciamiento tal sistema de alianzas. Gracias a ello, podía moverse, emigrar, prosperar; gracias a ello, se sentía defendido de los ataques de los otros (y si era atacado, podía imaginarse cuál hubiera sido su futuro si no hubiera tenido ese sistema defensivo a sus espaldas); gracias a ello, podía intuir que existía la promoción social por vía de las armas y las letras; aunque bien es verdad que para la mayor parte, naturalmente, todo debía ser casi indiferencia, resignación, desdicha.

Aquel imperio funcional tenía trazadas varias líneas de frontera, no dibujadas por ninguna mano negra que hubiera ido definiendo el destino de aquellas gentes, sino que las líneas fueron haciéndose, o se aspiró a controlarlas, según iba el decurso de la Historia. Así, por ejemplo, si súbditos de la Corona de Aragón habían puesto sus reales en Baleares, Cerdeña, Sicilia y Nápoles, fueron las necesidades de ese imperio las que forzaron a que, casi diría que con naturalidad, se tendiera hacia una castellanización de esos territorios (a excepción de las Baleares y de Cerdeña, que lo hace más bien en el XVII) y al trazado de una frontera que fijara el extremo meridional en Túnez (1535). Todo lo que hubiera desde esa línea ficticia hacia Occidente sería cristiano hispánico y se podría dejar, casi a su suerte o bajo la idea de ser avanzadillas en espacios hostiles, unas cuantas plazas fuertes peninsulares del Mediterráneo central u oriental.

Había un enclave en verdad molesto e indómito: Argel, por ello, tras el triunfo en Túnez, se impuso la necesidad de llevar adelante la proeza de su conquista. El fiasco en 1541 dejó abierta una herida en esa bolsa cristiana. Treinta años más tarde e inmediatamente tras Lepanto, se abandonó el viejo sueño de dominar directamente todo la costa meridional de África.

No obstante, antes, exactamente en las mismas fechas en que se incorporaba Nápoles a la Corona de España, se mandaban varias expediciones para fijar posiciones en el norte de África, posiciones de defensa, por lo que con presidios había suficiente y no era necesaria una intervención más espacial y cultural, como precisamente en las mismas fechas empezaba a ocurrir en Indias. Dos modelos de expansión diferentes, de asentamiento territorial opuestos, de intencionalidad cultural también diferente. A fin de cuentas, la retaguardia estaba más cerca de África (acaso una jornada o más de navegación) que de América. Pero todo en las mismas fechas y con los mismos agentes sociales.

Más al norte, Génova y Milán eran dos bastiones absolutamente imprescindibles. Por ello, las alegrías del traspaso de las galeras de Andrea Doria de Génova a Carlos V en 1527 y con ellas la estructura financiera de la ciudad, un sólido sistema bancario que acabaría por desplazar al de los alemanes de la Monarquía Católica desde tiempos de Felipe II, hasta tiempos de Felipe IV. La otra plaza necesaria de Italia fue Milán, por la cual lucharon Carlos V y Francisco I sin cesar y que al final, tras la victoria de San Quintín y la Paz de Cateau Cambresis, pasó a ser plaza filipina. Corría el año de 1559.

A mediados del siglo XVI, casi todo el Mediterráneo occidental era un mar hispánico. Nápoles y Sicilia –y a la recogida, Cerdeña– al sur eran las fortalezas que defendían su retaguardia del empuje otomano. Las plazas del norte de África cerraban permanentemente cualquier intento de «Segunda destrucción de España»; Génova ponía al servicio del sistema, sus galeras y sus finanzas mundiales; Milán, con sus riquezas manufactureras, era un enclave estratégico al sur de los Alpes. Por su parte, los territorios pontificios eran a veces buenos aliados y nunca iban a enfrentarse con excesiva violencia al Rey Católico; los otros estados italianos manifestaban una excelente diplomacia para sobrevivir en medio de aquella, ya sí podemos decirlo, Italia española por la que subían y bajaban, de la que iban y venían, pintores, arquitectos, urbanistas, ideas y creaciones culturales en una densidad tal que hacían del sur ese territorio tan intensamente libre en sus concepciones más profundas e íntimas de la existencia del hombre.

El imperio funcional «funcionaba». Los pactos con las oligarquías también: ¿qué eran si no las alianzas con el rey de Túnez, con las familias nobiliarias o burguesas italianas, con el impresionante Doria, con los caciques amerindios?

Extendiéndose aún más hacia Occidente, las Indias fueron manifestándose cada vez más como lo que en realidad eran: un inmenso territorio, fastuoso, infinito, inalcanzable, indómito, cada vez más rico, dador de oportunidades, un mundo puesto por Dios para que los castellanos fueran capaces de experimentar en él ingentes creaciones humanas. Indias servía para todo: para que en el imperio funcional su plata llegara a Sevilla y los genoveses la convirtieran en oro y cobraran sus préstamos y la distribuyeran por Europa; Indias servía para que la gente emigrara, para que se fuera de estas tierras hostiles de trabajos durísimos en la siega; tierras secas y antipáticas que expulsaban a sus pobladores; pero Indias servía también para que las gentes que quisieran ampliaran su *cursus honorum* al servicio del rey o de la Iglesia. Militares, hombres de Estado, políticos, universitarios se formaron acá o allá, en Alcalá, Salamanca o Valladolid, desempeñaron cargos en Castilla, pasaron a Italia, saltaron a África, navegaron por los mares del rey y cruzaron a Indias, para volver a veces, para quedarse allí. Las Indias también desempeñaban unas funciones en aquel entramado espectacular y único que fue el Imperio hispánico. Acaso nacido antes de tiempo.

El centro de Europa, en tanto el emperador lo mantuviera sujeto y tranquilo, no planteaba mayores problemas y Francia, tras San Quintín, la muerte de su Enrique II, la inestabilidad dinástica que siguió y, sobre todo, las Ocho Guerras de Religión, era una sombra de los peligros que había representado otrora.

Más al norte, la cuna de la dinastía eran, por parte de la abuela de Carlos V, María de Borgoña, esposa de Maximiliano I, Borgoña y Flandes. Como se tratara de estados monárquico-señoriales, una dinastía –ni un linaje– no podía renunciar a nada de lo recibido. Menos aún a la cuna. Pero en Flandes concurrieron muchas circunstancias a cual más aciaga. Allí, la extensión de la herejía, el abandono del señor natural de aquellos territorios (lo cual no lo aceptaron ni entendieron los flamencos) la ruptura del pacto Monarquía-oligarquía, todo ello, desencadenó una guerra que, lejos de tildes nacionalistas-románticos, o escenarios de novela, marcó indefectiblemente la historia de aquel imperio.

La alteración de los pactos con las oligarquías y la «disfuncionalidad» de las funciones imperiales, o la incomprensión de su funcionalidad son las tres claves explicativas de las alteraciones políticas, de las rebeliones en el seno del Imperio de la Monarquía Católica, de España.

La dinámica integración-conflicto

La continuidad dinástica en aquellos territorios requiere de una reflexión, en efecto, sobre los mecanismos de la integración de las oligarquías en este entramado supranacional. A esas oligarquías tradicionales se les permitió mantenerse en las administraciones civiles y judiciales y disfrutaron de enormes espacios de relaciones informales de poder, tales como el gozo de la amistad con el virrey, la pertenencia a redes clientelares, la sensación de protección, la cxaltación de personas, familias o linajes..., la preeminencia. En esta misma colección he hecho alusión a la importancia del poder, el prestigio y el privilegio como fundamento de la jerarquización social.

Resulta fascinante el análisis de los mecanismos informales de mantenimiento del Imperio. El de los formales (los institucionales, esencialmente) es, sencillamente, impresionante. La verdad de lo anterior se hace aún más profunda al plantearnos que si tan sumida estaba en la desesperación la Monarquía de los Austrias en el siglo XVII, ¿cómo es posible que el castillo empezara a desmoronarse sólo a principios del siglo XVIII y tras tan brutal guerra mundial como fue la de Sucesión? Y también, ¿por qué América no se independizó hasta los albores del siglo siguiente? La respuesta es evidente: predominaron los lazos de unión y los de sujeción, institucionales, familiares o personales, la conveniencia a la pertenencia a un entramado supranacional sobre las intenciones fragmentadoras, que las hubo desde el siglo XVI, en variadas formas, bien utópicas, bien desatinadas, bien realistas.

De esas relaciones Monarquía-oligarquías (incluimos a las de sangre, a las de dinero, a las de pluma y a las de espada) surgieron culturas de la integración y del compromiso, pero también de exaltación del ser propio como advertencia de freno al poder absoluto del rey. Igualmente, a esas oligarquías se les permitió un amplio margen para favorecer la promoción socioinstitucional de los suyos, con lo que los beneficios recíprocos de pertenencia fueron extremadamente positivos.

Además de la lealtad al rey y a un conjunto, se dio un interesantísimo proceso socializador. Hechos tales como la creación de la Inquisición española (1478), o los acontecimientos de 1492 son la clara manifestación de lo que se estaba construyendo. Un proceso de *confesionalización,* según el cual, las religiones son unidades estructuradas institucional y socialmente capaces de dominar todo, desde las normas a los códigos de comportamiento éticos, morales y hasta el entendimiento del mundo terrenal y el del Más Allá; es decir, los valores. Si se unieran sólidamente los poderes eclesiásticos y los políticos-laicos, ese proceso triunfaría (José Ignacio Ruiz).

Es así como surgió la necesidad histórica de la llamada cooperación o unión de «Iglesia/Estado» tendente a la homogeneización de las particularidades regionales y personales que culminaría en otro proceso, el de «centralización», o mejor aún, «uniformización». Es lo que la historiografía germana ha calificado de transformación de la autoridad medieval fragmentaria *(Landeshoheit)* en soberanía unitaria *(Staatlichkeit)* (Schilling, 1981). Esto es, el proceso sociopolítico de construcción de una sociedad de súbditos adscritos a un territorio regido por instituciones formales. Ahora bien, del mismo modo que nos podemos acercar a la homogeneización religiosa por la vía institucional (Inquisición, Trento, administración eclesiástica), lo podemos hacer por la de los sentimientos, espacio éste del ser humano perfectamente conocido por los administradores de la liturgia. Veremos cómo las fracturas de esos pactos o el abandono del proceso de confesionalización tuvieron consecuencias que rompieron la «armonía» inicial de la Edad Moderna.

Sin duda alguna que para todo ello se necesitaban lealtades y formación. En la Península fueron tres las universidades que crearon aquella pléyade de hombres formados en leyes, capaces de administrar tan enormes espacios. Ésas fueron las de Salamanca, Alcalá y Valladolid, sobre todo. Los escritos de Dámaso de Lario sobre el Colegio de los Españoles de Bolonia son muy clarificadores sobre el papel de esta institución en esa «Escuela de Imperio». Mas la formación que se recibía en esas universidades fue encontrándose cada vez más con un extraño rival que jugaba con ventaja y sin reglas: el dinero y, a raíz de él, la «venta de oficios». Ya lo advirtió Tomás y Valiente, que se pusieron en venta en Castilla e Indias miles de oficios de «pluma» (escribanías municipales e institucionales en general), «poder» (regidurías, por ejemplo), «dineros» (contadurías en los ayuntamientos, en los ejércitos, en los Consejos) a lo que me gustaría añadir «corte» (oficios palatinos habitualmente de nueva creación). Muchos oficios se compraban, pero no se ejercían. Trabajaba por arrendamiento otra persona. Se compraban por una vida, o más, de tal manera que se patrimonializaban como un bien mueble de la familia. En ocasiones, en fin, se podían traspasar con autorización real a otros, se «renunciaban en». Los oficios venales podían ser ya existentes a su propia venta o de nueva creación –«acrecentados»– *ex professo* para venderlos. En ocasiones «se consumían», es decir, desaparecían del mercado por su desaparición: muchas veces eran los ayuntamientos los que compraban la escribanía nueva, el alferezazgo nuevo, la regiduría recién creada. Así se bloqueaba la movilidad social, la llegada de nuevas personas, o familias, al control municipal.

Se cuenta que, en tiempos de Isabel y Fernando, a los reyes les bastaba con llevar apuntados en un cuaderno los nombres de los posibles servidores que podrían entrar a su servicio. Sin embargo, conforme se fue complicando el gobierno, esto fue insuficiente. Los requisitos (según Kagan) eran tener más de 26 años, haber estudiado Leyes en una de las universidades mencionadas y desde 1505 estar versados en ellas durante diez años. Además, era imprescindible pasar un examen del Consejo Real para desempeñar esas funciones (extremo este que se usó –dice el autor– poco).

Desde entonces, sin duda, la carrera burocrática se convirtió en una fuente de movilidad social y también geográfica. De hecho es posible que se mirara más el mérito y la virtud que la cuna para el ascenso del individuo, siempre y cuando no fuera en igualdad de condiciones. Claro que lo extraño sería que no participase en un proceso selectivo algún miembro de alguna de las familias dedicadas por generaciones al servicio real. Hubo movilidad gracias a la burocracia, sí; pero también linajes de burócratas. Por tanto, hubo patrimonialización de algunos oficios gracias a los estudios y al mérito. En cualquier caso, formarse en un colegio mayor de una universidad o en otro imprimía carácter: o generaba pertenencia a una red social toda vez que la vida colegial era enclaustrada.

A lo largo del siglo XVI la anécdota del cuaderno dejó de tener sentido. Había que nombrar oficiales en función de muchos criterios. Fue dándose una institucionalización de los nombramientos. Los que dependieron de Castilla fueron concedidos primero por el Consejo Real y luego por la Cámara de Castilla (hecha Consejo en 1588 y concesionaria de la gracia real hasta el siglo XVIII).

Las formas de vida colegiales y el decurso de sus vidas fueron generando cada vez más esa dependencia directa de algunos organismos con respecto a algunos colegios. Como consecuencia, se fue buscando limpieza de sangre, castellanía, homogeneidad en fin de ese cuerpo social al servicio de la Monarquía. Así fue haciéndose más difícil el ascenso social, conforme aumentó la demanda de oficios. Los que estaban, cerraban el ascenso de los otros. Se empezó a servir más a la red clientelar que, en puridad, al rey.

Ahora bien, por lo mismo, la selección de oficios se convirtió en más dura y rigurosa, tendiéndose hacia una profesionalización técnica (Carlos V, Felipe II)... que se vio de golpe alterada por la venalidad. Todas estas realidades, con ser contradictorias, convivieron. Los hidalgos segundones formados en Derecho, con advenedizos procedentes de la plutocracia. El mundo social de los servidores del rey se convirtió en un avispero y en él se reprodujeron las tensiones sociales generales, o las cortesanas. La «nobleza de capa» también anidó en la Monarquía Católica.

La tecnificación de los puestos de gobierno es un hecho evidente: al parecer, el 40 por 100 de los consejeros de Castilla en tiempos de Felipe II procedían de las cátedras universitarias. Así que la historia de la administración del Imperio fue cada vez más la historia del maridaje entre universidades y consejos, esto es, de homogeneizaciones. Cuando el Imperio cambió o declinó y las Universidades no se enfrentaron a la novedad, cavaron su propio destino.

Como he apuntado antes, desde los años sesenta del siglo XVI se puso en marcha en Bolonia y en los colegios mayores de las universidades de Castilla la maquinaria para la creación de una «burocracia moderna», reorientándose sus objetivos primigenios. Con ella se inauguraría una extraordinaria tradición de gestores, experimentados y eficaces, de unos territorios inmensos y apartadísimos. La necesidad de tener fieles y leales administradores regios se había hecho sentir ya con los Reyes Católicos, que en 1480 en las Cortes de Toledo ordenaron que aquellos letrados que quisieran entrar a servir a la administración civil deberían pasar sus títulos universitarios por el Consejo Real de Castilla, del mismo modo que introdujeron novedades en las materias que se habrían de estudiar para entrar en esa carrera profesional. Ahora bien, el proceso no estuvo exento de contradictores: de hecho, la nobleza o incluso el alto clero no se sintieron muy atraídos por la idea de que en las universidades se formaran en los Derechos gentes capaces para reforzar el poder del rey frente al suyo. Por otro lado, en cada una de las universidades se fueron fosilizando tipos de castas sociales diferentes, que provocaron permanentes tensiones y banderías entre grupos de poder. Curiosamente, en el caso de Alcalá de Henares, no será hasta tiempos de Felipe II y con la visita de Juan de Ovando que se ponga coto a todo cuanto paralizase el avance del regalismo. Y, una vez sentadas las bases de una nueva Universidad que incluso trastocaba los ideales de Cisneros, fue haciéndose cada vez más cortesana, más al servicio de las necesidades del Madrid sede de la Monarquía y escuela de príncipes e infantes.

La novedad de Bolonia frente a los colegios peninsulares pudo estribar en que aunque casi el 55 por 100 de sus estudiantes eran hidalgos, no eran aristócratas (sólo el 2 por 100), ya que éstos preferían Salamanca y Alcalá. Además, aunque existían estatutos de limpieza de sangre, no se observaban tanto como en la Península. El 84 por 100 de sus graduados llegaron a doctores, lo cual es un buen exponente de su alta cualificación intelectual; conocían perfectamente el Derecho canónico y las formas de vida italianas (papales, digo, en esos tiempos). Pero lo más importante de los colegiales de Bolonia era su extracción social: hidalgos de escasas rentas para los que servir al sistema imperial era la única manera de progresar socialmente. Si hubieran tenido elección, dice de Lario, «habrían preferido quedarse en los colegios castellanos» donde podrían haber ascendido vertiginosamente. Pero esos fueron lugares copados por los otros señores. Para los colegiales de Bolonia «el empleo significaba prestigio y dignidad».

Sin duda que los estudiantes peninsulares alcanzaron antes puestos en los altos órganos de la administración, pero la formación de los bolonios era de tal prestigio, que no se quedaban mal situados. Por ejemplo, entre 1560 y 1650 bolonios fueron el 10 por 100 de los consejeros de la Monarquía (Salamanca, 28 por 100 y Valladolid 17 por 100); el 19 por 100 se situaron en «altos puestos técnicos» de España e Italia y el 21 por 100 se sentaron en tribunales de las dos penínsulas. Finalmente, si el 85 por 100 de los estudiantes de Salamanca o el 83 por 100 de los vallisoletanos alcanzaron altos puestos de la administración civil o eclesiástica, los boloñeses lo lograron en el 63 por 100 de los casos.

Toda esta amalgama de circunstancias tuvo como consecuencia que en Bolonia «se formaron burócratas en el sentido moderno del término», que además, llevados por su virtuosismo de cara al futuro, estaban «dotados de competencia técnica», movidos por «un ideal de servicio al Estado» y dedicados en cuerpo y alma a «la consecución de una carrera administrativa brillante». Frente a ellos, concluye nuestro autor, estaban los administradores formados en Castilla, «que se caracterizaban por su fidelidad a su señor, al noble o a la casta que les protegía, por su dudosa competencia técnica y por su deseo de llevar a cabo un rápido ascenso social». O sea, que funcionaban más como jerárquica red clientelar que como abierta estructura al servicio de la Corona. Sólo, concluye, «los inquisidores constituían, de hecho, un ejemplo aproximado de burócratas modernos, dado su carácter de servidores a un Estado dentro del Estado, que era la Inquisición».

El logro del Colegio de Bolonia fue que, al servir a la Corona (al Estado) y no sobrevivir sometido a redes de clientes, ha llegado a nuestros días, mientras que las universidades peninsulares, o quienes las manejaban, ni quisieron ni pudieron entender que el mundo iba cambiando. Los últimos testimonios de cómo se daba clase en Alcalá antes de su desaparición son patéticos.

Un instrumento informal: las redes clientelares

Sobre todo, gracias a los estudios de Edelmayer, conocemos las redes clientelares de los Austrias en Centroeuropa. El modelo de análisis es aplicable a otros espacios y fechas. También gracias a él y al profesor Ochoa Brun y su *Historia de la Diplomacia española* conocemos las bases de las relaciones diplomáticas con el Imperio.

Cualquiera que conociera las prácticas del gobierno y la política sabía que una de las vías para mantener aliados y amigos era concediéndoles mercedes, gracias. Éstas podían ser en dinero o cualitativas. Por ello, la importancia de asegurarse la concesión del collar del Toisón de Oro, porque con él se creaban aristócratas europeos. Pero si el respeto o la admiración que se podían sentir hacia quien recibiera ciertas mercedes regias y por ello la concesión del reconocimiento se mostraban en público, había otros favores que sólo los registraban los contadores y pocos más. Desde luego que tener una amplia red de gentes (señores laicos y eclesiásticos) agradecidos en el Sacro Imperio tenía sus ventajas. Fundamentalmente porque era mejor tener amigos cerca del Milanesado o los Países Bajos, o en los límites del Camino Español, que no tenerlos. Por otro lado, los beneficiarios de esa amistad percibían dinero pero sobre todo protección; protección en sus estados y en su religión.

Por la cuna les venía a los reyes de la casa de Austria la obligación moral de estar a bien con muchos señores «alemanes». Era una cuestión de solidaridad y de preeminencia (la casa de Austria es la dadora de mercedes a cambio de favores). En 1568 Felipe II pagaba a todos los miembros importantes de los consejos imperiales e incluso individuos próximos a la persona del emperador. Las relaciones que existen de los «amigos y aficionados» son, cuando menos, sorprendentes. Sabemos que, por ejemplo, el embajador en Praga/Viena entre 1571 y 1577, Francisco Hurtado de Mendoza, repartía unos 6.200 ducados de oro al año. Eran cantidades regulares que se transferían anualmente a las mismas personas y por el mismo importe: verdaderamente eran pensiones. De hecho, con estas pensiones se ganaban voluntades. Como se hizo en Portugal, o en cada negociación de paz.

Este juego de gratificaciones era tanto cuantitativo como cualitativo. Por ejemplo, toisones se otorgaron a los embajadores en Madrid Dietrichstein, Rumpf y Khevenhüller; a Dietrichstein, el hábito de Calatrava y la encomienda de Alcañiz. Sus hijas se casaron con aristócratas españoles. Hubo una «hispanización» de esa familia como la había habido de Carlos V. De hecho, Maximiliano de

Dietrichstein llegó a ser embajador extraordinario de Felipe II ante los miembros de la casa de Asutria (en Graz, Ingolstadt y München) para dar el pésame por la muerte del archiduque Carlos. Rumpf, en segundo lugar, recibía dinero desde Madrid y Milán. A su regreso a Viena fue nombrado mayordomo mayor del emperador… y también caballero de Santiago y comendador de Paracuellos. Pero las cosas de Viena-Madrid no fueron bien con Felipe III y fue apartado de la Corte imperial. Khevenhüller recibió todos los honores y pidió ser enterrado en Madrid, en los Jerónimos. Su vida transcurrió al servicio del emperador, pero bajo el más absoluto respeto a Felipe II.

Curiosamente, acaso como herencia de la red tejida por Carlos V, Felipe II hubo de dar pensiones incluso a príncipes protestantes…, sobre todo si eran electores o príncipes que pudieran mantener abiertos puertos en el Báltico, ya que los holandeses estorbaban el tráfico en el mar del Norte, o si eran archiduques que se preocuparan por reclutar hombres y limpiar el Camino Español.

Pero los costes del Imperio eran múltiples.

Un tipo de instrumento formal: la tradición matrimonial

Las miras habituales de las Coronas de Castilla y Aragón se dirigieron a lo largo del XV a buscar tanto la consolidación de la unión dinástica como a la ampliación del espacio político en el que tener protagonismo. Tanto el Compromiso de Caspe como otros graves sucesos políticos acaecidos en esos tiempos nos ponen sobre la línea del recíproco conocimiento.

Avanzado el reinado de Enrique IV, en Castilla lo aragonés no era ya desconocido a lo castellano ni viceversa y la opción de la unión con el este podía tener los mismos apoyos que la unión con el oeste. No es el momento de entrar en otras disquisiciones, mas sí de recordar unos cuantos hitos: la escabrosa historia de la Corte de Enrique IV se alimenta también con los juegos políticos que se urdieron para casar a la heredera de Castilla, o con el aspirante portugués, o con el aspirante aragonés, mientras que al mismo tiempo se entretenía a uno francés. A nadie se le oculta que por naturaleza, quiero decir que por tradición cultural o por proximidad geográfica, cualquiera de las uniones peninsulares tenía más sentido que un matrimonio extrapeninsular. Y, en fin, las estrategias matrimoniales de Fernando e Isabel vinieron a concluir, tras años espantosos, en la llegada al trono de Juana y Felipe.

Isabel de Trastámara, desde 1496 Isabel la Católica, había tenido cinco hijos con Fernando de Aragón. La irregularidad en la concepción (casi transcurren ocho años entre el primer parto y el segundo) ha despertado varias conjeturas que se pueden sintetizar afirmando que la reina, aunque de perfecta morfología y espíritu femeninos, tenía recia contextura viril, por lo que era propensa a abortar. La historia de cada una de las hijas y del hijo don Juan ya ha sido redactada antes (Alvar, 2004).

Por casualidad, como digo, la Corona pasó a Carlos, nieto de Isabel y Fernando. Todo cuanto ocurrió entre 1504 y 1516-1520 fue terrible. Así el testamento de la reina y su muerte, la soledad del viudo, la llegada de los nuevos príncipes, la maldad del esposo, su muerte, la inestabilidad política, el abandono de Fernando y su marcha a Italia, los llamamientos para que volviese, el regreso, el confinamiento de la reina loca, la muerte del rey, las accidentadas regencias de Cisneros, las nuevas insidias aristocráticas…, la tardía llegada de Carlos, nieto de Isabel y de Fernando y los orígenes de la casa de Austria en España.

Pero, tal vez, lo esencial pueda ser quedarnos con la idea de que las políticas matrimoniales de Isabel y Fernando tuvieron consecuencias inmensas. Hubo bodas con Inglaterra, Portugal, Flandes. Con Carlos V se volvería a materializar el matrimonio con Portugal y sus riquezas; en tiempos de Felipe II se repetirían cánones anteriores: Portugal, Inglaterra, Francia, Austria; con Felipe III de nuevo Austria, pero para los tiempos de Felipe IV se romperían las alianzas del pasado y se volverían los ojos a la triunfante Francia hasta que al final se pensase en cualquier hembra, con tal de que estuviese contrastada su capacidad procreativa familiar…

Mezcolanza, pues, de familia y política exterior, de matrimonios y de mujeres que, como escribió el maestro de Isabel I, sirven para «firmar paces trabar alianzas» con sus matrimonios.

EL IMPERIO ESPAÑOL: DEL ORTO AL OCASO

Alfredo Alvar Ezquerra, Manuel Herrero Sánchez
y Fabien Montcher

VII. En la estructura imperial carolina

Alfredo Alvar Ezquerra

La peculiaridad más sobresaliente del reinado de Carlos V tiene que ver con su elección como Rey de Romanos y posteriormente con su unción imperial. De esa manera, el otrora rey de Castilla y de Aragón y sus territorios dependientes, así como señor de los Países Bajos, imponía a sus vasallos peninsulares una concepción de los espacios políticos mucho más abierta de lo hasta entonces conocido. En él se encarnaba la consecución de las ambiciones políticas de sus abuelos.

A grandes rasgos, las líneas directrices de su política tienen relación con el Imperio y sus problemas político-religiosos; con el Mediterráneo y la guerra con el turco; la alianza portuguesa; sus relaciones con el papado y, finalmente, su permanente conflicto con Francia. Semejante actividad culminó con una abdicación imperial, cosa nunca vista, y su retirada a aquel *finis terrae* que era Yuste. Fue el reconocimiento implícito de su fracaso.

De rey de España a emperador

El 11 de enero de 1519 murió en Bruselas el emperador Maximiliano I, de tal manera que empezó el proceso electoral, porque, como ocurría con el rey de Polonia o con el papa, eran autoridades electivas y no hereditarias (en este último caso, lógicamente). Los mecanismos de la elección estaban regulados desde 1356 cuando Carlos IV, por medio de la Bula de Oro, dispuso que siete príncipes electores (los arzobispos de Maguncia [Mainz], Tréveris [Trier] y Colonia [Köln]; el rey de Bohemia, el conde del Palatinado y el duque de Sajonia) eligiesen de entre varios candidatos a quien consideraran oportuno. En esta ocasión los máximos aspirantes eran Francisco de Valois, a la sazón rey de Francia, y Carlos de Austria, rey de Castilla y Aragón, señor de los Países Bajos y heredero directo del emperador difunto. Un tercero en liza fue Federico el Sabio de Sajonia, que se retiró pronto, dando la espalda a quienes satisfacía la división equilibrada de poderes en Europa.

El Sacro Imperio lo componían 70 ciudades imperiales y unos 300 estados feudales. Los había importantes, como el Milanesado; minúsculos como una fortaleza y sus tierras de alrededor. Al frente del Imperio estaba el Rey de Romanos, que era elegido, como decimos, desde 1356 por la Bula de Oro concedida por el emperador Carlos IV. Hasta 1806, en que se disolvió el Imperio, la casa europea en la que recayó sistemáticamente la elección fue en la de Austria; sólo en 1742 la beneficiaria fue la casa de Baviera.

El Rey de Romanos no era emperador, pues para serlo había de ser coronado y ungido por el papa. En el caso de Maximiliano I, éste intentó en 1508 llegar a Roma con tal fin, pero los venecianos le cortaron el paso. Antes de quedarse sin nada, optó por alterar la tradición y decidió proclamarse emperador electo, y lógicamente mantener el título de Rey de Romanos. Su sucesor en tal dignidad, Carlos V, sería pues el último emperador coronado por el papa, aunque no recibió los atributos en Roma, sino en Bolonia. Después, nunca más hubo otra coronación imperial tradicional.

Desde la muerte del emperador a la elección del siguiente Rey de Romanos sólo podían transcurrir cinco meses como máximo. Elegir sucesor, si es que eso no se había hecho en vida, era cuestión de rapidez. La elección recayó, otra vez, en la casa de Austria. Al designado la noticia le sorprendió en Cataluña, donde se apresuró a preparar un viaje necesario para estar al frente de las negociaciones con los príncipes electores. No obstante, Margarita, su tía, la infortunada Margot, estaba al tanto de los detalles, tan al tanto que, como viera que por la inexperiencia de Carlos, frente a la contrastada de Francisco, así como por el poder asentado en Nápoles, tan cerca de

Roma, frente a la lejanía francesa, aun habiendo tomado Milán, se le podía ir la elección de las manos, llegó incluso a plantearse la conveniencia de cambiar de candidato y proponer a Fernando (Alcalá, 1503), que no despertaba recelos de ambiciones políticas.

En los primeros meses de 1519 el papa, que veía por un lado la decisión de Carlos o el apoyo de Federico el Sabio, así como el correr del dinero de los Fúcares (Fernández Álvarez ha calculado en 851.918 florines los gastos de la elección, de los que esa familia puso 543.585), hubo de aminorar sus antipatías contra el rey de Nápoles y buscar no el enfrentamiento, sino la amistad.

Francisco I, al ver que iba a perder la elección, incluso cedió terreno en favor de Joaquín de Brandemburgo y pretendió aupar a Federico el Sabio. Finalmente, el 28 de junio de 1519 en San Bartolomé de Frankfurt se procedió a la elección. Carlos fue el elegido. Desde 1519 podemos hablar con propiedad de Carlos V. Se habían salvado los obstáculos, sobre todo su mocedad y su fama de enfermizo, así como las dudas de su cordura, si se atendía a la salud mental de su madre.

Como he apuntado antes, cuando Carlos I estaba en Barcelona se enteró de la noticia de su elección y corrió a embarcarse por Castilla, de la que necesitaba dinero, hacia las tierras continentales. Convocó Cortes en Santiago, las cuales trasladó a La Coruña, mas en Castilla no gustó el detalle de esa convocatoria en un reino que no tenía voto en Cortes. Es más, en Tordesillas y Valladolid los guardias imperiales se abrieron paso a la fuerza porque las ciudades se amotinaron contra el emperador, «enemigo de nuestra naturaleza». En Valladolid tocaron las campanas a rebato, estando allí alojado el mozalbete, y Pedro Girón expresó su malestar ante el rey. Se prosiguió el viaje hacia Galicia, no sin encontrar un nuevo enfrentamiento con delegados urbanos de Toledo y Salamanca, que se negaron a acudir a Cortes. Las sesiones se abrieron el 20 de marzo de 1520, y a buen seguro no iban a ser relajadas. Aún sin haber puesto los pies en el puente de mando de su flota, empezaron las inquietudes en su reino. Estalló la revolución de las Comunidades y aunque el odiado Sauvage –el más directo colaborador de Chièvres– ya había muerto (7 de junio de 1518), su fenecimiento no había servido para apaciguar a Castilla.

Se necesitaba dinero a espuertas porque las prebendas dignatarias prometidas a los príncipes electores se habían adornado con miles de florines de oro y, como dijo un contemporáneo haciendo alusión a los resultados de tanta merced: «Siento vergüenza de su vergüenza». También se necesitaba dinero porque había de ir a Aquisgrán para recibir del colegio electoral el título. Aquisgrán, donde reposan los restos de Carlomagno, custodiados por un bello busto de oro y su espada. Castilla ardía y el rey se había ido (20 de mayo de 1520).

Se detuvo en Inglaterra, donde se entrevistó personalmente con el monarca inglés. El círculo antifrancés siguió estrechándose. Por fin parecía que iba a llegar a Aquisgrán, mas los avisos de peste promovieron, o bien que se cambiase de lugar la coronación, o bien que se esperase. Carlos quería ser coronado en esta ciudad… y esperó. Finalmente entró en ella el 23 de octubre de 1520. Miles de personas abarrotaban calles y palacios. Fueron días de fiesta y de culturas rituales.

El gran canciller, Mercurino Gattinara

Nacido en 1465 en el Piamonte, es considerado como el constructor más importante de la organización imperial de Carlos V. Experimentado político antes de llegar junto a Carlos, conocía España, pues en 1510 había estado ante Fernando V como legado de Maximiliano para el acto de jura del aragonés como administrador de los territorios de Juana la loca.

Tan pronto como murió Sauvage, Chièvres recomendó que se le trajera de nuevo a España. Su obra, recogida en sus Memorias, consistió fundamentalmente en hacer de la política imperial carolina una *Monarquía universal,* mientas que un grupo hispánico encabezado por el obispo de Badajoz, el doctor Mota, propugnaba un imperio basado en la *Universitas Christiana,* ideas diferentes en las que predominaba la exaltación del poder imperial en una, la deferencia para con los poderes territoriales en la otra.

Es bien sabida la pretensión de Gattinara, expuesta en 12 de julio de 1519, de que todo el poder universal lo ostentara Carlos V. En 1518 había sido nombrado canciller de Carlos V, cargo que ocuparía hasta su muerte. Desde entonces ejerció un gran influjo sobre la política exterior del rey, contrapesando la influencia de otros consejeros como Chièvres (partidario del alineamiento con Francia) o el español Pedro Ruiz de la Mota.

Gattinara colaboró probablemente para que Carlos V asumiera la idea de encabezar una Monarquía cristiana universal, orientándole hacia la candidatura imperial, en cuya preparación desempeñó un papel decisivo (1519); maniobró para conseguir que las sucesivas reuniones de Cortes votaran favorablemente los subsidios que necesitaba la política imperial; y negoció con el papado después del saqueo de Roma (1527) hasta conseguir la coronación del emperador por el papa en Bolonia. En premio por sus gestiones recibió el nombramiento de cardenal poco antes de morir. Sobre Gattinara, hasta la fecha, es imprescindible leer a M. Rivero.

Gattinara propugnaba la reunión de la cristiandad entera bajo un mismo cetro. Esa idea se mantuvo viva, conforme crecieron los triunfos imperiales carolinos, en muchos escritores de la primera mitad del siglo XVI. Por ejemplo, aún en 1547 Hernando de Acuña exhortaba con su famosa soflama en el mismo sentido: «Un monarca, un imperio, una espada». Pero resuena a canto de cisne.

En las Cortes de Santiago de 1520 –en la inminencia del inicio de las Comunidades–, el presidente dijo, hablando por boca de Carlos V, que era «más rey que otro» cualquier rey por varios motivos y que además, España se podía sentir orgullosa porque mientras que «otras naciones enviaban tributos a Roma, España enviaba emperadores», y que ahora era el momento que había venido «el Imperio a buscar el emperador a España y nuestro rey de España es hecho, por la gracia de Dios, rey de romanos y emperador del mundo». Ahora bien: «Su Majestad no tiene necesidad de dignidades [...] que aunque hay muchos reyes, emperador no hay sino uno».

En Carlos V se aunaron las propuestas de herencia del Imperio romano y del de Carlomagno. No hay duda. Eran las formas de pensar de Gattinara. Sin embargo, lo que se pensara o escribiera alrededor de los años veinte, al inicio del reinado en España, tras la revolución de las Comunidades, o más adelante, fue también tambaleándose. Si alrededor de 1520 había una idea propuesta y estaban expectantes ante su desarrollo, al final del reinado esa idea se había resquebrajado. Porque en Castilla muchas cosas cambiaron tras aquella rebelión; porque Carlos V tuvo campañas muy victoriosas y acalladas, y sonadas derrotas, porque los tiempos políticos y los de la religión cambiaron, en fin.

Además, una constante de los nuevos reyes del Renacimiento fue la de no aceptar sumisamente su papel secundario frente al emperador. Ésta fue una de las claves de las novedades del Renacimiento, la fragmentación de la unidad de la cristiandad. En cierto sentido, podríamos decir que, efectivamente, Carlos V hubo de reinar en tiempos contrarios a los suyos y a los de sus ideales. Pero, intentó acoplarse con un esfuerzo hercúleo a su momento histórico. Sin embargo, las penalidades fueron tantas, que acabó por abdicar, cosa nunca vista. Y una vez que lo hizo, acabó el sueño imperial tradicional. La fuerza de la variedad, producto de las reformas protestantes, acabó imponiéndose

El Sacro Imperio Romano, en muchas ocasiones llamado también Sacro Imperio Romano Germánico al considerarse que Viena estaba en Alemania, era una Monarquía feudal, a la que pertenecieron, en los siglos XVI y XVII, gran parte del centro de Europa y del norte de Italia, con la excepción del territorio de la República de Venecia y de los estados del papa. El uso de los términos «Sacro» y «Romano» dentro de la denominación de este sistema político proviene del hecho de que los hombres de la Edad Media dividieron la historia en periodos con una concepción teológica. Basándose en las profecías del profeta Daniel, suponían la existencia de cuatro Monarquías mundiales: la de los caldeos, persas, griegos y, por último, la de los romanos. Al terminar esta última Monarquía, aparecería Jesucristo como Salvador. El antiguo Imperio romano y, con él, el Imperio que provenía de aquél merced a la teoría de la *translación imperial* –según la cual el antiguo Imperio romano tuvo continuación gracias a la coronación de Carlomagno como emperador por parte del papa en el año 800–, se convirtió de esta manera en el último de la historia de la humanidad, a cuyo fin llegaría el Juicio Final. Por esta razón ese imperio no sólo fue «Romano» –la palabra aparece a partir del siglo XI en su título–, sino que a partir de 1157 se titulaba también «Sacro».

Lo sagrado del Imperio provenía de sus relaciones y conexiones intensas con el papado medieval, que se degradaron paso a paso a partir del siglo XV, aunque los emperadores seguían viéndose como los primeros y más nobles príncipes de toda la cristiandad y como sus protectores y defensores. Sin embargo, nunca hasta su disolución en 1806 existió una única denominación oficial de este sistema político, sino que se usaban en los documentos imperiales, en diplomas y otras actas oficiales, varias formas de llamarlo.

En cualquier caso, pensar que a principios del siglo XVI los monarcas cristianos se iban a plegar a los deseos de uno solo superior a todos ellos, era difícil. Pensar que, verdaderamente, Carlos V podía creerse que fuera a lograrlo, es también extraño. Porque lo que debió aprender muy pronto es que la realidad política de sus estados hispanos era muy similar a la del resto del imperio, caracterizada por la fragmentación y la diversidad. El emperador podía, como mucho, acercarse a ser «coordinador», en expresión de Joseph Pérez, de las naciones cristianas «contra el turco». Con esta acción alcanzaría la autoridad moral sobre la cristiandad. Esa autoridad moral que propugnó en 1516 Erasmo. Así, esa cristiandad que en realidad era una unidad en la misma fe, respetaba las diferencias y los privilegios locales. La cristiandad, más que una realidad institucional-política, era «un área cultural o una civilización».

Pero todo ello volvía a ser una utopía. Porque los hechos son contundentes y la sucesión de catástrofes que se sucedieron para la consolidación de ese ideal fueron calamitosas. Lutero (1517), Belgrado (1521), Mohacs (1525), Viena (1527). En esos momentos se vio la inmensidad de la fractura: un Imperio otomano sólido, una cristiandad partida en múltiples fragmentaciones. Al tiempo que estaba siendo coronado emperador en Bolonia, ya no era uno, sino dos los choques contra el Imperio: el interno y el externo. Con esa doble pesadilla habría de vivir toda su vida. Pesadilla irresoluta, por lo demás. Por tanto, toda formulación teórica sobre la idea imperial que pudiera haberse elevado a Carlos V, a la altura de 1530, aproximadamente, era papel mojado. Ni al papa le convenía la concentración de poder en la mano del emperador.

Precisamente, uno de los capítulos más interesantes de esa extraña situación de velocidades diferentes entre la teoría política y la práctica del Imperio, se dio inmediatamente después del Saco de Roma de 1527. En este momento, habría de darse entrada en escena a los erasmistas.

Las guerras con Francia

Los conflictos de Carlos V se vieron marcadamente señalados por su enfrentamiento con el rey de Francia, Francisco I. El choque venía de antiguo y era tanto una herencia de unas tensiones entre las dos dinastías Valois y Habsburgo por el dominio sobre Italia y Borgoña, cuanto unas rencillas personales por cuestiones patrimoniales (elección imperial) que nunca se zanjaron. Acaso este choque y sus derivaciones sea un gran ejemplo para comprender que la guerra se hacía entre familias dinásticas y no entre naciones soberanas.

En 1521, aprovechando la ausencia de la península Ibérica de Carlos V y, más aún, la situación de conflicto que allí se vivía, Francisco I invadió su frontera sur hasta Logroño. Al tiempo, otros ejércitos entraban en Flandes y penetraban en el norte de Italia La respuesta imperial no se demoró más de lo imprescindible y, reorganizadas las tropas tras la victoria de Villalar, se hizo frente al francés en Quirós y Carlos V se dirigió al norte de Italia, para desalojar al francés del Milanesado, que lo había conquistado en 1515 tras la batalla de Marignano.

La guerra pues, estaba abierta en varios frentes: aún había que levantar el sitio de Fuenterrabía y cercarlos en Milán. Por otro lado, diplomáticamente había habido un acercamiento de Carlos V a Enrique VIII (por el Tratado de Windsor) y al papa León X, lo cual le permitía mantener esos varios flancos abiertos en la seguridad de que no iba a hacer aguas por todas partes. Así las cosas, tras la Bicoca (1522), Francisco I fue desalojado de Milán. Aunque en los años siguientes quiso recuperarlo, la espectacular derrota de Pavía en 1525, en la que hubo prisión incluida para el rey de Francia, lo nunca visto, hizo que la estrella de Carlos V fuera, desde aquel entonces, rutilante.

Francisco I fue trasladado al alcázar de Madrid (cuentan las leyendas que se le encerró en la Torre de los Lujanes) y allí, cautivo, padeció enfermedad, pero fue tratado con cortesana caballerosidad por Carlos V, que lo único que deseaba era que se aviniera a firmar una paz y, con ella, devolverle la libertad. Al fin, en 1526 se firmó la Paz de Madrid, ratificada en Ocaña. El rey de Francia era puesto en libertad a cambio de renunciar a Italia, de devolver la cuna de los antepasados de Carlos V (la Borgoña) y de casarse con la hermana del emperador, Leonor (ya viuda de Manuel de Portugal). Como garantía de todo ello, el delfín y su hermano fueron traídos presos a Castilla: el trato que se les dio tenía más bien pocos miramientos.

Con la Paz de Madrid concluía la primera de las guerras con Francia. Carlos V contraía matrimonio con Isabel de Portugal y se proponía la continuación de la dinastía. Daba así placer a sus súbditos castellanos que, desde las primeras Cortes de su reinado le insistían en que debía casarse y ser padre. Mas el rey de Francia no creía en el pacto firmado y tan pronto como se fue de España, lo denunció. Acto seguido, se constituyó la Liga de Cognac o Clementina, integrada por los reyes de Francia, Inglaterra y el papa Clemente VII. En tercer lugar, se alió con Solimán el Magnífico, para quien quedó abierto el frente oriental de Europa.

En aquel 1526 volvió a desencadenarse la guerra en Europa: Luis II, rey de Hungría, casado con María de Austria, hermana de Carlos V, defendió su territorio contra los otomanos y encontró la muerte en la batalla de Mohacs. Era el 29 de agosto. En las llanuras donde se dio el combate murieron el rey de Hungría, lo más granado de la aristocracia, las más altas dignidades eclesiásticas, así como más de 20.000 soldados. Tradicionalmente se ha visto en ese desastre el fin del reino medieval de Hungría; no obstante, algunos autores, señalan que, si bien fuera importante la batalla, el ocaso de ese reino se iniciaría con la muerte de Matías Corvino (1490), continuaría en esos momentos y culminaría con la división de Buda (1541).

Aunque la Sublime Puerta consideraba el reino como lago propio, ganado en guerra, no lo anexionó aún a sus territorios. De hecho, en 1528 lo «devolvió» al rey Juan Szapolyai, rey electo por unos frente al candidato Fernando de Austria. Hasta la muerte del rey Juan, Hungría fue un dominio interpuesto entre el mundo de los Austrias y el de los otomanos. Lo que ocurrió a su muerte fue que una parte de la nobleza recompuesta se alió con el emperador para la reconquista del reino y se lanzó un mortífero ataque contra la capital, Buda, en la que entraron ante Soleimán. Desde entonces Hungría quedo dividida en tres partes: un corredor desde el Adriático hasta Polonia se mantuvo en el Imperio cristiano; la zona central, en el otomano y la oriental, esto es, Transilvania, quedó como un Estado semiindependiente bajo la tutela turca. Después de Mohacs, se puso sitio a Viena (1529-1532).

El origen de la Liga Clementina es múltiple: por un lado, una alianza anticarolina, habida cuenta de que su triunfo en Pavía era excesivamente resonante; por otro lado, la necesidad por parte de Francisco I de organizar una oposición internacional al poder imperial. Esa liga de los equilibrios quedó firmada en Cognac el 22 de mayo de 1526 con el concurso de Francia, Roma, Venecia, Florencia y los Sforza. Luego la rubricó también Enrique VIII. Lógicamente, Carlos V montó en cólera contra el papa, el muy débil Clemente VII.

Por Europa resonaban los tambores de guerra. Un ejército, a cuyo mando estaba Hugo de Moncada, asaltó algunos lugares sagrados en medio del fragor de la guerra. Al tiempo, cerca de Milán, el ejército imperial sufrió daños por parte de los papales. Se hablaba de que había resentimiento contra los soldados de Clemente VII y contra él mismo. Se pactó la retirada de los papales hacia Roma y de los imperiales hacia Viena para defenderla contra los turcos, mas en el viaje de vuelta, lejos de retirarse definitivamente, a la altura de Florencia, se revolvieron los soldados y pusieron rumbo a Roma. En el asedio, murió el general del ejército, un francés, el duque de Borbón. Nada frenó a sus hombres que durante una semana asaltaron la Ciudad Eterna. El papa huyó a Sant'Angelo y el colegio cardenalicio fue apresado.

El Saco de Roma sembró estupor por Europa y regocijo en el Imperio otomano... y en el mundo luterano. Pronto las plumas de los intelectuales imperiales se pusieron a justificar el acto y a buena fe que lo lograron. Los escritos, antaño irenistas de Erasmo o de los erasmistas, se tornaron en belicistas.

En Castilla, mientras tanto, la emperatriz, con la que se había casado en Sevilla en 1526, dio a luz un varón en Valladolid. Cuando se repuso del alumbramiento, volvieron en Madrid a celebrar Cortes.

A la vez, Inglaterra y Francia exigieron a Carlos V responsabilidades por la prisión del papa; Francisco I insistió en que se excarcelasen al delfín y su hermano y que se diesen compensaciones en Italia y, aún más, Enrique VIII le recordó que cuando iba camino de Aquisgrán le prestó dinero que no le había devuelto aún.

En diciembre de 1527 fue liberado el papa, por voluntad del emperador, contra el deseo de sus soldados que querían recompensas económicas. Mas Francisco I no se quedó impasible ante la situación de guerra: puso sitio a Nápoles y el virrey, Hugo de Moncada, intentó levantarlo por mar. En una triste batalla, perdió la vida y con él, la mayor parte de los soldados de los tercios de Italia. Enfrente estaba la escuadra de Génova, la de Andrea Doria. En la refriega había sido hecho prisionero el marqués del Vasto. Único por su grandeza.

Sin embargo, entonces tuvo lugar uno de los golpes de fortuna del reinado de Carlos V: Andrea Doria, el genovés, se pasó al bando imperial. Aunque la cuestión no está definitivamente clara, ¿es posible que los compromisos adquiridos por sus ilustres le hicieran tomar esta decisión? El caso es que desde 1528, Génova –y sus banqueros– fueron entrando en la estructura del poder imperial. La guerra prosiguió, pero cansó a todos. Entonces tuvo lugar aquel acontecimiento que dejó asombrados a los espectadores: Carlos V retó a Francisco I, el cual en principio aceptó, pero a la postre dio largas con tal de no oír al rey de armas imperial que iba con un recado claro: el duelo se viviría entre Hendaya y Fuenterrabía.

En Cambrai se reunieron la tía de Carlos, Margarita, y Luisa de Saboya, reina madre de Francia, quienes llegaron a un pacto: se ratificaron los acuerdos de Madrid (sólo quedó al margen la devolución de Borgoña), Francisco pagaría el rescate de sus hijos y Carlos V abonaría a Enrique VIII lo que le debía. Esta nueva paz hizo que reluciese de nuevo el Carlos triunfante: puso rumbo a Italia. Había que apaciguar Florencia porque la ciudad se había levantado con el yerno del emperador (casado con una hija bastarda); aquél era, además, familiar de Clemente VII. Carlos mandó un ejército que asedió la ciudad y la tomó, pero murió su general, el príncipe de Orange. Igualmente, Carlos fue el pacificador de Milán, que había expulsado a los Sforza. Los repuso en su ducado, pero a cambio de fabulosas sumas de dinero que mantuvieron en pie los ejércitos de Leiva, el Vasto y otros, y de que en la ciudad quedase una guarnición imperial. Los «Esforica» dejaron sus aventuras profancesas y pasan a ser proimperiales.

Mientras, en España el rey nombraba como gobernadora de sus reinos a la emperatriz (enero de 1529) y ya tenía heredero varón. Las cosas habían corrido raudas en los últimos años: se fue tranquilo, sin los problemas de las décadas anteriores.

La coronación imperial: la paz con el papa (Bolonia, 1530)

Para coronarse emperador, necesitaba dinero y, por ello, vendió las Malucas a Juan III de Portugal. La nobleza segundona de España le acompañó a Italia. Las galeras imperiales iban protegidas por las de Génova. Ése era, precisamente, el puerto de destino, y de allí a Piacenza; esto es, los dos emporios financieros de Europa (Piacenza era la plaza mayor y más ágil de conversión de plata en oro y de dinero fiduciario en oro). De Piacenza, a Bolonia. Los cronistas no aclaran las causas del porqué de la elección de esa ciudad para la Coronación. Es verdad que tendría que haberse hecho en Roma, pero ¿no asustarían al papa de nuevo las tropas imperiales en su Ciudad Eterna? Al parecer Bolonia está mejor situada para sus relaciones con Francia que Roma. El caso es que a partir del 22 de febrero de 1530 se le coronaría en esa ciudad papal. Así había sido pactado. Por cierto, el discurso de salutación del emperador al papa lo había dado en español.

¿En qué consistía la Coronación? Era un ritual en el que la tradición jugaba un gran papel. En esa ocasión, además, se resaltaba la grandeza del acto porque Maximiliano no había sido coronado por el papa… y aunque nadie lo supiera, iba a ser la última coronación imperial. Desde Carlomagno los emperadores recibían tres coronas y cada una con un significado y en lugar: la imperial, que era la de los francos, se recibía en Aquisgrán; la de Rey de Romanos o corona de los lombardos en Milán y, finalmente, la papal en Roma.

A Carlos V el 22 de febrero le coronó el papa como Rey de Romanos electo con la lombarda y el día 24 con la imperial. Concluidas las solemnes y populares ceremonias, puso rumbo a Augsburgo: iba a reunirse con su hermano para tratar cosas de religión.

La expansión de la herejía

Desde que la noche del 23 de abril de 1521 Carlos V había redactado el Edicto de Worms (en la misma fecha, por cierto, que el destartale de Villalar), por el que ante la obstinación de Lutero de no retractarse había decidido que sobre éste recayera la represión del brazo secular, por heresiarca contumaz y excomulgado, desde aquellos días, el edicto no se había cumplido: ¿por qué? Por varias causas: porque la cuestión germánica pasó a ser secundaria para Carlos, que prefirió volver a España e intentar resolver el enfrentamiento con Francisco I; también fueron años de desgobierno en el corazón de Europa (Guerra de los Campesinos; Guerra de los caballeros imperiales de Tréveris...); de la ruptura de la antigua unidad de la autoridad central imperial por la proliferación de iglesias unidas a príncipes; de la radicalización de algunos movimientos reformadores, como el anabaptismo, contra los que se dirigían las energías más que contra otros elementos heterodoxos menos peligrosos, etc. Son –como decía antes– los elementos que explican por qué no se pudo aplicar el famoso edicto.

Sin embargo, según se fueron apagando algunos conflictos, y también porque las necesidades empujaban a ello, hubo una serie de reuniones del parlamento del Imperio (las Dietas) en que se adoptaron acuerdos que, en síntesis, serían estos:

– Dieta de Espira de 1526. Fue el primer intento de pacificación del imperio, más que una reunión doctrinal. En ella empezó a fraguarse la idea de conciencia territorial frente a la de conciencia individual: los príncipes se verían reforzados gracias a la Reforma. Se intentó aplicar el Edicto de Worms y se reconoció la necesidad de convocar un concilio ecuménico.

– Dieta de Espira (II) de 1529. El catolicismo más severo no aceptó algunos de los acuerdos anteriores y los denunció en ese momento. Los reformados (que eran minoría en el Imperio) no aceptaban la imposición de la mayoría en materia de fe. Ante la inminencia de la revocación de los acuerdos de 1526, el príncipe elector de Sajonia, cuatro príncipes territoriales y 14 ciudades *protestaron,* hecho por el que desde entonces se les conocería como *protestantes*. Por otra parte, ¿cómo resolver el dilema de la religión particular y la lealtad al emperador? Los príncipes reformados se obstinaron en querer demostrar su lealtad con el argumento de que, no por ser protestantes, abandonaban sus obligaciones para con el emperador, al que, además, ellos elegían. Pero no por esto se les concedió la libertad de conciencia: en el Imperio se empezó a pensar en una doble autoridad, la Imperial y la territorial.

– Dieta de Augsburgo (1530-1531). Contó con la presencia de Carlos V, quien acudió a ella en ayuda de su religión: se reinstauró la procesión del *Corpus Christi* con presencia rutilante del poder temporal. Abierta la Dieta, se propuso el Concilio ecuménico y Roma, una vez más, vio la cuestión con desdén: para ella bastante suponía conservar lo que tenía y, si por no perder a los reformados había de claudicar en manos del único poder temporal imperial, mejor era perderlos para que éste no le hiciese sombra y fuese quien sufriese los problemas en sus tierras. Carlos V fue instado por su cardenal García de Loaysa a que abandonara la pretensión «de convertir almas a Dios», al mismo tiempo que le animó a que pactase lo que mejor pudiese con los herejes y que los dejase en manos de su hermano: se estaba planteando ya una cierta manera de división, de abdicación, imperial. En Augsburgo se propusieron también fórmulas conciliadoras porque el emperador prefería mantener territorios unidos, aunque hubiese que soportar a algunos heterodoxos, antes que la fragmentación del imperio. Un grupo católico con el emperador a la cabeza propuso la *Concordia teológica,* en función de la cual, todos se unirían contra el turco y Francia. Melanchton, desde el bando reformado, presentó la *Confessio Augustaza*, auspiciada también por el mismísimo Carlos V. Pero el grupo católico la rechazó –rechazó las intenciones de Carlos– con la *Confutatio,* por lo que no hubo lugar para la unidad. Carlos V y algunos príncipes plantearon ya la elección de Fernando como Rey de Romanos. Efectivamente, los príncipes electores (excepto el de Sajonia), reunidos en Colonia, aprobaron esta idea y el 11 de enero de 1532 Fernando fue coronado en Aquisgrán. En 1531 varios príncipes se reunieron en la Liga de Esmalcalda: un Estado protestante dentro de la estructura superior del Imperio. Pactaron alianzas con Francia o contra el poder Imperial y firmaron acuerdos con Baviera, católica, que tampoco quería aumentos de poder carolinos. En 1532 tendría lugar un hecho de excepcional importancia: Carlos V, amenazado por el peligro turco y la alianza papal-francesa (la hija de Clemente VII se había casado con el delfín), decidió firmar la Paz de Núremberg (1532), por la que pretendía ser rey de todos independientemente de la religión que profesasen. Príncipes y emperador se dieron garantías de respeto de propiedades y conciencias en sus territorios respectivos. La fractura parecía irreversible. Y seguía sin haber Concilio.

Concluida la Dieta de Augsburgo, Carlos se encaminó a Bruselas, porque la tía Margarita había muerto y debía nombrar gobernadora para cuando él estuviese ausente. Lo hizo designando a María, su hermana, viuda de Luis II de Hungría, el de Mohacs. Al tiempo murió un infante varón de España, Fernando. Un par de años más tarde, en 1532, Bruselas se sublevó contra el emperador y se reprimieron los motines con impar dureza por la propia María.

El escarmiento sobre Túnez: 1535

En el verano de 1532 todos temían la aparición del turco ante las murallas de Viena. Ésa fue la gran razón del pacto de Núremberg. Se dice que ante la inminencia de la guerra, todos pusieron hombres y dinero a los pies de Carlos V: los protestantes de Esmalcalda le entregaron 30.000 infantes y 5.000 jinetes; Austria y Bohemia, 30.000 peones y caballería húngara; también acudieron al socorro Polonia, Flandes y Castilla. Se juntaron más de 100.000 soldados cristianos. Enfrente tenían a 250.000 musulmanes. Desde España acudieron las mejores familias, así el duque de Béjar en persona y algunos miembros de su clientela y, como mandos militares, los grandes nombres de los tercios: Alba, Vasto, Leiva, Nassau, Condé o Doria.

Al fin, en septiembre de 1532 Solimán el Magnífico se replegó y el cerco a Viena pudo ser levantado. Carlos V dejó aquel confín en manos de Fernando y se volvió a España, en la que pasaría dos años más. Pero en 1534 el otomano Barbarroja asaltó Italia y en la refriega por el norte de África entró en Túnez, que era vasalla del rey de España.

Al fin, en 1535 se preparó la gran ofensiva africana: recuerda, tal vez, a 1492 y, desde luego, a las incursiones de Cisneros. En la primavera de 1535 Carlos estaba en Barcelona ultimando los preparativos para embarcarse. Le iban a acompañar alemanes, italianos, españoles, naves papales y portuguesas; las galeras de Doria y del Vasto. Desde Málaga salieron, por así decirlo, los infantes, y desde Barcelona, los aristócratas. Al fin, el 14 de junio desembarcaron en las costas africanas unos 60.000 hombres y el día 15 tocó tierra el emperador. Desde su campamento se acariciaba Cartago. Le acompañaban más de 1.000 nobles españoles: no habían ido tantos a Bolonia.

Durante seis horas se bombardearon los lienzos de La Goleta, primer bastión defensivo, que se iban desmoronando. Abiertas las brechas, la disciplina de los tercios, al mando del marqués del Vasto, dio cumplida cuenta: cayó la ciudad a la primera y se incautaron 85 galeras. Se pusieron en marcha contra Túnez en pleno junio. La sed era peor enemigo que el musulmán. En cualquier caso, se amotinaron los presos de la cárcel de la ciudad que, presionando desde dentro, favorecieron que el ataque exterior fuera más rápido. A partir de entonces lo de emperador era poco, era el victorioso césar africano: Europa, América, África, todo parecía rendirse a sus pies. Quería volver con su esposa a Castilla; el viaje de vuelta fue triunfal: Sicilia, Nápoles, Roma, en donde habló a Paulo III de la necesidad del Concilio y de hacer la guerra al francés. El discurso lo había hecho el propio Carlos, como el de Worms. Mas esta vez ante el Sumo Pontífice y su colegio cardenalicio; habló en español. Era el año de 1536.

Antes de que volviese a haber una guerra entre cristianos, una última oportunidad para la paz: Carlos V retó por segunda vez a Francisco I. El duelo sería en la Lombardía, hacia donde se encaminó el césar para recobrar la Saboya tomada por el francés mientras los cristianos estaban en Túnez. Y allá fue el césar Carlos; atravesando Siena, Florencia, Luca, Plasencia había llegado a las estribaciones de los Alpes. Nació entonces el mito del nuevo césar, el césar Carlos. Todos lo querían «poseer»: unos diremos que se hispaniza, otros que se transfieren sobre él las ilusiones del renacimiento de un mundo ya perdido.

El norte de Italia volvió a arder en guerra: en la Provenza dejaron su vida el poeta Garcilaso y el gran Antonio de Leiva. Las tropas imperiales lucharon sin ímpetu porque les era territorio extraño, mientras que los franceses arroparon a su monarca. El marqués del Vasto, al frente de los imperiales, intentó la reconquista de Turín, mas no pudo. Y Carlos V esperó impaciente la aparición en combate de Francisco I, pero no acudiría. Cansado de la espera, reagrupó a sus tropas y mandó llamar a Alba, que estaba en Marsella. El 14 de noviembre el césar se reembarcó en Génova y dos semanas más tarde arribó en Palamós. Era el 5 de diciembre de 1536.

En su mente, cuentan, había anidado la desesperanza: había perdido a amigos, tropas, dinero y tiempo para nada. Era posible que España y la emperatriz le sirviesen de tranquilidad y de reposo. Lo buscó denodadamente durante medio año; convocó las Cortes de

Aragón, que le fueron generosas, y después partió a Castilla, hacia Tordesillas, para reunirse con la esposa y besar las manos a la reina Juana.

En cualquier caso, en la primavera de 1538, en Niza, la diplomacia logró la tregua. Roma, Venecia, Carlos y Fernando firmaron un pacto para constituir una Liga Santa y en Aguas Muertas; en julio de ese año, se entrevistarían Carlos y Francisco. Al fin se vieron, en ambiente de paz. Se acordó la guerra contra el turco y se organizó una gran armada cristiana que zarpó contra Constantinopla. En el camino se conquistó Castilnuovo, plaza que protegerían 4.000 soldados españoles. Pero Solimán ordenó a Barbarroja que la reconquistase, y una gran flota turca acudió a recobrarla. Sitiada la fortaleza, ofrecieron una capitulación digna a los que la defendieron, pero éstos se negaron a entregarla. Por Dios y por su emperador se dejaron allá la vida. Casi al tiempo que había zarpado la flota de Andrea Doria para conquistar Castilnuovo, Venecia y Francia ya se habían retirado de la alianza.

Por ese motivo, el césar tuvo que ir allá, pero con lo que se encontró es que, como le dijo su esposa, las rentas reales estaban agotadas hasta 1540. Por ello, convocó a las Cortes de Castilla en Valladolid. Pensaba que por medio de una sisa (un impuesto directo y personal sobre el consumo) se podría financiar el traslado a Niza. Pero en unas Cortes tremendamente levantiscas, la nobleza le respondió que no, que no iba a soportar un tributo personal y directo porque lo que diferenciaba a nobles de pecheros era, precisamente, el que sobre aquéllos no pesaba ese tipo de imposiciones. Los reyes de Castilla nunca más volverían a convocar a Cortes a la nobleza como brazo.

Mientras había habido guerra en Francia, Flandes había ayudado a su señor natural. Pero había ayudado más de lo posible, o al menos así lo argumentaban los vecinos de Gante que, en estas fechas, también se rebelaron. Habían llegado a tal punto de vileza, que se habían ofrecido a Francisco I; mas el rey francés, leal a la sangre de los caballeros, no sólo lo advirtió a Carlos, sino que, incluso, le ofreció hospitalidad cuando emprendió el camino de la represión. Así es: los arcos triunfales engalanaron las calles de Burdeos, Poitiers, Orleans. Al fin, 5.000 soldados alemanes entraron en Gante. El orden se restableció y se utilizaron todos los mecanismos propios de la época: la ciudad quedó relegada al anonimato, ya que perdió su escudo de armas; fue degradada a lo más bajo, porque perdió todos los privilegios; la ciudad hubo de purgar su deslealtad yendo a palacio a pedir perdón al señor natural; la violencia arrasó un barrio sobre el que se levantaba un castillo. Se quemó el archivo, porque en él se custodiaban los viejos privilegios.

La frustración última y final: desde el Concilio a la abdicación

En 1538, en Alemania, habían constituido la Liga de Núremberg, para hacer frente a la de Esmalcalda y, para evitar la guerra, se reunieron en 1541 en la Dieta de Ratisbona, más conocida como «Coloquio de Ratisbona». Las negociaciones en pos de la transigencia no sirvieron para nada. La dureza de Lutero fue secundada por otros protestantes y el irenismo de Granvela, contestado por los bávaros o maguntinos. Se habla de pactos entre la intransigencia católica con Francia y con Roma para hacer un bloque antiimperial; se habla de que Carlos V se reunió e hizo concesiones que acabaron siendo excluyentes entre sí para protestantes y católicos. Ante tal caos, el emperador se volvió a España. Esta vez el objetivo era organizar una campaña contra Argel, plaza fuerte de corsarios berberiscos a los que había que echar. En principio todo parecía más sencillo que en la campaña de Túnez.

Pero las tormentas rompieron el aprovisionamiento de tierra desde el mar y se perdieron cerca de 4.000 hombres. Después del reembarque, más tormentas desarbolaron lo que quedaba de la expedición: el propio Carlos V estuvo a refugio de los temporales en la plaza fuerte de Bujía durante dos semanas. A finales de noviembre llegó a Palma y desde allí pasó a Castilla, a Cartagena y Ocaña para estar con sus hijos.

Sin embargo, en medio del verano de 1542, Francisco I declaró nuevamente la guerra a Carlos V. La contienda asoló tanto los Pirineos como el sur de Bélgica o el valle del Po. Iniciadas las escaramuzas, el emperador, decidió trasladarse en 1543 a Centroeuropa: allá pasaría los trece años siguientes. Es desde Palamós desde donde redacta las *Instrucciones* a su hijo Felipe, ya príncipe heredero, el cual casa por vez primera. La esposa fue María de Portugal. De ese matrimonio nacería el desdichado príncipe Carlos (1545-1568) y de parto moriría la madre.

El padre había vencido en el Po al ejército francés. Reunió la Dieta de Espira en la que cedió a algunas pretensiones de los príncipes protestantes (por ejemplo, no se les perseguiría por causa de fe y se les reconocerían los bienes que hubieran secularizado ya), a cambio de su apoyo para luchar contra el rey de Francia y contra el turco: la ayuda fue sustanciosa, pues se le concedieron unos 30.000 hombres.

El plan imperial parecía descabellado, mas logró el objetivo: sitiar París (1544). Francisco I corrió a firmar la Paz de Crépy. Aceptó ayudar a la reforma católica e instó al turco a que no molestase en Europa. El hijo del rey, el duque de Orleans, se casaría, o con María, hija de Carlos (que llevaría de dote Flandes), o con alguna de las hijas de Fernando de Austria (que llevarían Milán). De aquella paz Carlos V logró otros compromisos, como el papal para luchar contra los herejes y la convocatoria de un concilio al que el emperador se presentaría con sus príncipes reformados para discutir sus errores. Al fin, tras titubeos iniciales, se reunió un concilio en Trento: el sueño imperial se había cumplido. Además, en Bruselas se podía encontrar con sus otras dos hermanas, Leonor, reina de Francia y con María de Hungría.

Sin embargo, los príncipes alemanes, que eran vasallos imperiales, siguieron en su obstinación y no sólo no cejaron en su herejía, sino que era posible que retuviesen al poder imperial. Así las cosas, los correos recorrieron Europa advirtiendo de los riesgos de un inminente enfrentamiento. El corazón del continente se preparaba para la guerra total entre el emperador y sus contumaces vasallos. Castilla, Flandes, Fernando de Austria y Roma, así como la Orden del Toisón o Baviera reiteraron su lealtad y apoyo al césar; la Liga de Esmalcalda se movió por otro lado. Al fin, desde 1545 en adelante, se movilizaron los tercios de Hungría, Milán o Nápoles; los soldados papales o de Flandes. La Liga de Esmalcalda intentó romper las rutas imperiales desde Innsbruck. Carlos V había reunido a 65.000 soldados; la Liga a 90.000. En 1546 se luchó por el control del Danubio; en 1547 por el control del Elba. Paulatinamente se fueron rindiendo unas ciudades o unos príncipes al emperador. Se cuenta que Ulm capituló en español. Mas Bohemia se sublevó contra su señor natural, que hubo de huir a Praga. El papa se encaró con el emperador, trasladando el Concilio a Bolonia, y se retiraron de la alianza los peones papales.

Por fin, o desdichadamente, en marzo de 1547 murió Francisco I. A Carlos la noticia le sorprendió subiendo por el Elba. Su ejército y el de la Liga se encontraron frente a frente en sendas orillas. Al amanecer, aprovechando la densa niebla, los tercios de Alba cruzaron el río a nado, con las espadas en la boca, y abrieron el paso a la caballería ligera. El ejército protestante fue sorprendido absolutamente y derrotado. Su caudillo, Juan Federico, fue hecho prisionero. El cronista Ávila y Zúñiga nos habla de césar cruzando el Rubicón y Tiziano, siguiendo su relato, pinta el gran cuadro de la Batalla de Mühlberg. Aún podemos ver en la Armería Real la armadura que empleó Carlos V en aquella memorable jornada.

Muerto el rey de Francia, reunido mal que bien el Concilio, desarbolado el ejército protestante… ¿qué iba a ser de Europa tras la brillante campaña dc los Habsburgo entre 1546 y 1547?, ¿se iba rendir el continente a su, al parecer, omnipresente poder?

Repentinamente, en la Navidad de 1547, Carlos V se sintió morir. Alejado de su hijo por cuestiones políticas, en los albores de 1548 redacta su primer testamento político de Augusta (editado por Sandoval, por Laiglesia y por Beinert) a 19 de enero de 1548. En 62 apartados hizo una declaración de su ideología: no sabía qué recomendar a su hijo, por la inestabilidad de las cosas terrenas. Por ello, lo mejor, era encomendarse a Dios. Además, debía unir la justicia a la defensa de la fe, lo que se había de hacer con sumo esmero por las novedades religiosas del tiempo. El Concilio, aun cuando el emperador muriere, se debería llevar adelante y se pondría sumo cuidado en la elección de las dignidades eclesiásticas.

En segundo lugar, le aconsejaba huir de las guerras, porque cansaban a los pueblos.

En tercer lugar, le daba las grandes directrices de la política exterior: era imprescindible mantener una perpetua alianza con el Rey de Romanos. Flandes había de participar más activamente en la defensa de «Germania»; había que mantener la paz con Italia para lograr la estabilidad en Italia, Alemania y España. Se debía pactar con los suizos, ya que proporcionaban gentes de armas. Del papa Paulo III, mejor era no fiarse, pero había que mantenerle el respeto debido a su condición, no por sus obras, y en caso de confrontación entre los intereses del rey y del papa, habían de prevalecer *los del rey*. Italia había de mantenerse estable por la política matrimonial, por lazos de lealtad y, sobre todo, consiguiendo que las repúblicas permaneciesen dentro del Imperio, ya que así sería más fácil la amistad, que no conquistadas por reyes extranjeros.

En cuanto a Francia: a pesar de los derroteros torcidos seguidos por Francisco I y que parecía continuar ahora Enrique II, era necesaria la paz. Para mantenerla, había que fortalecerse en Milán: la posesión de este territorio debilitaba cualquier ataque contra Nápoles o Sicilia, ya que sin Milán tenía descubierta la retaguardia. Milán y Nápoles eran las dos claves para mantener Italia en paz y se había de gastar todo el dinero necesario para que estuviesen siempre bien y satisfactoriamente gobernadas. En ese sentido, había que mantener siempre aprestadas las flotas de galera y, por supuesto, tener a las de Génova por aliadas, ya que de pasarse al francés, éste atacaría Italia. No había que fiarse de Francia; pero tampoco se debía entrar en guerra con ella.

Flandes estaba, creía Carlos V, tranquilo. Como Castilla y las Indias. Aunque Francia intentase asaltar, sus escaramuzas no hacían daño alguno. La alianza con Portugal las mantendría siempre en paz.

Inglaterra no parecía una preocupación para Carlos. Es más, no creía que una alianza franco-inglesa durara tiempo. Finalmente, hacía ligeras alusiones a Dinamarca y a Escocia. Lo anterior era el mundo «de la política exterior» de Carlos V. Ninguna alusión a Europa: todo eran cuestiones basadas en los derechos patrimoniales o en la defensa de la fe.

El resto del testamento se dedicaba a la política «interior»: que se nombrase correctamente a los virreyes y gobernadores y que se tratase óptimamente a los indios; que se volviese a casar para tener más descendencia (no entraba en el juego de Carlos V una candidata inglesa); que se desposaran también las hermanas de Felipe, la mayor con el heredero Maximiliano, la segunda con el portugués. Y, en fin, las tías, reinas viudas, de Francia y de Hungría, quedaban encomendadas a su cuidado.

Era el momento de que el heredero fuese conocido en sus territorios y, por ello, Carlos V preparó el primer viaje de Felipe a Centroeuropa. El 1 de octubre de 1548, Felipe de Austria, ya viudo por vez primera y padre de un enclenque heredero, se aprestó desde

Barcelona para iniciar esa gira por Génova, en donde se reunió con los banqueros de la república y se alojó en casa de los Doria; Milán, Cremona, Mantua, Trento, Innsbruck, Múnich, Augsburgo y a Flandes. Por todo el viaje, contactos cortesanos, convivencia con luteranos, bailes con mujeres exquisitas y singulares.

Finalmente llegó a Bruselas, a encontrarse con su padre, al que hacía cinco años que no había visto. Era el 1 de abril. Durante varios meses el padre habló al hijo de la política y de la vida; el hijo conoció, admiró, torneó con sus vasallos flamencos, aquellos que andando los años y desdichadamente acabarían enfrentados entre sí: hoy estuvo con Egmont, mañana con Hornes. Carlos V lo proclamó a los mil vientos: Flandes también sería heredado por su hijo. Quedaban enajenados del Imperio y vinculados a la Monarquía Católica. La duda de si Milán o Flandes había quedado disipada. Si Felipe era ya duque de Milán, ahora sería señor de los Estados Bajos. Desde el verano al otoño el heredero recorrió ese territorio y recibió el agasajo de la gobernadora, su tía María, en el castillo de Binche: fue, al parecer, la mayor fiesta jamás celebrada en la que reaparecieron los personajes cazadores o los caballeros del Amadís. Las fiestas continuaron por doquier y algunos caballeros de Felipe conocieron a Erasmo.

El 31 de mayo Felipe había de dejar Flandes camino de Alemania. Repentinamente, abandonó la comitiva, volvió a Bruselas, pernoctó allí y a la mañana siguiente se reincorporó a su cortejo. Anduvo hacia Augusta, donde iba a tener lugar la gran reunión familiar de los Austrias.

En 1548 en Augusta se había reunido la familia. Tras las muertes de Francisco I, de Enrique VIII o de Lutero, así como la de Cobos y la enfermedad de Carlos V, parecía conveniente hablar de la sucesión imperial. Recordemos que Fernando I era Rey de Romanos desde 1531 y naturalmente podía tener aspiraciones a que esa Corona pasase a sus descendientes. Venían los ánimos caldeados. Tras la derrota de Argel de 1541, Carlos V se había podido centrar en la persecución de la herejía y sobre todo de los príncipes desleales. Así que vencidos en Mühlberg en 1547, todo apuntaba a que su poder político no iba a tener fin. Además, durante 1547 hubo un cambio generacional impresionante en la Europa cristiana.

Sin embargo, había un detalle que se escapaba a Carlos V: su hermano Fernando veía que la manera de tratar a los protestantes era diferente a la suya. Si eso no era un problema pequeño, en la cabeza de Carlos V rondaba con más fuerza cada vez la idea de que sólo debería ser emperador quien dispusiera de suficientes recursos económicos (la precariedad de Praga-Viena era patética) y una situación estratégica privilegiada: es decir, que si había plata de Indias y se era señor de España, Flandes e Italia, se tendrían todas las bazas para ser como tal. Así que Carlos, tras Mühlberg, soñaba en no tener problemas con los príncipes electores para designar a Felipe como tal. Éste fue enviado a los territorios imperiales para asegurar esa elección.

Sin embargo, aquel «Felicísimo viaje» de 1548-1551 se convirtió en tortuoso. Ni a él satisficieron las costumbres de los señores germanos, ni a ellos les pareció agradable el catolicismo riguroso de Felipe... u otros rasgos de su personalidad.

No obstante, para la Dieta Imperial de 1550, Carlos V habló con su hermana María de Hungría y la exhortó para que convenciera a Fernando I de que apoyara la elección imperial de Felipe. El hijo de Fernando I, Maximiliano [II], acababa de casarse con María (hermana de Felipe), y habida cuenta de que Carlos y Felipe estaban fuera de España, fue enviado allí para ejercer de gobernador interino. No estaba, pues, en la Dieta Imperial de Augsburgo. Fernando I no quiso negociar nada de la sucesión sin la presencia de su hijo. Hubo de llamársele de España.

En febrero de 1551 Carlos V llegó a proponer la elección de un Correy de Romanos, a lo que Fernando I se negó. También los príncipes electores: Felipe era tenido por un rey español más que como un Habsburgo. Tras arduas deliberaciones familiares (sin contar con la Dieta), Carlos V, ya en marzo de 1551, hizo la propuesta de su «pacto de familia». A Carlos V sucedería Fernando, el cual se comprometía a promover la elección de Felipe como Rey de Romanos, y éste haría lo mismo con Maximiliano. Además, Fernando auspiciaría el que Felipe disfrutara de todos los derechos imperiales sobre Italia, especialmente el del vicariato imperial. Esta cesión fue contradicha, pues estaba al margen de toda la tradición y aun de la norma. En 1558 Felipe II no pudo obtener en Viena el vicariato imperial sobre Italia. Maximiliano [III] no aceptó el Pacto de Familia, aun a pesar de la estabilidad que garantizaba de cara al futuro.

Lo que ocurrió en los años siguientes (alianzas protestantes, mayor presencia de las vías políticas de Fernando I, humillación de Innsbruck, matrimonio de Felipe [II] con María de Inglaterra y distanciamiento cada vez mayor de los protestantes con respecto a Carlos V) promovió que Felipe II, en un acto de indudable generosidad, renunciara a sus derechos imperiales (primavera de 1555), aun antes de la abdicación de su padre. Las dos ramas de la casa se abrían ya irremisiblemente.

Casi a la vez que habían tenido lugar las negociaciones de Augusta, los protestantes derrotados en Mühlberg, ante el temor del imparable poder imperial, se habían confederado en la Liga de Köenigsberg y habían firmado el pacto de Chambord (1552) con Enrique II de Francia para recibir su ayuda contra el césar a cambio de cederle tres ciudades emblemáticas en la Germania, pero francófonas: Metz, Toul y Verdún. Incluso Mauricio de Sajonia habló al rey francés de que podría lucir la corona de Rey de Romanos. Mal hombre este voluble Mauricio. De nuevo, guerra.

El de Sajonia conquistó Augsburgo y con sus tropas puso rumbo hacia el Tirol. Carlos V estaba descuidado en Innsbruck: la noche del 16 de abril, la noche triste de Carlos V, disfrazado y acompañado por unos cuantos leales servidores, entre los que estaba Antonio Fugger, abandonó a escondidas la ciudad. Apunto de morir congelado en los pasos de Brenner, llegó a Villach, donde lo hospedó la familia Khevenhüller. Cuando se difundió la noticia por Europa, el mundo carolino se estremeció.

Antes de saber lo de Innsbruck, Castilla había dispuesto que, para la defensa de la fe y del emperador, se le concediesen 5.000 soldados, así como los tercios de Italia. También los particulares dieron ayuda y el duque de Escalona, como corresponde a un gran señor, financió de sus propias rentas parte de la campaña. El de Denia vendió un par de sus villas patrimoniales para allegar fondos e ir, en persona, junto a su rey. También el príncipe quiso ir personalmente en ayuda del maltrecho padre, pero el emperador se lo prohibió. Los puertos mediterráneos aprestaron la flota: soldados por miles, reales por millones y lingotes de plata y oro de las Indias. Mas no sólo fue Castilla la que ayudó al césar: Alemania, Italia, Polonia…

Había que reconquistar, con los generales españoles y sus tercios, las ciudades perdidas unos meses antes: Augsburgo, Ulm, Estrasburgo, Metz. Era el otoño de 1552. Metz fue cercada por cerca de 70.000 soldados (un 10 por 100 españoles) y unos 14.000 caballeros (700 españoles). El comandante era Alba y con él, con recurrentes ataques de gota, Carlos V. Pasó el otoño y la ciudad no cayó. Al fin, el 1 de enero de 1553 se levantó el sitio. Desde Metz Carlos V, el otrora triunfante, hogaño completamente cansado y deprimido, puso rumbo a Bruselas. En el viaje empleó cuatro veces más tiempo de lo normal, porque no pudo ir más deprisa. Se anunciaba el ocaso del dios.

Desde febrero de 1553 Carlos V empezó a dar instrucciones para dejar bien cerrada su retirada. Ordenó a Felipe que visitase Yuste para prepararle un aposento, lo cual hizo en la primavera de 1554. El emperador dictó testamento (Bruselas, 6 de junio de 1554) en latín y en español (sería completado por el muy famoso codicilo de Yuste de 9 de septiembre de 1558).

Al mismo tiempo, se había contratado ya la segunda boda de Felipe: esta vez es con la reina de Inglaterra, María Tudor. Pero para que una reina no casase sólo con un príncipe heredero, Carlos V hizo la primera cesión territorial y confirió a Felipe el título de rey de Nápoles. El 25 de julio de 1554, en Westminster, se casaron la reina de Inglaterra y el rey de Nápoles, príncipe heredero de Castilla y Aragón, duque de Milán y Borgoña, conde de Flandes…

La segunda cesión de poder la hizo en 1554 sobre Fernando, su hermano, al que concedió plenos poderes para que resolviese la cuestión religiosa en el Imperio. El césar se desentendió. Tanto es así, que la gran Dieta de Augsburgo de 1555, por la que se reconocía definitivamente la escisión religiosa alemana y se fijaba el mapa confesional, fue orquestada por Fernando. También se acordaba, entre otras cosas, que cuanto fuera protestante en ese momento sería reconocido jurídicamente, de tal manera que los señores temporales podían imponer en sus territorios su religión. A unos y otros quedaba reconocida la libertad de la conciencia individual o el derecho a emigrar, de tal manera que, al fin, se podría lograr la paz religiosa en vez de la insufrible presión del proselitismo. En definitiva, *Cuius rex, eius religio*, sancionaba que el emperador no podía imponer sobre un territorio de religión diferente la suya. Desde Augsburgo (1555) hasta la Defenestración de Praga (1618) Centroeuropa vivió épocas de paz religiosa, paz que fue, pues, un éxito.

Volvamos a las consecuencias del fiasco de Metz. Al tiempo que la guerra con Francia proseguía: Enrique II se aproximó a Bruselas, pero no pudo más que arrasar los jardines de Binche. Triste símbolo bélico. El césar se había ido de Bruselas por seguridad y el desplazamiento, de 100 kilómetros, tardó en completarlo casi dos meses. ¡Tales eran sus dolores!

Ya había muerto también Mauricio de Sajonia y... la pobre reina madre de Castilla, doña Juana, a los setenta y seis años y en Tordesillas. Carlos V parecía ya estar solo en la vida. A los ojos de un historiador, bien podría verse que ha culminado su vida: de sus enemigos, de aquellos contra los que luchó y que le dieron sentido a su quehacer político, no quedaaba ninguno. La historia continuaba en una nueva generación.

Sintiendo el fin, mandó llamar a su hijo que, desde Inglaterra hubo de acudir a Bruselas, para desesperación de María Tudor que, como fijó al óleo Tiziano, se abrazó al joven esposo como Venus a Adonis. En Bruselas estaban Carlos, Felipe, Leonor y María, a quienes Carlos V comunicó su decisión de dejarlo todo. Ellos tuvieron que aceptar sus deseos. El 25 de octubre de 1555 legó a Felipe el señorío de la Orden del Toisón, de manera que se convirtió en señor de los caballeros más prestigiosos de Europa. Por la tarde siguieron las muy renombradas y épicas abdicaciones imperiales: comunicó a sus súbditos flamencos la determinación de abdicar. Habló primero el presidente del Consejo de Flandes, Filiberto de Bruselas, que describió espantosamente los dolores que le causaba la gota. Anunció que «el temple de España le es más apacible y saludable que el de Flandes». Tomó la palabra Carlos V: recorrió su reinado y explicó que estaba cansado y que si no había abdicado antes era por la juventud de su hijo y porque su madre aún vivía. Quería que le perdonasen los errores y rompió a llorar. No podía hablar más ni se tenía en pie. Tan alicaído estaba. Los asistentes estaban compungidos y Carlos V les dirigió las últimas palabras: «Quedaos a Dios hijos; quedaos a Dios, que en el alma os llevo atravesados».

Jacobo Masio respondió por los Estados Generales, con la ilusión de que el césar no se fuese. Pero todo era inútil ya. Felipe intentó tomar la palabra pero no hablaba francés, y fue Antonio Perrenot el que habló a los Estados Generales. María de Hungría debía dejar la Gobernación y también se despidió. Al día siguiente Felipe fue tenido por señor natural de aquel territorio. El 10 de enero de 1556 cedió a Felipe, ya sí, todos los demás territorios que le eran patrimoniales y otorgó el Imperio a Fernando, quien fue coronado el 14 de marzo de 1558.

En septiembre de 1556 se embarcó camino de Laredo y de allí a Yuste. Los pormenores de su traslado, estancia y muerte, nos son bien conocidos gracias a ese impresionante epistolario de su mayordomo, Luis Quijada, editado por Gachard. El día de san Mateo de 1558, a las dos de la madrugada, expiró en Yuste, en el extremo de la Extremadura. Aquel que había señoreado desde África hasta Europa del Norte, desde el Pacífico al Danubio, se iba calladamente en medio de castaños que apenas dejan ver el cielo. Las inmensas zozobras y angustias de su vida, su recta conciencia en un mundo cambiante habían puesto fin a su existir. Verdaderamente mantener todo aquel galimatías era imposible. Al fin y a la postre, no cumplió ninguno de sus objetivos: ¿pero alguien podría haberlos conseguido? Pero, ¿en verdad no consiguió sus objetivos?

Lo habían colocado ya en la caja de plomo dentro de otra de castaño envuelto sólo en una sábana. Lo depositaron bajo el altar mayor del monasterio, como él quería, y un par de días después el corregidor de Plasencia ordenó que lo exhumasen porque había de certificar la muerte del señor. Se rompió la sepultura, se sacó el ataúd, se sajó la mortaja, viéndose que, en efecto, el muerto era el muerto. Los viajes de Carlos no habían concluido aún. El 2 de febrero de 1574 su hijo ordenó que se le trasladase a El Escorial y que fuese depositado en la iglesia de Prestado. Pero aún hay más: el 17 de marzo de 1654, concluido ya el Panteón Real, se bajaron los cadáveres regios allá. Felipe IV mandó que abriesen el féretro de Carlos: como si esperara que se le pegara algo. La sorpresa fue mayúscula, porque el cadáver se «le halló tan entero que pudieran conocerse aún sus sentidos», narra una crónica del momento. Mas no fue la única vez que se le turbó la tranquilidad al fallecido: por lo menos en 1872 y tras el incendio, volvió a exhibirse públicamente al muerto. Esta vez, un dibujo de M. Rico dio la vuelta al mundo… y hay más postales de difícil datación. Se dice que durante cierta guerra civil fue profanada, otra vez, la sepultura.

Con Carlos V desaparecía una fase de la historia de Europa y se abría otra. El nuevo rey de las Coronas de España y sus territorios aparejados era Felipe II. Ya no había aspiración imperial. Ciertas cosas habían cambiado. Pero otras no: fundamentalmente la defensa del patrimonio recibido y la defensa de la fe católica, es decir, las bases fundamentales de la política de Carlos V, o de los Reyes Católicos.

VIII. Flandes, territorio imperial

Manuel Herrero Sánchez

«Todo se que quiere ordenar al modo de Flandes» señalaba en 1523 un consejero castellano del rey Carlos de Habsburgo al referirse a las reformas emprendidas para la creación del Consejo de Hacienda ese mismo año. El impacto de la llegada del nuevo rey a Castilla en 1517 para hacerse cargo de la herencia Trastámara es bien conocido. El estallido de las Comunidades sería la expresión más dramática del rechazo con el que fue acogido por sus súbditos un monarca incapaz de hablar su lengua, de hábitos y costumbres refinados, rodeado de un séquito de flamencos y borgoñones entre los que distribuía abundantes dádivas y mercedes, y cuya breve estancia en sus nuevos reinos de Castilla y Aragón parecía tan sólo destinada a recabar los fondos necesarios para poder asegurarse el titulo de emperador del Sacro Imperio Romano Germánico. Un monarca extranjero que, es verdad, no tardó en corregir gran parte de sus errores y que, necesitado para sus continuas hazañas bélicas de nuevos fondos y de avezados ejércitos, no dudó en castellanizarse como con insistencia se viene recordando desde tiempos de Menéndez Pidal (Fernández Álvarez, Alvar…). El matrimonio portugués con Isabel de Avís, la educación de su hijo y heredero Felipe en Castilla, la primacía de la política italiana (al menos hasta principios de la década de 1540), el famoso discurso realizado en español ante el papa en 1536 o la conquista de Túnez el año anterior e, incluso, el fracaso sobre Argel de 1541 parecían ser una prueba fehaciente de dicho cambio de talante. El retiro en el monasterio de Yuste durante los dos últimos años de su vida, desengañado por el fracaso de su política imperial y extenuado por la gota y los excesos de una vida errante, podrían hacer pensar en una completa hispanización del soberano.

Ahora bien, Carlos V no dejó nunca de ser un borgoñón. Como hemos visto, continuó la política de sujeción del norte, iniciada por Felipe el Bueno, que había sufrido un contundente retroceso tras la derrota de su bisabuelo, Carlos el Temerario, y la definitiva pérdida del ducado de Borgoña. Aprovechando el conflicto con Francia y las atribuciones que le concedía el título de emperador, se embarcó en una sistemática campaña de anexión de nuevos territorios. Aunque las provincias más poderosas y más densamente pobladas, véase Brabante, Flandes y Holanda, formaban parte de la casa de Borgoña desde finales del siglo XIV y principios del siglo XV, Carlos logró conquistar por la fuerza de las armas nuevos dominios tanto al sur (Tournai, en 1521, y Cambrai, en 1543) como al norte de las grandes barreras fluviales compuestas por el Mosa y el Waal. Las conquistas de Frisia, en 1523, de Utrecht y Overissel, en 1528, de la ciudad de Groninga y Drente, en 1536, culminaron, en 1543, con una victoriosa campaña militar en el ducado de Güeldres.

Dichos límites fluviales constituían algo más que un obstáculo geográfico y acabarían por erigirse en la frontera divisoria entre los territorios que, tras la revuelta de 1566, permanecieron bajo la órbita española y la de aquellos que adoptaron el camino de la independencia. Las diferencias entre el norte y el sur de los Países Bajos contaban con una serie de componentes sociales, económicos e históricos que determinaban intereses estratégicos y posibilidades de acción política bien diferenciados.

Los territorios meridionales aparecían, en principio, como los más inestables a la vez que constituían el centro de atención de la Monarquía, tanto por su mayor índice de riqueza como por ser la zona estratégicamente mejor situada para ofender a Francia. Las ciudades de Flandes y Brabante, así como las de la zona de Valonia, eran el centro de una rica industria textil y mantenían estrechos vínculos comerciales con los puertos españoles e ingleses. Junto a ciudades manufactureras como Gante, Brujas, Courtrai, Yprés o Valenciennes, Amberes se erigía en el más poderoso centro financiero de

Europa y en el principal nexo de intercambio mercantil, lo que facilitaba el buen funcionamiento de las arriesgadas operaciones hacendísticas de la Corona. La ciudad del Escalda salió fuertemente beneficiada de las buenas relaciones con Castilla y logró convertirse en el principal mercado de metales preciosos. Desde su bolsa, fundada en 1532, se negociaba con productos procedentes de todos los puntos del planeta, por lo que siempre adoptó una decidida política librecambista en contra de las medidas proteccionistas auspiciadas por los centros textiles flamencos. Ahora bien, a pesar de los esfuerzos realizados por el gobierno con objeto de limitar el acceso a los cargos municipales entre las manos de una rica oligarquía de regentes, las ciudades flamencas y brabanzonas se vieron asoladas por una alta tasa de inestabilidad social derivada de las continuas luchas encabezadas por los todopoderosos gremios para conseguir una participación más activa en el gobierno municipal. La formalización de una serie de confederaciones y coaliciones urbanas había dado lugar a sangrientos enfrentamientos civiles. El periodo revolucionario posterior a la muerte, en 1477, de Carlos el Temerario se prolongó hasta 1492 y pudo ser sofocado por Maximiliano de Habsburgo tan sólo gracias al apoyo de los magnates y a la ausencia de un verdadero liderazgo por parte de los Estados de Flandes y Brabante. A estos estallidos de violencia siguieron nuevos alborotos en Bruselas y Den Bosch, entre 1523 y 1525, en Gante, entre 1539 y 1540 (reprimido este último por la fuerza de las armas por Carlos V, que castigó a la ciudad con la pérdida de sus privilegios), y en Amberes, en 1554.

En las provincias septentrionales, el condado de Holanda y, en menor medida, el conjunto de islas que constituían el condado de Zelanda eran los territorios más ricos e influyentes y mantenían unas tasas mayores de estabilidad social debido al escaso peso de los gremios y a la inexistencia de ciudades con poderosos privilegios. Aunque el nivel de urbanización era muy elevado (incluso mayor que el del sur), los conflictos en el seno de los gobiernos municipales se limitaban a simples enfrentamientos de facciones dentro de la elite patricia. Desde un punto de vista económico sus habitantes se habían especializado en la actividad pesquera y en el comercio pesado con el Báltico, lo que había permitido un importante desarrollo de la construcción naval y unos estrechos lazos mercantiles con Escandinavia y el norte de Alemania, cuyos productos se intercambiaban por sal portuguesa y otros géneros agrarios del sur de Europa. De este modo, y como tendremos ocasión de ver con más detenimiento, al igual que las provincias meridionales se habían opuesto a que el dinero de sus impuestos se emplease en otras empresas diferentes a la defensa contra la amenaza francesa, Holanda parecía contar con un orden de prioridades bien diferente. Aunque se había hecho cargo con entusiasmo del peso de las campañas de Carlos V en Frisia, Güeldres, Utrecht y Groninga, veía con desagrado cómo sus intereses en el Báltico y en las pesquerías del norte eran desatendidos por la Corona.

A pesar del fuerte desarrollo urbano, la nobleza logró conservar importantes parcelas de poder, como se pondría de manifiesto durante el estallido de la revuelta de 1566. La influyente aristocracia meridional se vería satisfecha durante el gobierno de Carlos V gracias a las amplias atribuciones otorgadas por el emperador para ejercer su patronazgo y nutrir sus respectivas casas con nuevas y fieles clientelas. La activa participación de los nobles en la guerra contra Francia había elevado su prestigio, lo que unido al monopolio que ejercían sobre el cargo de gobernadores provinciales y a sus ricas rentas les dotaba de un imponente ascendiente sobre la sociedad. Guillermo de Nassau, príncipe de Orange, que no tardaría en constituirse en el líder indiscutible de la rebelión contra Felipe II, recordaba en 1581, en su famosa *Apología,* el afecto que tanto él como la mayor parte de la nobleza profesaban hacia la figura del emperador:

> En primer lugar, Señores, proclamo que la memoria del emperador Carlos me será siempre honorable, tanto en razón de sus gestos, como porque le complació hacerme tantos honores de alimentarme en su cámara por espacio de nueve años, al cual igualmente yo ofrecí un muy fiel y muy voluntario servicio.

Palabras de agradecimiento que no se debían tan sólo al hecho de que, en un acto cargado de simbolismo, el enfermo y cansado emperador celebrase la ceremonia de abdicación en favor de su hijo apoyándose en el hombro del que acabaría por convertirse en el más encarnizado enemigo de Felipe II. Familias como los Nassau, los Berghes, los Hornes, los Egmont acumularon los principales estatuderatos (o gobernaciones de las Provincias) y se vieron beneficiadas por un sinfín de concesiones y atribuciones administrativas y militares anejas a la activa y liberal política de patronazgo regio practicada por el emperador.

Las relaciones de dependencia política y económica entre los Países Bajos y Castilla no eran ninguna novedad y el propio hecho de que Carlos llegase a convertirse en el soberano de ambos territorios no era más que la culminación de un proceso de alianza fraguado desde la misma constitución del ducado de Borgoña como potencia autónoma a finales del siglo XIV. La próspera comunidad mercantil española en Brujas, y más tarde también en Amberes, y el desarrollo de los intercambios de lana merina por tejidos flamencos debieron constituir un acicate para el establecimiento de un frente común en contra de Francia bajo el reinado de los Reyes Católicos (Fagel, 1996). La difícil comunicación entre ambos territorios dificultaba la colaboración militar pero resultaba indiscutible que un ataque conjunto hispano-flamenco era el mejor método para poner en aprieto a los Valois y limitar sus deseos de expansión en Italia y, una vez fracasados éstos, en el valle del Rin. El constante estado de guerra contra Francisco I hizo comprender a Carlos que todo posible intento de separar los destinos de Castilla y de los Países Bajos supondría un consistente debilitamiento de la Monarquía y revertiría en beneficio de Francia. La propuesta realizada en el testamento de la emperatriz Isabel, en 1539, de ceder la herencia borgoñona a la infanta María, hermana de Felipe, con objeto de crear un reino independiente y evitar los perjuicios que se derivarían de una futura ausencia del monarca en esos territorios, no tardó en ser desestimada. La victoriosa campaña de 1544 que, lanzada desde los Países Bajos, llegó a hacer temer por la seguridad de París, había forzado al rey de Francia a pedir urgentes negociaciones de paz. Nada que ver con el desastroso intento de conquistar la Provenza en 1536, que se había saldado con la humillante retirada del césar.

Los Países Bajos eran, por tanto, la principal pieza estratégica para mantener en jaque a Francia. Cuando por la Paz de Crépy, en 1544, el emperador se vio obligado a tener que decidir entre Milán o los Países Bajos como dote matrimonial para el enlace previsto entre su hija y el duque de Orleans, no titubeó a la hora de optar por el mantenimiento de estos últimos en contra del consejo de figuras de la categoría de Loaysa o del duque de Alba, que se decantaron por la conservación del Milanesado. Aunque la prematura muerte del hijo del rey de Francia libró a Carlos de tener que cumplir con el compromiso, la elección había sido harto reveladora (Chabod, 1958).

El mantenimiento de la unión entre las herencias Trastámara y Borgoñona y su separación de la otra rama Habsburgo, la encabezada por su hermano Fernando que, desde 1531, había sido nombrado por el propio césar como rey de Romanos, quedó resuelta de un modo definitivo en 1548. Concluida su victoriosa campaña en Güeldres, situación que dotaba de estabilidad a sus territorios borgoñones en la frontera nororiental, y fortalecido por la resonante victoria de Mühlberg en 1547, el emperador se decidió a adoptar las medidas necesarias para mantener Flandes bajo la soberanía de su hijo ya que, como advertía en las *Instrucciones* dirigidas a Felipe en 1548:

> Cuanto a lo que se había mirado en los dichos testamentos [de la emperatriz] por lo que toca a las tierras de Flandes y Borgoña, habiendo después pensado más en ello, especialmente en la importancia de los dichos estados y cuanto conviene a vuestra grandeza, y que además he conquistado el ducado de Güeldres y unídolo con ellos, estamos en que los guardéis.

Para ello Carlos había procedido con destreza. Aunque nunca abandonó el deseo de que su hijo pudiese recuperar en el futuro el título imperial, en contra de los intereses de su hermano Fernando y del heredero de éste, Maximiliano, el emperador prefirió asegurar la autonomía de los Países Bajos y convertir a Felipe en el indiscutible sucesor de sus posesiones borgoñonas. Con ocasión de la Dieta Férrea de Augsburgo, en 1548, Carlos V logró imponer la constitución del denominado Círculo de Borgoña, que englobaba dentro de los confines del Imperio a cuatro ducados, siete condados y diez señoríos en una unidad administrativa separada. Por la Transacción de Augsburgo, las 17 provincias de los Países Bajos quedaban al margen de la legislación y jurisdicción imperiales, situación que les dotaba de un alto grado de autonomía y que no tardaría en ser ratificada por las distintas provincias mediante la aprobación de la Pragmática Sanción en 1549. Un curioso proceso de cohesión basado en la diversidad provincial y en el absoluto respeto a los privilegios y particularidades locales.

No en vano, ese mismo año de 1549 el emperador decidió organizar la primera salida de su hijo fuera de los territorios hispanos para presentarlo ante las 17 provincias, con el propósito de que cada una de ellas lo jurase como a su legítimo heredero. Poco antes, había conseguido preparar el ambiente para que los siempre díscolos súbditos flamencos no se mostrasen renuentes a aceptar como futuro señor a alguien que, a diferencia de Carlos, no era natural de esas tierras ni había sido educado allí. No era suficiente con que, siguiendo la tradición de los duques de Borgoña, Carlos hubiera mantenido, con motivo del bautizo del príncipe en Valladolid, la alternancia de nombres entre Carlos y Felipes, a pesar de las quejas levantadas por la aristocracia castellana que hubiera preferido que el heredero llevase el nombre de su bisabuelo, Fernando. Todo un símbolo, que duda cabe, de la inclinación borgoñona del emperador. Las estrictas instrucciones realizadas en 1548 para que Felipe sustituyese en su Corte la etiqueta castellana por la más fastuosa y rígida etiqueta de la casa de Borgoña permitiría igualmente que sus nuevos súbditos no vieran en Felipe a un extranjero. El recuerdo traumático de su difícil llegada a Castilla en 1517 se había quedado grabado en la memoria del emperador.

El itinerario efectuado por el príncipe Felipe en los Países Bajos, descrito en todos sus pormenores por Cristóbal Calvete de Estrella, fue extenuante. Entre marzo y septiembre de 1549 Felipe hizo su entrada oficial en 37 ciudades visitando prácticamente todas las provincias, salvo Frisia y Groninga, y jurando respetar los privilegios y costumbres locales. Las *Joyeuses entrées* (o Entradas gozosas) constituyeron siempre uno de los acontecimientos más importantes de la ancestral tradición urbana de estos territorios; la más clara expresión del pacto existente entre las ciudades y el monarca, por lo que las autoridades locales tendían a rodearlas de costosas ceremonias y de un fastuoso aparato. Los gremios, las cofradías, las milicias urbanas, las cámaras de retórica o las comunidades mercantiles locales y foráneas se encargaban de decorar la ciudad con imponentes arcos triunfales, magníficos escenarios, y de financiar representaciones teatrales, desfiles nocturnos con luminosas antorchas y opíparos banquetes.

Junto a motivos mitológicos, traídos de Italia, abundaban las referencias bíblicas o el recurso a la tradición de los bestiarios medievales. Calvete nos habla del gran número de inscripciones y cuadros en los que Salomón aparecía junto a su padre David o, como ocurrió en

Valenciennes, el amor del emperador hacia su hijo venía representado por los cuidados de un águila hacia su polluelo. Junto a estas ceremonias municipales, prueba del peso preponderante de las ciudades en los Países Bajos, Felipe tenía que ganarse también el favor de la nobleza cortesana. Para ello, María de Hungría se encargó de organizar una serie de recepciones oficiales y de ceremonias que culminaron en los fastuosos festejos del palacio de Binche que durarían casi una semana. Además de un sinfín de torneos, de bailes y de diversiones cortesanas, María logró recrear el mítico mundo de la caballería andante con la representación de una escena destinada a ensalzar la gloria y la destreza del heredero. En mitad de los espléndidos festejos aparecieron en la sala principal del palacio unos caballeros errantes que solicitaban la protección del emperador para acabar con los encantos del malvado Norabroch, que se refugiaba en el inaccesible Castillo Tenebroso. Sólo aquel caballero que fuese capaz de extraer la espada mágica que se encontraba clavada en un columna situada en la Isla Encantada podría deshacer el maleficio. Durante toda la semana se sucedieron infructuosos combates por parte de un buen número de caballeros que caían derrotados en el empeño. Sólo el último día, al alba, cuando todos parecían haber perdido la esperanza, apareció un caballero que, bajo el pseudónimo de Beltenebros (nombre tomado directamente del Amadís), fue capaz de abrir las puertas del Castillo Tenebroso y de liberar, ante el regocijo general, a todos los prisioneros de Norabroch. Y no parece difícil de adivinar que debajo de tan flamante armadura se encontraba oculto el príncipe Felipe, cuyo futuro gobierno parecía augurar el inicio de un periodo de prosperidad y de luz para sus nuevos señoríos. Carlos y Felipe escenificaban, con el beneplácito de sus súbditos, una novela de caballerías, donde, al igual que don Quijote cincuenta años después, jugaban a disfrazarse de caballeros andantes sin que ello provocase la hilaridad de los asistentes.

Las fiestas de Binche constituyeron uno de los últimos episodios de un mundo en declive pero que había tenido en el emperador a su último y más genuino representante. Una sociedad monárquico-señorial, de clara raigambre borgoñona, y donde los valores cristianos, la guerra, el amor cortés, la ostentación y el boato se erigieron en los principales signos distintivos de la elite gobernante. Un mundo estrechamente dependiente de unos centros manufactureros y mercantiles capaces de financiar sus costosas empresas militares, de ofrecerles los necesarios productos de lujo para mantener su estatus y de distribuir los excedentes de sus economías agrarias. Un mundo, en definitiva, ligado al poder de unas ciudades aferradas todavía a sus particularismos y privilegios locales e incapaces de aunar esfuerzos para crear una estructura estatal susceptible de proteger sus intereses mercantiles y atenta a no sufragar el coste de una política dinástica caracterizada por un constante estado de guerra.

Con la abdicación en Felipe de sus posesiones borgoñonas, el 25 de octubre de 1555, tres días después de haberle nombrado Gran maestre de la Orden del Toisón, Carlos creía preservar la estabilidad territorial de las 17 provincias ante un posible acoso de Francia. La plata de las Indias y la fuerza militar castellana así parecían augurarlo. Apenas once años después, la salida de Felipe II hacia sus posesiones españolas, la rápida expansión del calvinismo y las negativas consecuencias de las bancarrotas de 1557 y 1560, único modo de poder hacer frente a las deudas acumuladas por su padre, provocarían un estallido revolucionario en los Países Bajos que anunciaba el inicio de un conflicto destinado a durar casi ochenta años. Aunque Felipe fue capaz de conservar parte de la herencia paterna, la separación de las Provincias septentrionales mediante la constitución, en 1588, de las Provincias Unidas era la prueba más palpable del fracaso del proyecto del emperador.

Los Países Bajos, ¿una anomalía en el seno de la Monarquía Hispánica?

La difícil integración de los Países Bajos en el entramado de poder erigido en torno a la dinastía Habsburgo a principios del siglo XVI, debido a la aparente inadecuación de los intereses flamencos con los de la Corona de Castilla en el interior de la Monarquía Hispánica, constituye uno de los temas historiográficos donde con mayor perdurabilidad parecen haberse perpetuado una serie de prejuicios ideológicos y de mitos nacionalistas que ponen de manifiesto el arraigo con el todavía se analizan, desde postulados estatalistas y simplificadores, las complejas realidades políticas de la Edad Moderna.

A pesar de que los más recientes estudios han permitido poner en entredicho el clásico planteamiento de una Monarquía precozmente centralizada al subrayar los límites doctrinales e institucionales a los que tenía que hacer frente el poder real o han mostrado los indudables elementos de vitalidad y de innovación experimentados en Castilla durante el siglo XVI, la visión estereotipada sustentada por figuras tan influyentes como Douglas North, Peter Burke, Immanuel Wallerstein o David Landes, por la que se nos presenta a la Monarquía Hispánica como el contrapunto de la modernidad, sigue gozando de una extraordinaria salud. Una Monarquía Católica empeñada en implantar el absolutismo dinástico de raigambre castellana al resto de los territorios que la componían y en la que la primacía de los valores aristocráticos y la más férrea intolerancia religiosa impulsarían, mediante el recurso a todo tipo de métodos coercitivos y a un permanente estado de guerra, la puesta en marcha de un programa homogeneizador capaz de sofocar cualquier iniciativa individual y de imponer barreras infranqueables al desarrollo económico.

Desde estos planteamientos, no es de extrañar que incluso un historiador tan riguroso como Wim Blockmans haya optado por enfatizar las insalvables dificultades que para los Países Bajos, unos territorios celosos de su autonomía y con las mayores tasas de desarrollo urbano y económico de Europa, entrañó su integración en el seno de la más poderosa y militarizada Monarquía del momento convirtiendo, de este modo, la futura ruptura revolucionaria en un proceso prácticamente inevitable (Blom, Lamberts, 1999). La insistencia a la hora de acentuar el extrañamiento entre ambas realidades ha encontrado asimismo eco en las afirmaciones de uno de los principales especialistas españoles sobre las relaciones entre los Países Bajos y la Monarquía Católica. La admiración que, desde claros postulados liberales, profesa Miguel Ángel Echevarría hacia el modelo flamenco, al que se afana por describir como el más claro precursor de sus propios valores y principios ideológicos, le permite afirmar de modo tajante que en el proceso de agregación dinástica protagonizado por los Habsburgo «lo más extraordinario fue el encuentro entre las culturas ibérica y flamenca, lo que equivale a un choque entre el monolitismo ideológico y la tolerancia, entre el mercantilismo y el liberalismo, entre la centralización jerarquizada y la autonomía igualitaria» (Echevarría, 1998, p. 12). Semejante antagonismo no sólo haría ineludible el conflicto, sino que convertiría la guerra de independencia de las Provincias Unidas en el primer eslabón de una lucha universal por la libertad y contra la tiranía. Una epopeya que habría estado protagonizada por el mundo anglosajón como ya en 1859 advertía Motley en el prólogo de su libro *The Rise of the Dutch Republic* con estas contundentes palabras: «To all who speak the English language, the history of the great agony through which the Republic of Holland was ushered into life must have peculiar interest, for it is a portion of the records of the Anglo-Saxon race essentially the same, wether in Friesland, England, or America» (Motley, 1859, p. 1).

Los estrechos vínculos existentes entre la rebelión de los Países Bajos y las revoluciones inglesa y norteamericana han vuelto a ser puestos de relieve en los recientes estudios sobre el desarrollo del pensamiento republicano atlántico, lo que ha permitido reforzar la idea de una vía alternativa a la modernidad alejada tanto de la política centralizadora y dirigista del absolutismo como de los radicales principios de igualdad y libertad aportados posteriormente por la Revolución francesa (Van Gelderen, Skinner, 2002).

La defensa de los privilegios urbanos en contra de la política uniformizadora de la Corona se convertiría, en palabras de Catherine Secretan, en la base de un nuevo concepto de libertad individual que, sumado a la promoción de la tolerancia religiosa como el mejor mecanismo para facilitar los intercambios mercantiles, convertiría a la república holandesa en un caso precoz, único y aislado en la Europa de su época (Secretan, 1990; Van Gelderen, 1992). Sin poner en cuestión las importantes novedades introducidas por las Provincias Unidas, ya hemos tenido ocasión de redimensionar en otro foro esta aparente excepcionalidad del caso holandés y de subrayar los múltiples elementos de articulación y dependencia que ligaban a esta pequeña república mercantil con los modelos dinásticos preponderantes. Tanto la naturaleza segmentada y corporativa de las estructuras políticas de la república, como el mantenimiento de todo tipo de monopolios, la corrupción o la patrimonialización de los cargos públicos suelen ser dejados de lado con objeto de ensalzar el denominado milagro holandés. Además conviene recordar que fueron las reformas financieras y administrativas emprendidas con anterioridad por los Habsburgo las que permitirían crear una armadura financiera e institucional fundamental para consolidar la propia independencia de la república (Herrero, 2002).

Y a pesar de todo, sigue siendo un lugar común el hecho de relacionar de modo mecánico el imponente desarrollo económico y la capacidad de las Provincias Unidas para ejercer un papel de primer orden en el equilibrio de poderes en el continente con la ruptura de los lazos de dependencia con respecto a la Monarquía Católica. Según se suele apuntar con insistencia, la integración de los Países Bajos en el seno de la Monarquía, lejos de favorecer sus intereses, les habría arrastrado a un constante estado de guerra en defensa de los derechos patrimoniales de la dinastía Habsburgo al convertir su territorio en el principal escenario bélico del conflicto endémico entablado entre las Coronas española y francesa.

Desdibujados como consecuencia de la conmoción revolucionaria los sólidos lazos económicos que habían estado en la raíz del acercamiento castellano-flamenco, y que han sido analizados con maestría por Fagel y ya hace tiempo por Viñas Mey, la permanencia de los Países Bajos obedientes o católicos en la órbita española suele ponerse en relación con el final de su anterior vitalidad y se nos presenta como la principal causa de su declive económico y de su desplazamiento en los mercados internacionales por parte de aquellas provincias que habrían optado por proclamar su independencia. Desde esta perspectiva, la actitud pasiva mostrada por la elite del Flandes español, que salvo episodios muy parciales se mantuvo fiel a la Corona hasta principios del siglo XVIII, se nos describe como la única alternativa posible ante el estado de ocupación militar y como el mecanismo más adecuado para sortear las rígidas medidas coactivas empleadas por la Monarquía para mantener estos territorios bajo su yugo. No cabe duda de que en la actualidad gran parte de estos postulados ha sido puesta en entredicho gracias a los trabajos de historiadores como Schepper, Janssens, Stols o Everaert pero, aun así, todavía no ha quedado desterrado del todo el concepto de *Siècle des malheurs,* utilizado para referirse al periodo de dominio de los Habsburgo con posterioridad a la revuelta.

En un curioso paralelismo, y desde el otro lado de la barrera, para cierta historiografía de raigambre también liberal y que podríamos tildar de castellanista, la insistencia con la que, por intereses que se nos describen como meramente dinásticos, se mantuvieron a toda costa los Países Bajos en el cuerpo de la Monarquía, a pesar de la constante sangría de recursos humanos y económicos que provocaba, suele ser descrita como una de las principales causas de su posterior declive. El triunfo de la política imperial aplicada por los Austrias, en contra de la cual habrían unido sus fuerzas los comuneros, no sólo supuso la ruina de Castilla, sino que contó siempre con una latente oposición procedente de los sectores más dinámicos de la sociedad. Las constantes advertencias por parte de algunos procuradores en Cortes o los escritos elevados por determinados arbitristas y pensadores políticos al rey solicitando la cesión o el abandono de sus posesiones noroccidentales se nos describen como la prueba de la práctica inexistencia de vínculos entre ambos territorios de la Monarquía. De nuevo Echevarría vuelve a sintetizar con claridad este punto de vista cuando afirma:

> De todas sus posesiones las flamencas se convirtieron en el mundo más extraño, más ajeno al sistema de valores español y cuyos costes de mantenimiento suscitaron las protestas más airadas en el cuerpo social y en el ámbito intelectual. Hubo una corriente de opinión cuyos componentes se engrasaban día a día y que sustentaba la necesidad de abandonar las tierras del norte insaciables devoradoras de hombres y dineros y competidoras en lo material. Pero, encadenados a un destino inexorable los políticos españoles soportaron todo tipo de presiones y se atuvieron a defender los Países Bajos por ser quienes en realidad daban sentido a su política exterior (Echevarría, 1991, p. 938).

Semejante fatalismo no hace más que redundar en la idea de una Monarquía dominada tan sólo por grandes principios dinásticos o religiosos y ha conducido en muchas ocasiones a ejercicios intelectuales más propios de adivinadores o nigromantes que de historiadores. Divagar sobre las ventajas de una retirada a tiempo de Flandes puede abrir la puerta a la elaboración de un infinito elenco de hipótesis contrafactuales, pero difícilmente nos permitirá comprender cuáles fueron las razones por las que dichas propuestas fueron sistemáticamente deshechadas ni los intereses que se desprendían para el sistema de poder hispánico de una presencia lo más firme posible en el baluarte flamenco.

Lejos de antagonismos simplificadores, que condujeron a Pirenne a señalar que «les deux nations ont vécu l'une à côté de l'autre sans se pénétrer ni se comprendre» (Pirenne, V, 1926, p. 52), preferimos inclinarnos por posturas ya apuntadas en 1937 por uno de los mejores conocedores de los fondos documentales españoles y belgas, Joseph Lefèvre, que fue el primero en subrayar los fuertes lazos familiares entre las élites de ambos territorios y los múltiples elementos de compenetración existentes (Lefèvre, 1937). Más recientemente, Eddy Stols ha complementado sus ya clásicas investigaciones sobre la presencia mercantil flamenca en Andalucía con una serie de estudios sobre historia cultural en los que se enfatizan las importantes influencias entre ambos modelos en aspectos en apariencia tan intrascendentes como el vestido o el gusto culinario (Crespo y Herrero, 2002, pp. 583-614). En esta línea, trataremos asimismo de ofrecer algunas las claves explicativas sobre la alta tasa de fidelidad mostrada por la población de los Países Bajos obedientes con posterioridad a la secesión de las Provincias Unidas más allá de las clásicas explicaciones que prefieren poner el acento en los variados mecanismos de coacción utilizados por los delegados reales, por el aparato represor eclesiástico o por la presencia en el territorio flamenco de los famosos tercios.

Flandes integrado en la Monarquía Hispánica

Flandes fue algo más que el mayor baluarte estratégico de la Monarquía, su principal plaza de armas, como les gustaba señalar a los contemporáneos. En muchos aspectos podríamos incluso afirmar que los Países Bajos constituían la pieza clave para entender la propia naturaleza de la Monarquía Hispánica.

El modelo de agregación territorial realizado por los duques de Borgoña desde finales del siglo XIV, basado en un escrupuloso respeto por las costumbres y privilegios de los sucesivos dominios incorporados tanto por vía matrimonial como por la fuerza de las armas se adecuaba al proceso llevado a cabo en la península Ibérica por los Reyes Católicos y mantenía estrechas concomitancias con el tipo de expansión realizado por la Corona de Aragón en el Mediterráneo. En el complejo conglomerado de territorios que la política de alianzas matrimoniales hizo recaer en manos de Carlos V a principios del siglo XVI, la herencia borgoñona aportó gran parte de los valores, principios y objetivos políticos y económicos sobre los que se construyó una nueva y poderosa potencia capaz de imponer sus intereses al resto del continente hasta bien entrado el siglo XVII, y única habilitada para poner en cuestión la hegemonía de Francia. Impronta borgoñona que, como hemos visto, no sólo marcó la infancia y la formación del futuro emperador sino que condicionó el resto de su acción política y estuvo presente hasta el final de su vida como pondrían de manifiesto la ceremonía pública de abdicación en Bruselas, en 1555, o el hecho de que del limitado séquito de 48 sirvientes que le acompañaron en su retiro de Yuste nada menos que 37 fuesen oriundos de Flandes.

Más allá de estas opciones personales, la raíz borgoñona de la dinastía Habsburgo quedará reflejada en los mecanismos utilizados por parte del poder real para dotar de cierta unidad a unos territorios dispersos y de gran heterogeneidad social y para mantener a toda costa la integridad del patrimonio recibido. El solemne ceremonial borgoñón y el complejo ritual de su Corte (Fagel, 2001) permitieron reforzar la figura del monarca como principal elemento de cohesión del conjunto. Un soberano que, en ausencia de una estructura administrativa unificada, recurrió a una activa política de patronazgo y a un compleja red de relaciones no institucionales basadas en el favor y en la gracia real y que tenía en la Corte su ámbito fundamental de expresión. Los valores caballerescos y religiosos, la abundancia de objetos suntuarios o los modales refinados que habían marcado la vida de la Corte de Borgoña y que, como se ponía de relieve en las ceremonias de la orden del Toisón de Oro, exaltaban el componente purificador de la guerra o el espíritu de cruzada, acabaron por difundirse al resto de los territorios de la Monarquía gracias a la activa circulación de las elites en el interior de esta abigarrada red de Cortes locales que, coordinadas por los distintos virreyes y gobernadores reales, actuó como uno de los principales nexos de unión de una Monarquía en exceso heterogénea (Yun, 2009).

El papel jugado por estos lugartenientes reales a la hora de entablar relaciones con el entramado corporativo local explica el escrupuloso cuidado con el que eran seleccionados los gobernadores de los Países Bajos debido a la necesidad de nombrar a una persona capaz de suplir con eficacia la ausencia del monarca que, tras la salida de Felipe II de Bruselas en 1559, resultó ser definitiva. Con objeto de paliar el posible descontento derivado de la lejanía del soberano, y hasta el estallido de la revuelta de 1566, el rey optó por seguir la política llevada a cabo por su padre consistente en contar para el puesto de gobernador de los Países Bajos con un miembro de la familia real. La amarga experiencia del gobierno del duque de Alba explica que, por la unión de Arras de 1579, aquellos Estados Provinciales que se mantuvieron fieles al monarca católico lograsen arrancar al rey un compromiso por el que se volvía a la política de nombramientos anterior y que fue respetado –salvo escasas interinidades– hasta la muerte del Cardenal infante en 1641 (Aerts y Baelde, 1995; Vermeir, 2006). Posición de privilegio que constituía una prueba fehaciente del peso determinante jugado por Flandes en el conjunto de la Monarquía y de su posición de primacía con respecto al resto de las posesiones de los Austrias tanto en Europa como en las Indias.

Los Países Bajos constituían, además, uno de los núcleos económicamente más activos y florecientes de Europa y contaban con las más altas tasas de densidad urbana del continente, lo que permitía a la Corona tener acceso a una serie de recursos financieros y de medios técnicos y logísticos capaces de limitar los inconvenientes derivados de la dispersión de sus territorios. Los banqueros de Amberes, ciudad que experimentó un impulso extraordinario durante el gobierno de los Habsburgo, los centros textiles flamencos y brabanzones o los transportistas holandeses vieron aumentar sus posibilidades de negocio gracias a las necesidades crediticias de la Corona, al acceso privilegiado a los mercados hispanos e italianos o al control de una serie de materias primas de alta calidad que, como la lana castellana, les permitía contar con una ventaja comparativa considerable para desplazar a sus competidores en los mercados internacionales. Aunque como apunta con acierto Fagel nunca se llevó a cabo un proceso de convergencia económica entre los distintos territorios de la Monarquía debido a la inexistencia de una legislación homogenea y al férreo mantenimiento de los privilegios locales y de una serie de barreras proteccionistas infranqueables (Crespo y Herrero, 2002, pp. 513-532), el hecho de estar bajo la jurisdicción del mismo soberano y de no sufrir las represalias derivadas del estado de guerra que tuvieron que experimentar los comerciantes franceses o británicos en los mercados hispanos facilitó el aumento de los intercambios. Unos vínculos económicos que sufrirán los vaivenes de la coyuntura política pero que se mantuvieron con fuerza como prueba el hecho de que todavía a finales del siglo XVIII, y según atestiguan los trabajos de Stols, los mercados españoles constituyesen el destino principal de las mercancías y productos flamencos (Stols, 1986).

Por lo tanto, al papel articulador de la Corte se sumaba la función crucial ejercida por unos hombres de negocios que no podían por más que observar con agrado las posibilidades de promoción mercantil que les aseguraba el hecho de estar bajo la protección de la Monarquía más poderosa del momento. Una Monarquía cuyo poder derivaba no sólo de su capacidad militar sino del hecho de tener bajo su control los núcleos económicos más dinámicos de Europa. Centros como Sevilla, Génova, Amberes, Nápoles, Milán o, más tarde, también Lisboa proporcionaban a los Habsburgo un sustancial factor desequilibrador en su enfrentamiento con Francia y les permitían aplicar, con más o menos éxito, una política de guerra económica que se convertirá en uno de los principales recursos de coacción de la Corona pero que, a su vez, acarreará importantes inconvenientes para el normal desarrollo de las transacciones.

El permanente estado de guerra imponía además una intolerable presión fiscal y una creciente lesión a la autonomía provincial y urbana que acabó por convertirse en uno de los principales elementos de inestabilidad en el seno de los Países Bajos. A pesar de los intentos de los duques de Borgoña por poner en marcha algunas instituciones centralizadoras, los acontecimientos revolucionarios de finales del siglo XV reforzaron el poder de las entidades locales y pusieron de manifiesto la fuerte fragmentación existente. A la ausencia de fronteras coherentes se sumaban las diferencias lingüísticas y la pervivencia de múltiples jurisdicciones, privilegios locales y ordenamientos económicos y fiscales contrapuestos que, como ha advertido Blockmans (Blockmans, 1989), permitieron el establecimiento de confederaciones urbanas y de conflictos interprovinciales capaces de obstruir el desarrollo de instituciones centralizadas más operativas. Para toda decisión de importancia el soberano estaba obligado a tener que contar con la opinión de los Estados Provinciales que, a su vez, se veían forzados a compatibilizar las exigencias y presiones de las distintas ciudades cuya opinión resultaba siempre determinante. La pérdida de peso relativo de los Estados Generales, creados en 1464 por Felipe el Bueno como un organismo capaz de impulsar los intereses del soberano, en comparación con la vitalidad experimentada por los Estados Provinciales que, como señala Tracy, tuvieron un ritmo de convocatoria sin parangón entre el resto de los organismo representativos europeos supuso, a la postre, un aumento de la capacidad de decisión de las ciudades (Koenisberger, 2001; Tracy, 2002, pp. 67-76). En estas circunstancias, la Corona optó por favorecer el proceso de elitización en los gobiernos municipales otorgando un decidido apoyo al patriciado urbano que, a cambio de una serie de concesiones fiscales, adquiría un peso crucial como principal elemento mediador entre los poderes locales y el soberano. Proceso que contó con la tenaz resistencia de un poderoso artesanado que exigía una participación más destacada en los órganos de gobierno, en especial en aquellas provincias que, como Flandes y Brabante, contaban con una vigorosa industria textil y con unos gremios con fuerte capacidad de acción política.

Esta alta tasa de conflictividad constituía una sustancial diferencia de lo que ocurría en Holanda, la otra provincia que mayores sumas aportaba a las arcas reales. Como ha señalado con acierto Israel, las grandes barreras fluviales compuestas por el Mosa y el Waal constituían algo más que un obstáculo geográfico y actuaban como un elemento separador entre dos realidades con intereses y formas de desarrollo social bien diferenciados, situación que, en parte, nos puede permitir comprender algunas de las causas del éxito de la revuelta en las provincias septentrionales (Israel, 1995). Al menor peso relativo de los gremios en los gobiernos urbanos de las provincias de Zelanda y Holanda, circunstancia que reducía sustancialmente la radicalidad de los movimientos de protesta, y a la escasa implantación de la nobleza terrateniente venían a sumarse una serie de prioridades geoestratégicas divergentes de las mantenidas por las provincias valonas, por Flandes o por Brabante (Van Nierop, 1984). Como ha observado con acierto Jeannin, holandeses y zelandeses mostraron siempre su descontento ante el escaso interés manifestado por la Monarquía a la hora de promocionar la presencia de sus hombres de negocios en el ámbito báltico y observaron con fuerte recelo la política de guerra sistemática contra Francia, uno de sus principales mercados (Jeannin, 2001). No es por lo tanto de extrañar que, en 1523, los estados de Holanda se negasen a votar una serie de subsidios destinados a hacer frente al conflicto con Francisco I en Hainaut mientras que al año siguiente no titubearon a la hora de correr con los costes financieros de la conquista de Frisia (Israel, 1995, p. 133).

Elementos de desafección entre las distintas provincias que tenderán a acentuarse y que explican en parte los deseos de Carlos V por contrarrestarlos a través de una política de reformas destinada a fortalecer la cohesión y la estabilidad de unos territorios fundamentales para mantener en jaque a Francia y apuntalar la posición de los Habsburgo en Europa. Los Países Bajos experimentarán bajo el gobierno del emperador y de su hermana María de Hungría, gobernadora general a partir de 1530, la política reformadora de más amplio calado de todas las emprendidas en el resto de sus territorios con objeto de impulsar una mayor racionalización administrativa y de alcanzar una más consistente autonomía con respecto al Imperio. Bruselas se convertirá en la sede de la Corte y en el lugar de emplazamiento de los tres consejos colaterales que, erigidos en octubre de 1531, serán los encargados de asesorar a la gobernadora (De Schepper, 1989 y 1993). El Consejo de Estado, dominado por la alta nobleza y con presencia de figuras tan relevantes como los Orange-Nassau, los Lalaing, los Egmont o los Croy, se encargaba de los asuntos de política internacional; el Consejo Privado, dedicado a resolver cuestiones relativas a los temas de gracia y justicia y el Consejo de Finanzas, estos dos últimos compuestos por una eficiente clase de burócratas al servicio del rey. De forma paralela, entre 1523 y 1543, Carlos V volvía a poner en marcha con éxito la política de expansión y consolidación territorial llevada a cabo por los duques de Borgoña, que había quedado interrumpida tras la muerte de Carlos el Temerario en 1477. Mediante la anexión sistemática de los territorios circundantes de Tournai, Frisia, Utrecht, Overissel, Groninga, Drenthe, Cambrai y Güeldres lograba asegurar las fronteras oriental y meridional ante los permanentes ataques perpetrados desde Francia y el área renana y convertir al conjunto de las 17 provincias de los Países Bajos en un espacio político con identidad propia. Como hemos indicado, con objeto de lograr su completa autonomía y de asegurar su transmisión hereditaria en manos de su hijo Felipe, Carlos V logró crear por la Transacción de Ausburgo de 1548 una estructura territorial compacta y al margen de la legislación y jurisdicción imperiales. Estaríamos ante un proceso de cohesión basado en el respeto a la diversidad provincial y a los privilegios y particularidades locales, nota distintiva del modelo de absolutismo aplicado por los Habsburgo y bien distinto al seguido por sus antagonistas franceses (Rodríguez-Salgado, 1992, pp. 66-68).

Las profundas reformas financieras puestas en marcha durante la primera mitad del siglo XVI constituyen una prueba de este talante negociador y nos permiten dar por zanjado el tópico de la escasa colaboración de los Países Bajos en el coste del Imperio. El considerable aumento de la presión fiscal se llevó a cabo gracias a una estricta política de negociación con los distintos Estados Provinciales que votaban los subsidios a cambio de un riguroso control sobre la recaudación y a condición de que sus aportaciones se gastasen tan sólo en la defensa de sus territorios. Si tenemos en cuenta que a partir de mediados de la década de 1540 y hasta finales del siglo XVII Flandes se convertirá en el principal escenario bélico de la Monarquía, todo posible desvío de los fondos procedentes de los Países Bajos a otras áreas no llegó ni tan siquiera a plantearse. El permanente estado de guerra, que contrastaba con la tranquilidad que se vivía en otros dominios del rey, puede ayudarnos a explicar la buena recepción con la que sería acogida en 1627 la propuesta de Unión de Armas elaborada por el conde-duque de Olivares al considerarse, por parte de aquellas provincias que se mantuvieron obedientes al monarca católico, como un excelente modo de ampliar a otros territorios la colaboración que ya venían prestando algunos reinos como Castilla o Nápoles a la defensa de Flandes (Esteban, 2002b).

Aunque la aportación de los Países Bajos a las arcas de la Monarquía no dejó de crecer, el principal impulso se produjo a mediados de la década de 1540 con la puesta en práctica del conocido como Nieuwe Middelen que, a pesar de disparar el número de contribuyentes al introducir un gravamen sobre la propiedad inmobiliaria, supuso ante todo un considerable aumento de la presión indirecta mediante sisas sobre la carne, el vino, los arenques o la cerveza. Los Estados Provinciales lograron arrancar al monarca un nuevo modelo de financiación del crédito público y, a partir de entonces, los títulos de la deuda, las famosas *renten,* dejaron de estar garantizados por los subsidios votados al monarca y pasaron a estarlo sobre tributos y sisas administrados por los Estados, lo que les dotaba de mayores garantías y, por ende, permitía intereses más bajos. Las provincias usaban los futuros ingresos bajo su control para garantizar los préstamos por lo que, el constante aumento de la presión fiscal no redundaba en mayores ingresos para la Corona, situación que tan sólo podía ser contrarrestada por el envío constante de fondos desde Castilla que, a cambio, lograba mantener su conflicto con Francia lejos de sus fronteras (Hernández, 2000; De Schepper, 1984 y Veenendaal, 1994). De este modo, y como ha acertado a señalar con agudeza Tracy, se produjo una doble y paradójica ironía. A pesar del envío constante de numerario desde la península Ibérica y de que, como ha documentado Mía Rodríguez Salgado, a partir de la década de 1550 muchas deudas acabaron situadas sobre rentas castellanas, los súbditos flamencos acabaron por rebelarse contra la Corona al considerar que corrían con la mayor parte del peso del imperio (Tracy, 2002, p. 254; Rodríguez-Salgado, 1992, pp. 91-100). Ahora bien, si parece evidente que la presión fiscal había actuado como uno de los principales elementos de descontento en el estallido de la revuelta, es necesario subrayar que fueron precisamente las reformas en la Hacienda las que permitieron a las provincias rebeldes dotarse de una armadura fiscal que se volverá contra sus antiguos soberanos y que permitirá a las Provincias Unidas financiar de modo satisfactorio los elevados costes de una extenuante y prolongada guerra de independencia.

El componente religioso en la política exterior de la Monarquía Católica. La rebelión de Flandes

El principal detonante de la rebelión de los Países Bajos sería, sin embargo, la rápida difusión de la reforma religiosa y la dureza de las medidas represivas aplicadas desde el poder central. No digo nada nuevo si subrayo el papel central jugado por el componente confesional en la conformación de la política exterior de una Monarquía que se vanagloriaba de presentarse como el brazo armado de la Iglesia y que, no en vano, ostentaba con orgullo el apelativo de Monarquía Católica. La unidad religiosa se constituyó en uno de los principales elementos de identidad y de cohesión de los dispersos territorios agregados en torno a la dinastía Habsburgo. La obediencia a una misma fe y a un mismo soberano no sólo dotaban de cierta coherencia a un complejo conglomerado de dominios con distintas lenguas, culturas, desarrollo económico y estructura social, sino que acabaron igualmente por convertirse en los principales precipitantes de los innumerables conflictos armados en los que la Monarquía Hispánica estuvo envuelta de manera casi continua a lo largo de este periodo.

Al igual que ocurría en el resto del continente europeo, la defensa de los intereses dinásticos constituyó el principal móvil de unos monarcas que se veían obligados a conservar o, en todo caso, a ampliar el patrimonio de la Corona a sus herederos. Como apunta de manera tajante Manuel Rivero en consonancia con la perspectiva cortesanista de estudios como los de Lucian Bèly o Richard Bonney: «El principio dinástico, si bien contribuyó a afianzar la estabilidad política de los estados, también incorporó un germen de inestabilidad, toda vez que la mayor parte de las guerras de la Edad Moderna tendrán su causa en pleitos de sucesión, jurisdicción y de propiedad» (Rivero, 2000, p. 15; Bonney, 1991; Bèly, 1999). La secular rivalidad dinástica entre la casa de Habsburgo y las casas francesas de Valois y de Borbón se convertiría en la principal constante de la política exterior de la Monarquía Hispánica. Los sucesivos conflictos franco-españoles se solían sellar con una serie de matrimonios conjuntos entre ambas dinastías que eran a su vez el precipitante de nuevos altercados patrimoniales.

Los enlaces dinásticos habían estado, además, en el origen de la inusitada acumulación de poder y de territorios entre las manos de los Habsburgo y permitieron dotar al conjunto de un sentimiento de pueblo elegido y de un cierto providencialismo. La expulsión de los musulmanes de la península Ibérica por parte de los Reyes Católicos y la defensa de la cristiandad por parte de los Habsburgo contra el Imperio otomano parecían estar recompensadas por la Fortuna con la acumulación de territorios en manos de una sola Corona. Una Corona que era capaz de tallarse, además, un imperio de dimensiones mundiales en las Indias con los recursos suficientes para alcanzar sus objetivos en defensa de la cristiandad. Una verdadera evangelización a escala universal que, como señala Po-Chia Hsia, será uno de los elementos centrales de la reforma católica impulsada por España (Hsia, 2002).

Sin embargo, y en comparación con la Monarquía francesa o inglesa, la española, como ha subrayado Alain Milhou, sufría de un incontestable déficit de sacralidad, lo que parecía limitar la autoridad de sus reyes para erigirse en defensores de la verdadera fe (Milhou, 1999, p. 86). Los monarcas hispánicos no sólo no eran taumaturgos, sino que no contaban con un rey santo como San Luis ni con un recinto sagrado para la tumba de sus reyes como ocurría con Saint-Denis o Westminster. Con objeto de reforzar la autoridad real y de dotarla de la necesaria carga simbólica, Felipe II logrará la canonización de San Hermenegildo (hasta 1671 no se consigue la de Fernando III) y con la construcción de El Escorial ofrecerá a la dinastía un panteón bajo el altar del palacio-convento en línea con los postulados contrarreformistas.

Providencialismo y sacralización del poder real permitían reforzar la idea de la Monarquía Hispánica como el pueblo elegido para la salvación de la verdadera fe ante la expansión de las herejías protestantes. Basta citar al respecto escritos como los de Vázquez Menchaca sobre la universalidad de la Monarquía Católica cuando señalaba en 1564:

> [...] siendo nuestro muy poderoso señor y rey de las Españas vicario, ministro y representante de Dios en la tierra para gobierno de las regiones que por él le han sido confiadas, y siendo éstas mucho más dilatadas y numerosas que las que el mismo Dios confió a todos los restantes príncipes, síguese que el mismo Dios y Rey de Reyes parece haberle favorecido y distinguido sobre todos los príncipes de la tierra, razón por la que se ha de anteponer a todos ellos (Milhou, 1999, p. 93).

Universalismo que era visto con recelo en el resto del continente y como la expresión más elocuente de los deseos de Monarquía universal. Argumentos a los que recurrirá Francia para alcanzar acuerdos puntuales tanto con los turcos como con los mismos protestantes. Además, dicho universalismo era visto también por el papado como un mecanismo utilizado por Madrid para ponerse por encima de Roma y, como señalaba Pío V en 1589, «como un pretexto para salvaguardar y aumentar sus dominios».

La Corona española parecía disputarle al papado el liderazgo de la causa católica. Los esfuerzos desplegados por la Monarquía Hispánica para impulsar el proceso de reforma y renovación de la Iglesia se habían puesto de manifiesto en la intervención de los obispos españoles en las sesiones de Trento y en la inmediata aplicación de los postulados del Concilio en los dominios de la Corona. Unos dominios que, ante el asombro del resto de Europa, parecían impermeables a la difusión de la herejía y que, tras el descubrimiento de los focos protestantes en Sevilla y Valladolid, condujeron a un renovado celo de control y disciplina social por parte de la Inquisición española, así como a un notable aumento de la censura y del control de la población, en especial de las comunidades extranjeras.

Roma recelaba del poder que el liderazgo de la lucha contra la herejía otorgaba al monarca español y de la tendencia de este último a arrebatar a la Iglesia prerrogativas que le eran propias. La debilidad de una Francia asolada por los conflictos religiosos a partir de 1562 eliminaba el factor de equilibrio necesario para evitar una completa hegemonía española en la península Italiana, lo que amenazaba de manera directa el poder secular del papado. Desde Roma tampoco se veían con buenos ojos los deseos autonomistas de la Corona a la hora de formar un frente común en la lucha contra el islam. Los altercados con motivo de la conformación de la Liga Santa que conduciría a la victoria de Lepanto así lo pusieron de manifiesto cuando el papa llegó a amagar con la no renovación de las tres gracias.

A pesar de tan tensas relaciones, el creciente papel de los componentes confesionales en la política exterior de la Corona, de manera especial tras el levantamiento de los Países Bajos y el empeoramiento de relaciones con Inglaterra obligaron a la Monarquía Católica a mantener su respeto hacia la Santa Sede. Y no sólo como señalaba Campanella (en consonancia con otros tratadista políticos españoles como Juan de Salazar o Juan de la Puente) «porque si España quiere acceder a la Monarquía su rey debe confesar su dependencia del papa... dejando de lado sus muchas diferencias... y haciendo saber a todos que él es el primer defensor de la religión cristiana y dependiente del Soberano Pontífice», sino porque la Iglesia proporcionaba además de suculentas rentas, los medios necesarios para mantener el control y la disciplina social en el seno de la Monarquía.

La lucha contra la herejía podía servir, qué duda cabe, para justificar la activa política intervencionista de la Corona española en los asuntos europeos, pero constituía también una cuestión de seguridad interna. La acumulación de tan heterogéneos territorios bajo una misma Corona se sustentaba en un claro respeto por los ordenamientos, privilegios y libertades locales y en una negociación constante entre el centro y la periferia gracias a una estrecha colaboración con las elites locales. En ese contexto de flexibilidad y escasa ingerencia, la ausencia de unidad religiosa podía convertirse, como había ocurrido en Francia o en el Imperio, en el mejor instrumento para cuestionar la autoridad del príncipe y poner coto a los intentos absolutistas de la Corona.

El estallido de la revuelta de los Países Bajos no tardaría en poner en evidencia dicho axioma. La rápida difusión de la reforma religiosa, a pesar de la dureza de las medidas represivas aplicadas desde Madrid y de los intentos de reorganización diocesana, se vio facilitada por las altas tasas de alfabetización y por la permeabilidad a todo tipo de novedades propia de la zona más activa desde un punto de vista mercantil y con mayores cuotas de población urbana de Europa. El derecho de resistencia contra toda autoridad tiránica preconizado por el calvinismo y la escasa diligencia de la nobleza local a la hora de aplicar las medidas de control arbitradas por la Corona facilitaron la difusión del movimiento iconoclasta y precipitaron el estallido de la revuelta.

Los desencadenantes de la revuelta

El 5 de julio de 1559 Felipe II salía por última vez de Bruselas con destino a Castilla. El éxito de la guerra contra Francia había culminado en abril de ese mismo año con la firma del Tratado de Cateau-Cambresis por el que París aceptaba, tras largos años de lucha, que Italia –casi en su totalidad y desde luego sus ciudades más importantes– se convirtiese en una especie de protectorado español. Los problemas internos en los que empezaba a sumarse el principal antagonista de la Monarquía Hispánica aconsejaban a Felipe II la necesidad de concentrar sus esfuerzos en el Mediterráneo, donde los turcos protagonizaban una fulgurante ofensiva desde 1551 como probaban la pérdida de Trípoli y Bujía y la nueva derrota frente a Orán en 1558. Además, el rey veía con creciente preocupación el estado de las finanzas castellanas, principal contribuyente del esfuerzo bélico de la Monarquía. Las sucesivas bancarrotas de 1557 y de 1560 eran una prueba del intento del monarca de poner orden en el delicado estado de su Hacienda.

Antes de abandonar los Países Bajos, Felipe II había dejado el gobierno de sus territorios noroccidentales en manos de su hermanastra, Margarita de Parma. La nueva gobernadora quedaba estrechamente asesorada por un grupo de ministros seleccionados en el seno de la nobleza de toga entre los que destacaba el cardenal Granvela, obispo de Arrás, encargado de llevar a cabo una serie de reformas destinadas a dotar de mayor unidad a las 17 provincias y de poner freno al avance de la Reforma. Una política que se pensaba implantar mediante las tradicionales vías de la negociación y el recurso a las rivalidades internas, pero que vería pronto alzarse en su contra una oposición generalizada, atizada por una coyuntura económica desfavorable, por la ausencia del monarca y por los progresos del calvinismo, que dotaría de una inesperada cohesión a los distintos grupos de poder.

La influyente aristocracia, cuyos choques internos y su tradicional enfrentamiento con las elites del patriciado urbano y provincial habían sido utilizados por la Corona para afianzar su poder, se había visto satisfecha durante el gobierno de Carlos V gracias a las amplias atribuciones otorgadas por el emperador para ejercer su patronazgo y nutrir sus respectivas casas con nuevas y fieles clientelas. La activa participación de los nobles en la guerra contra Francia había elevado su prestigio, lo que unido al papel que ostentaban como gobernadores provinciales y a sus ricas rentas les dotaba de un imponente ascendiente sobre la sociedad.

El príncipe de Orange había conseguido acumular el cargo de gobernador de las provincias de Holanda, Zelanda y Utrecht y se había visto beneficiado por un sinfín de concesiones y atribuciones políticas y militares. Junto al conde de Egmont, gobernador de las provincias de Flandes y Artois y cabeza de una importante red clientelar en las provincias orientales, y al conde de Horne, Guillermo de Nassau encabezó la oposición al régimen de Granvela. La inactividad en la que habían quedado sumidos con el final del conflicto militar contra Francia les permitía concentrar sus energías en la lucha por alcanzar mayores cotas de poder en el seno del Consejo de Estado. Además, existía el peligro de que, en caso de no ser atendidas sus demandas, la nobleza de los Países Bajos acabaría por seguir el camino de su homóloga francesa, aferrándose al protestantismo para dotar de un mayor fundamento a su posición de liderazgo en la lucha contra la Monarquía. Como solían advertir los tratadistas políticos de la época, la interrupción de la guerra en el exterior provocaba inexorablemente el estallido de sangrientos conflictos en el interior. La nobleza era, por antonomasia, una clase militar y necesitaba estar ocupada en guerras de conquista si el monarca no quería ver disturbada la paz dentro de sus territorios. Los acontecimientos de Francia hablaban por sí solos y se cernían como una sombría amenaza sobre los Países Bajos.

Aunque no parece lícito discernir, como hace Geyl, la existencia de un sentimiento nacionalista en unos territorios donde las rivalidades provinciales y urbanas mantenían un imponente vigor, resulta incuestionable que en los Países Bajos existía un fuerte consenso para bloquear cualquier medida emanada desde el poder central –y más aún asentado en el extranjero– con objeto de erosionar unos privilegios arrancados por la fuerza al monarca (Geyl, 1964). La defensa de la tradición y la lucha conservadora por la propia identidad rendían sospechosa cualquier medida que pudiese transformar a las 17 provincias en algo parecido a Castilla o a las posesiones italianas de la Corona. En la *Apología* se denunciaba con vehemencia la existencia de un proyecto semejante. Con el ánimo de justificar la revuelta, el príncipe de Orange advertía a los Estados Generales en estos términos sobre los proyectos centralizadores de Felipe II:

> Ya sea por los alimentos que había tomado en España o por el consejo de aquellos que le controlaban, se mantuvo desde siempre en la voluntad de subyugaros a una servidumbre simple y absoluta, que han denominado total obediencia, privándoos completamente de vuestros antiguos privilegios y libertades, para disponer de vosotros, de vuestras mujeres y de vuestros hijos, como hacen sus ministros con los pobres indios, o con los calabreses, sicilianos, napolitanos, y milaneses, olvidándose de que este país no es país de conquista, sino

en su mayor parte patrimonial, y que había sido entregado voluntariamente a sus antecesores bajo buenas condiciones.

La existencia de un contingente de tropas españolas de unos 3.000 hombres, cuya misión aparente era la de proteger la frontera con Francia, era interpretada como un cuerpo de vigilancia destinado a sofocar cualquier posible levantamiento interno. La presión de los grupos dirigentes locales consiguió su primera victoria frente al rey cuando, en 1561, le forzó a retirar tales efectivos de los Países Bajos para remitirlo hacia el Mediterráneo. La lucha contra el turco parecía justificar tal acción, por lo que la autoridad del monarca no sufrió un golpe demasiado contundente.

Ya hemos observado cómo los Estados Provinciales habían adquirido altas cotas de poder en el control de las finanzas debido a las sucesivas concesiones que la Monarquía había tenido que ofrecerles para que votasen los impuestos destinados a financiar su activa política exterior. Desde la década de 1540 Carlos V había apostado por involucrar al conjunto de sus territorios en el esfuerzo militar contra Francia con objeto de descargar a Castilla del peso exclusivo de la guerra. Al igual que en Nápoles o en Milán, los Estados Provinciales aceptaron aumentar su contribución, pero tan sólo a cambio de una serie de estrictas condiciones: ejercerían un control absoluto sobre la recaudación de los mismos; deberían ser votados en calidad de subsidios extraordinarios, lo que forzaba a una nueva negociación con la Corona para poder ser renovados; serían empleados tan sólo para la defensa de sus territorios y no para financiar el resto de la política exterior de la Monarquía como ocurría con los impuestos castellanos. Las difíciles tratativas que el gobierno se vio obligado a entablar con los Estados de Brabante en 1557 para que se aprobasen los nuevos subsidios eran una prueba del rigor con que se cumplían tales requisitos. Para ese año el coste de la guerra con Francia había elevado la deuda flotante del gobierno de los Países Bajos a 7 millones de florines, por lo que fue necesario seguir enviando dinero desde España.

La bancarrota que Felipe II se vio forzado a declarar en 1557 se producía en un contexto de contracción económica y supuso un duro golpe para el mercado de Amberes. La nueva quiebra de 1560 venía a asociarse a las negativas consecuencias derivadas del enfrentamiento comercial con Inglaterra que se desencadenó en 1563, con la limitación por parte del gobierno de Bruselas sobre la importación de determinadas mercancías provenientes de la isla. La contundente respuesta de Isabel I, que desvió el envío de las lanas inglesas hacia Alemania, dejó a la industria textil de los Países Bajos con un déficit de materias primas que produjo un aumento del desempleo entre uno de los sectores más radicales de la sociedad. A la crisis industrial se sumó el aumento del precio de los cereales motivado por un periodo de malas cosechas y por el eventual cierre del mercado del trigo Báltico debido al conflicto entre Suecia y Dinamarca, que suponía, a su vez, un duro impacto para el comercio holandés en la zona.

El régimen español, lejos de atender a los intereses de la clase mercantil neerlandesa, parecía embarcado en una serie de empresas que distaban de potenciar las posibilidades de expansión comercial de la zona. Los beneficios de la pertenencia a la Monarquía Hispánica, una vez controlada la amenaza francesa, resultaban más que dudosos, más aún si la Corona se empeñaba en seguir exigiendo nuevos y gravosos impuestos.

En un contexto semejante de descontento generalizado fue la religión la que aportó el sustrato necesario para dotar de homogeneidad a la oposición contra el régimen. Al igual que ocurría en la vecina zona renana, el catolicismo había tenido que hacer frente al continuo avance de la reforma protestante. Pero mientras que el luteranismo no había conseguido cuajar en los Países Bajos, desde finales de la década de 1550 era el calvinismo el que efectuaba mayores progresos. Su creciente influjo entre determinados sectores de la clase dirigente francesa había demostrado que era un arma extraordinariamente eficaz para desafiar al régimen imperante. El estallido de las guerras de religión en 1562 supuso una masiva llegada de emigrantes calvinistas a los Países Bajos, especialmente a Flandes, Amberes y al área valona, que lograron organizarse gracias a la ineficacia de las medidas preventivas introducidas por el emperador desde mediados de la década de 1540. La red de tribunales regionales de la Inquisición, implantada por Carlos V en 1545, se instaló con extrema lentitud debido al rechazo de las autoridades provinciales, que veían en dichos organismos una inadmisible lesión a su autoridad y privilegios.

Con la llegada al poder de Felipe II se dotó de mayor resolución a la lucha contra la herejía y, siguiendo los criterios del Concilio de Trento, se aplicaron medidas para revitalizar la práctica del catolicismo mediante una serie de profundas reformas de entre las que la reorganización diocesana de los Países Bajos constituía el núcleo de la ofensiva. En 1559, gracias al acuerdo con el papa, el rey se decidió a cambiar la estructura eclesiástica de sus posesiones noroccidentales con la introducción de 14 nuevos obispados, a añadirse a los cuatro ya existentes, con nuevas fronteras y con un sistema de financiación que permitiría a los obispos disponer de mayores rentas para llevar a cabo con eficacia su acción inquisitorial. No tardó en correr el rumor de que el verdadero propósito del rey era el de introducir la Inquisición a la española, por lo que el proyecto encontró una multitud de barreras que culminaron en 1563 con la suspensión del recién designado obispo de Amberes. Si los magistrados de dicha ciudad temían que la reactivación de la lucha contra la herejía pudiese ahuyentar a los comerciantes protestantes, la nobleza interpretaba la nueva ordenanza como una erosión a su autoridad y como una limitación al ejercicio de su patronazgo. La designación para los nuevos cargos eclesiásticos de hombres de leyes o de teólogos profesionales suponía la eliminación para la alta nobleza de importantes prebendas y de la posibilidad de situar en puestos de prestigio a sus hijos cadetes. Por su parte, tanto las ciudades como los Estados Provinciales, que juzgaban la medida real como un manifiesto acto de centralización, se movilizaron asimismo para entorpecer la aplicación de la reforma.

De nuevo resulta esclarecedor ofrecer la opinión del príncipe de Orange sobre el sentimiento que suscitó lo que denominaba como «el proyecto de los inquisidores». Sus palabras evidencian cómo esta medida, junto a los edictos o *placards* publicados para combatir la herejía, actuó como el verdadero precipitante de la revuelta:

> Confieso que me sentí entonces tan emocionado de piedad y compasión hacia tanta gente de bien que sería asesinada en esa ocasión, y en general hacia ese país por el que tenía tantas obligaciones y en el que querían introducir una Inquisición peor y más cruel que la de España, verdadera red tendida para ajusticiar a los Señores del país así como al pueblo, de modo que aquello que los españoles y sus

> seguidores no habían podido suplantar por otras vías, cayese por ese medio en sus manos, de las cuales habría sido imposible escapar, pues hubiera bastado con no santiguarse frente a una imagen para ser condenado al fuego. Viendo estas cosas, confieso que desde entonces me decidí conscientemente a ayudar por todos los medios a expulsar a estos gusanos españoles fuera del país.

La primera víctima de esta programada ruptura con Madrid sería el principal asesor de la gobernadora y la verdadera mano derecha del rey en la zona. Granvela debería pasar a ser, en calidad de nuevo arzobispo de Malinas, el primado de los Países Bajos, por lo que se convirtió en el centro de todos los ataques. En 1564, Felipe II, acuciado por los problemas en el Mediterráneo y ante la presión de la nobleza neerlandesa, se decidió a sacar al cardenal del gobierno, lo que supuso una automática disminución de los juicios por herejía y facilitó la acción de los predicadores calvinistas ante la indolencia de la mayoría de las ciudades a aplicar con rigor las medidas legislativas de represión. El terreno parecía abonado para el estallido del descontento una vez que el rey se decidiese a reinstaurar su autoridad en los Países Bajos; algo que sucedió tras la liberación de Malta en septiembre de 1565.

Las fases de la revuelta

1566-1571: el primer estallido revolucionario y la represión del duque de Alba

El triunfo de la línea dura en la Corte de Madrid tuvo su primera manifestación con las cartas escritas por el rey desde El Bosque de Segovia en octubre de 1565 en las que instaba a Margarita de Parma a aplicar con rigor las leyes contra la herejía. La reacción nobiliaria se plasmó en la organización de una serie de reuniones deliberatorias en las que se redactó un *Compromiso en defensa de la tolerancia religiosa.* Sus firmantes, entre los que no se encontraba ningún miembro de la alta aristocracia, se decidieron a presentar por la fuerza a la gobernadora una petición formal por la que se solicitaba la supresión de la Inquisición y la disminución de los *placards.* La situación no tardó en agravarse debido a la rapidez con la que se empezaron a celebrar misas calvinistas al aire libre y actos de provocación contra los católicos en las principales ciudades de los Países Bajos ante la pasividad de las autoridades locales y la renuencia de los gobernadores militares de las Provincias, entre los que destacaban el príncipe de Orange y el conde de Egmont, a reprimir los excesos.

El movimiento llegó a su paroxismo durante los meses de agosto y septiembre de 1566 con el estallido del «movimiento iconoclasta» y la incapacidad del gobierno real para mitigar los actos de violencia. Parecía evidente que la línea de moderación defendida en Madrid por la facción de Éboli no podía sustentarse por más tiempo por lo que el rey dio oídos a los consejos del duque de Alba, que abogaba por la organización de una expedición militar capaz de reinstaurar el orden por la fuerza de las armas.

Paralelamente, la gobernadora, con el apoyo de los segmentos más leales de la nobleza –atemorizados ante el cariz revolucionario y democratizante que empezaba a adoptar la rebelión– comenzó a reclutar tropas con objeto de cortar la difusión de los disturbios. Aunque el príncipe de Orange prefirió dimitir de sus cargos, el conde de Egmont acabó por ponerse de nuevo al servicio de la regente para ayudarle a someter el levantamiento de la ciudad de Valenciennes, convertida en el centro principal de la revuelta calvinista. La caída de Valenciennes, en marzo de 1567, permitió la restauración del orden y la supresión de todas las concesiones sobre libertad de culto que se había visto obligado a otorgar el gobierno durante el periodo de crisis.

La autoridad real parecía restablecida pero Felipe II optó por no interrumpir la misión del duque de Alba. Su objetivo era el de aplicar una dura política represiva contra el calvinismo e imponer por la fuerza las medidas centralizadoras y homogeneizadoras que no se habían podido aplicar hasta el momento por la vía de la negociación. Las importantes atribuciones con las que Alba se presentó en Bruselas explican la inmediata dimisión de la regente, lo que dejaba las manos libres al duque para llevar a cabo su programa en calidad de nuevo gobernador real.

Las veleidades de la nobleza durante los tumultos tenían que ser castigadas con una demostración de autoridad. Tras convocar a Egmont y Horne en Bruselas –el príncipe de Orange prefirió permanecer en Alemania–, el duque los arrestó por conspiración y rebeldía para ajusticiarlos al poco tiempo. El instrumento principal de la represión lo constituyó el «Consejo de los Tumultos», conocido popularmente como «Tribunal de la Sangre» por el gran número de condenas a muerte que dictó. Dicho Consejo fue igualmente utilizado como el instrumento más adecuado para controlar la herejía y su eficacia permitió que no se volviese a instaurar la Inquisición abolida en 1566. El número de exiliados durante el gobierno del duque superó las 50.000 personas, lo que constituía una constante fuente de amenazas para la organización de conspiraciones en contra del régimen desde el exterior de los Países Bajos. Los intentos de invasión perpetrados en 1568 desde su exilio por el nuevo e indiscutible líder de la oposición, el príncipe de Orange, fueron un rotundo fracaso y Alba pudo aplicar sin restricciones su programa de gobierno.

Para 1570, el proyecto de las nuevas diócesis, que tantas suspicacias había provocado, se impuso sin demasiadas dificultades. Junto a una serie de medidas innovadoras destinadas a racionalizar los órganos judiciales, el punto más revolucionario de la política de Alba lo constituían sus reformas en el aparato hacendístico. El elevado coste del ejército español, que era el nervio fundamental de la eficacia de su acción de gobierno, requería de unos fondos suplementarios que el rey, embarcado en los preparativos previos a la batalla de Lepanto, no podía remitir desde Castilla. Además, la ocasión parecía ser la más propicia para forzar a los Estados Provinciales a cambiar los mecanismos de su contribución a las arcas reales mediante la imposición de unos fondos constantes. En 1569 el duque elevó una propuesta de tres nuevos impuestos, entre los que el más innovador lo constituía una tasa semejante a la alcabala española que gravaría los intercambios comerciales. Los Estados admitieron a trámite tan sólo una de las tres solicitudes, pero concedieron a cambio, y sin demasiada oposición, una ayuda extraordinaria gracias a la cual los Países Bajos lograron cubrir por primera vez todas sus necesidades sin el envío de subsidios desde Madrid. En 1571 los Estados parecían estar dispuestos a renovar la ayuda, pero el duque de Alba se decidió a aplicar la alcabala por decreto, lo que dio pie a una verdadera huelga fiscal y desató la ira de los sectores mercantiles contra el régimen español. El nuevo impuesto no iba sólo en contra de los privilegios del país, sino que amenazaba con paralizar el comercio y estaba destinado al pago de un contingente militar extranjero.

Los agravios del duque hacia la tradición constitucional de los Países Bajos, que con tanto celo defendían los naturales, reanimaron el fervor del movimiento revolucionario y facilitaron las maniobras de Guillermo de Orange. El príncipe concentró sus energías en reunir un cuerpo de ejército capaz de invadir desde varios puntos las 17 provincias contando con el apoyo de la piratería calvinista (cuyos miembros eran más conocidos como los mendigos del mar), con los subsidios aportados por los exiliados e involucrando a Francia e Inglaterra en contra de la Monarquía Católica. La renovación de la guerra comercial con Londres en 1569 y el temor de Isabel I ante una posible intervención militar española en favor de María Estuardo decidieron a la reina a venir en ayuda del príncipe de Orange. En Francia el creciente ascendiente que Gaspar de Coligny –jefe del partido hugonote– adquirió en el Consejo real pronosticaba una posible ayuda militar desde la frontera meridional, lo que permitiría internacionalizar el conflicto, principal esperanza para el triunfo de una nueva revuelta.

1572-1576: el éxito de la revuelta en el norte

Paradójicamente fue el recelo de Inglaterra a involucrarse en una guerra activa con España lo que desencadenaría el estallido de la segunda rebelión. Ante las quejas de los comerciantes hanseáticos, Isabel optó por expulsar de sus costas a los piratas neerlandeses que operaban en el mar del Norte. Sumidos en el desconcierto, los mendigos del mar se decidieron a realizar una operación de desembarco en el puerto zelandés de Brielle, que ocuparon con facilidad el 1 de abril de 1572 para apoderarse, a los pocos días, de otro punto estratégico en Zelanda con la toma de Flesinga. Cuando Alba parecía dispuesto a cortar de raíz el nuevo brote revolucionario, la toma de Mons por parte de Luis de Nassau (hermano del príncipe de Orange), a finales del mes de mayo, forzó al gobernador a concentrar sus efectivos en el sur de los Países Bajos con objeto de recuperar la capital del Hainaut y conjurar una eventual invasión calvinista desde Francia. A lo largo del verano la rebelión contra el régimen español se extendió con rapidez entre las principales ciudades zelandesas y holandesas (con las importantes excepciones de Ámsterdam y Middelburg), mientras que las expediciones militares desde la frontera alemana, al mando del Guillermo de Orange y del conde Van Bergh, conquistaban para la causa la mayor parte de las provincias de Limburgo, Güeldres y Overijssel, a la par que comenzaban a producirse estallidos esporádicos en Brabante y Frisia.

La victoria de los rebeldes parecía estar al alcance de la mano si, como estaba previsto, el gobierno francés se decidía a declarar abiertamente la guerra a la Monarquía Hispánica y acometía una invasión en toda regla desde la frontera meridional. La matanza de la Noche de San Bartolomé, el 23-24 de agosto, supuso la aniquilación del partido hugonote en la Corte francesa y señaló el restablecimiento inmediato de las buenas relaciones entre París y Madrid. Felipe II tomó conciencia de la importancia que ejercían los asuntos internos de Francia para la seguridad de los Países Bajos, por lo que el mantenimiento del partido católico francés se convertiría, a partir de entonces, en una de las constantes de la política internacional de la Monarquía. En poco tiempo la situación cambió radicalmente. Una vez conjurado el peligro de una invasión desde Francia el duque de Alba se vio con las manos libres para recuperar el terreno perdido. A la caída de Mons en septiembre siguieron la de la totalidad de las ciudades rebeldes del sur y del nordeste, que fueron sometidas a una sangrienta represión y condenadas a la pérdida de sus privilegios. A finales de 1572 tan sólo quedaban por someter los territorios de Holanda y Zelanda que, temerosos de sufrir idéntico castigo que el infringido a Malinas, Zutphen y Naarden, se decidieron a entablar una tenaz resistencia.

Los rebeldes podían contar con algo más que su espíritu de lucha. A lo largo del verano los Estados de Holanda habían sabido dotarse, gracias a un consenso desconocido entre las ciudades del sur, de una serie de mecanismos fundamentales para poder hacer frente con eficacia a las tropas españolas. En primer lugar, el príncipe de Orange fue reinstaurado en su cargo de estatúder o gobernador provincial, lo que dotaba al movimiento de una mayor cohesión. La inexistencia de una poderosa nobleza dispuesta a rivalizar con el príncipe y el buen entendimiento entre éste y los nuevos magistrados urbanos, que a pesar de los cambios producidos durante la revuelta seguían formando parte del patriciado, sirvieron para reforzar la base social del nuevo régimen. Las únicas concesiones de Guillermo de Orange a los segmentos más radicales y populistas consistieron en el restablecimiento de las milicias urbanas y en la supresión del culto católico. Esta medida, que hacía del calvinismo el alma del movimiento nacional, parecía ir en contra del programa de tolerancia religiosa defendido hasta el momento por el príncipe con objeto de atraerse en un futuro al resto de los Países Bajos a su causa. En segundo lugar, los Estados de Holanda se comprometieron a votar una serie de impuestos destinados a financiar el pago de un ejército capaz de hacer frente a los españoles y concluyeron un acta de unión con la provincia de Zelanda, en junio de 1575, que acabaría por constituirse en el embrión de la futura república. Por último, las provincias sublevadas contaban con una importante ventaja geográfica que acabó por erigirse en una barrera infranqueable para las tropas españolas. Si en Zelanda las operaciones militares entre las distintas islas requerían de unos recursos navales de los que no disponía la Monarquía, en Holanda los grandes ríos entorpecían las operaciones de reconquista y, como se pondría de relieve durante el sitio de Leiden, la apertura de los diques impedía a los españoles culminar sus repetidos asedios.

Los sucesivos contratiempos militares de Alba y el elevado coste de las operaciones que, tras la retirada de la alcabala y la reducción de los fondos aportados por los Países Bajos, volvían a recaer sobre los hombros de Castilla decidieron a Felipe II a sustituir al duque y a nombrar, como nuevo gobernador, a Luis de Requesens a finales de 1573. Aunque en un principio se mantuvo la línea represiva, la caída de Middelburg, el fracaso del sitio de Leiden, los primeros motines de las tropas españolas y la necesidad de frenar la nueva ofensiva de los turcos –que en 1574 capturaron Túnez y La Goleta– decidieron al rey a abrir las vías de la negociación. Las conversaciones de Breda, entre marzo y julio de 1575, chocaron con la imposibilidad de alcanzar un acuerdo en el espinoso tema religioso. La posición del monarca no tardó en empeorar como consecuencia de la nueva suspensión de pagos decretada ese mismo año. La interrupción del sistema de asientos, que aseguraba el envío de dinero desde España para cubrir el elevado coste de los efectivos militares en los Países Bajos, impidió el pago de las mesadas lo que, junto con la inesperada muerte de Requesens a comienzos de 1576, desató una serie de nuevos motines que acabarían por extender la revuelta al resto de los Países Bajos.

1576-1585: la crisis de la autoridad real y la división de los Países Bajos

Los excesos de los soldados españoles en las ciudades de Brabante forzaron al Consejo de Estado, que en ausencia de un nuevo gobernador ostentaba las riendas del poder monárquico, a conceder a los Estados de dicha provincia el permiso para levantar un cuerpo de ejército capaz de controlar a los amotinados. El malestar de las principales ciudades del sur y de la nobleza católica, capitaneada por el duque de Aerschot, culminaron con la destitución de los representantes del rey en el Consejo y con la convocatoria, en septiembre de 1576, de los Estados Generales en Bruselas. Dicha medida era un atentado manifiesto contra la soberanía real al arrogarse los Estados unos poderes que iban en contra de una de las principales prerrogativas del monarca. Tan sólo el vacío de poder y la necesidad de llegar a un acuerdo negociado con las provincias de Holanda y Zelanda parecían justificar tan arriesgada iniciativa que, de no cuajar, amenazaba con sumar a todos los Países Bajos en una nueva espiral revolucionaria. El rey se apresuró a nombrar como nuevo gobernador a su hermanastro, Juan de Austria, sin que ello sirviese para obstaculizar el buen avance de las conversaciones entre los delegados de los Estados Generales y los de las provincias rebeldes del norte. Los intentos de poner coto por la fuerza a los desmanes de las depauperadas tropas españolas no hicieron sino agravar la situación. A principios del mes de noviembre los amotinados decidieron juntar sus fuerzas y dirigirse a la ciudad de Amberes, que fue sometida a un sangriento y sistemático saqueo.

El estallido de la «furia española», que se convertiría en una de las piedras angulares de la Leyenda Negra, precipitó a los pocos días la firma de un acuerdo entre los dos focos de poder existentes en los Países Bajos. La denominada Pacificación de Gante se sustentaba sobre tres puntos principales: se tomarían todas las medidas necesarias para expulsar a los efectivos militares españoles de las 17 provincias; los Estados Generales, a los que deberían agregarse las provincias del norte, se convertían en el órgano central de gobierno; en la cuestión religiosa se imponía un ínterim, con el mantenimiento del culto católico en el sur y del calvinismo en Holanda y Zelanda y, mediante la supresión de los edictos contra la herejía, se ponía coto a las persecuciones por motivos de credo.

Juan de Austria, carente de fondos y amenazado de pleno en su autoridad por el reciente consenso alcanzado entre los rebeldes, entró en negociaciones con los Estados Generales y, por el Edicto Perpetuo de febrero de 1577, admitió lo acordado en Gante y dio orden a las tropas españolas de tomar el camino de Italia. Al igual que había ocurrido con Requesens en 1575, el héroe de Lepanto seguía una estrategia que se convertirá en una constante a lo largo del conflicto de Flandes: en los momentos de crisis militar y de retirada española, se recurría a la vía de la negociación con objeto de recuperar fuerzas y de sembrar el descontento en el campo enemigo, para volver a desencadenar una ofensiva capaz de reconquistar el terreno perdido una vez recuperadas las energías.

En efecto, las maniobras dilatorias de la Corona no tardaron en dar sus frutos. En julio de 1577 don Juan salía de Bruselas para refugiarse en Namur, que junto a Luxemburgo y parte de la provincia de Limburgo eran los únicos territorios que no se habían sumado a la Pacificación de Gante. El camino para el estallido de las luchas de poder entre sus enemigos había quedado libre. La entrada de Guillermo de Orange en Bruselas, en calidad de héroe de la revuelta, exacerbó los ánimos de la nobleza católica que, a instancias del duque de Aerschot, se decidió a nombrar como nuevo gobernador a Matías de Habsburgo, hermano del emperador y sobrino de Felipe II. El archiduque, carente de la suficiente autoridad, se convirtió pronto en una simple marioneta de los deseos del príncipe de Orange, lo que no hizo sino agudizar las rivalidades intranobiliarias.

La ausencia de un poder central cohesionado reavivó el grave descontento social en las ciudades industriales de Flandes y Brabante. La revuelta política contra el régimen español amenazaba a la élite dominante con transformarse en una revolución social y religiosa. Frente a lo que había ocurrido en las ciudades del norte, el patriciado católico flamenco y brabanzón vio peligrar en su poder por las crecientes exigencias de las corporaciones gremiales que, con el velado apoyo del príncipe de Orange, conspiraron para alcanzar mayores cotas de poder en el seno de los concejos ciudadanos e instaurar por la fuerza la religión calvinista. A los disturbios de Bruselas y Amberes, que sirvieron para forzar a los Estados de Brabante a nombrar al príncipe de Orange como estatúder de la provincia, vinieron a sumarse, a finales del mes de octubre de 1577, los graves acontecimientos de Gante. A instancias de Guillermo la ciudad había visto recuperar los privilegios que con motivo de la revuelta de 1539 le habían sido retirados por parte de Carlos V. Dicha medida dio alas a los sectores más radicales que depusieron al duque de Aerschot –jefe del gobierno provincial y principal antagonista del príncipe – y nombraron un comité revolucionario de 18 miembros elegido entre las filas de las corporaciones gremiales. El rigor calvinista de sus miembros desató una serie de ataques a los intereses católicos en contra del espíritu de la Pacificación de Gante, que acabó por extenderse a otras ciudades de la provincia de Flandes a lo largo de 1578. La furia iconoclasta que se apoderó de Audenarde, Courtrai, Hulst, Brujas e Yprés venía acompañada por cambios revolucionarios en sus respectivos gobiernos municipales semejantes a los acaecidos en Gante.

El movimiento se extendió con rapidez a los demás Estados y sirvió para reducir al último bastión del catolicismo que todavía perduraba en Holanda: Ámsterdam. Los disturbios provocados por el retorno de los exiliados de 1566-1567 forzaron a una depuración del concejo municipal de la ciudad que, al poco tiempo, supuso la prohibición del culto católico y la conquista del poder por parte de una serie de familias procedentes en su mayor parte de los sectores más modestos de la clase mercantil que, no obstante, carecía del talante revolucionario de los nuevos cuadros dirigentes de sus homólogas del sur. El golpe de Ámsterdam no constituyó una amenaza para el patriciado holandés que hacia 1578 se había convertido en su mayor parte al calvinismo y seguía manteniendo con firmeza las riendas del gobierno.

En las provincias meridionales la Iglesia reformada, por el contrario, era sinónimo de revolución social, por lo que la mayor parte de la nobleza y del patriciado se aferraron al catolicismo como mecanismo para cortar de raíz el avance del movimiento democrático. Los Estados de Hainaut y de Artois decidieron unir sus esfuerzos para mantener los criterios de la Pacificación de Gante, que aseguraban la práctica exclusiva del catolicismo en las provincias del sur, y consiguieron su primer éxito con la expulsión de los miembros calvinistas del municipio de Arrás en octubre de 1578. La contrarrevolución se había puesto en marcha y Felipe II supo sacar partido de dicha situación para restaurar la autoridad real.

En un principio don Juan no pudo hacer otra cosa que defender su posición en aquellas provincias que se habían mantenido fieles al régimen español. Los cambios producidos en la escena internacional y la mejora de la situación financiera de la Corona permitieron al rey restablecer el flujo de dinero necesario para acometer una ofensiva militar contundente. El aumento en la llegada de metales preciosos desde América facilitó la negociación de nuevos asientos sin que ello significase, como pretendía Chaunu, que los avatares de la guerra de Flandes y la suerte de las armas españolas en la zona fuesen un reflejo exclusivo del montante de plata llegado a Sevilla en las flotas y galeones de Indias. Más decisivo resultó el armisticio alcanzado con el Imperio otomano en 1578, que permitía cerrar el frente mediterráneo y concentrar todos los esfuerzos de la Corona en el restablecimiento del orden en sus estados noroccidentales. La victoria de las armas españolas a principios de 1578 en la batalla de Gembloux forzó a un urgente traslado de los Estados Generales de Bruselas a Amberes. La muerte de don Juan, lejos de abrir la puerta a un nuevo vacío de poder real, fue paliada de un modo favorable gracias a su inmediata sustitución por el hijo de Margarita de Parma, Alejandro Farnesio. El nuevo gobernador dio pronto pruebas de ser un magnífico general además de un avezado negociador y supo sacar partido de los agudos enfrentamientos que, como hemos observado, debilitaban por entonces al movimiento rebelde.

Las múltiples escisiones que acosaban al régimen de los Estados Generales y sus crecientes dificultades para recaudar los fondos necesarios para hacer frente a la ofensiva española venían a sumarse a los excesos revolucionarios y a la rápida extensión del calvinismo, por lo que importantes sectores de la nobleza católica descontenta y del patriciado urbano acabaron por sumarse al frente constituido en el sur entre las Provincias de Hainaut y Artois. El 6 de enero de 1579 ambos Estados Provinciales firmaban la Unión de Arrás, a la que se incorporó la mayor parte del Flandes valón, para llegar, a los pocos meses, a un acuerdo con el príncipe de Parma por el que se restauraba en su plenitud la autoridad de Felipe II.

Pocos días después, el 23 de enero, la unión instituida entre Holanda y Zelanda en 1575 se alargaba al resto de las provincias del norte con objeto de hacer frente, de un modo más eficaz, a la ofensiva española. La Unión de Utrecht, que en un principio incluía tan sólo a los Estados de Holanda, Zelanda, Utrecht y a los territorios circundantes a la ciudad de Groninga más conocidos como Ommeland, era más que una interpretación calvinista y constitucional de la Pacificación de Gante como en ocasiones se ha sugerido. Su talante marcadamente anticatólico no cuadraba con los intentos de «paz religiosa» defendidos por Guillermo de Orange para mantener vivo el apoyo a la revuelta en los territorios meridionales, por lo que fue vista con recelo por parte del príncipe. El acuerdo aparecía como una confederación de estados soberanos, con completa autonomía para regular su régimen religioso, y no estipulaba ningún mecanismo para poder llegar a un acuerdo con el rey. La Unión se amplió con la entrada de Güeldres en marzo de 1579, la de Frisia en agosto y la de Drente al año siguiente. En el sur, tan sólo las ciudades de Amberes, Breda y 's-Hertogenbosch se sumaron a título individual a la Unión, mientras que los Estados de Brabante y Flandes se mostraron reticentes a integrarse en una alianza claramente capitaneada por Holanda.

A lo largo de 1579, y por mediación del emperador, se entablaron de nuevo conversaciones de paz en Colonia que se toparon con la intransigencia del rey a realizar cualquier tipo de concesión en materia religiosa. A pesar de las negociaciones, la guerra continuaba su marcha. En junio de 1579 Parma tomaba Maastricht y al año siguiente, una vez fracasado todo intento de resolver el conflicto por la vía diplomática, la ciudad de Groninga se pasaba a las filas reales. Los Estados Generales, a instancias del príncipe de Orange, comprendieron que la única posibilidad de frenar el avance español requería el apoyo de una potencia extranjera por lo que, a pesar de los recelos de Holanda y Zelanda, se decidieron a ofrecer la soberanía al duque de Anjou, hermano de Enrique III de Francia, en septiembre de 1580. El cambio de soberano se concretó el 26 de julio de 1581 mediante la publicación del Acta de Abjuración por la que los Estados Generales deponían formalmente a Felipe II de sus derechos dinásticos sobre los Países Bajos. Dicho edicto no era más que el reconocimiento de una realidad de hecho y no sirvió para dotar de mayor unidad a los rebeldes. Al igual que le había sucedido al archiduque Matías, el duque de Anjou carecía de las suficientes atribuciones como para imponer un criterio homogéneo sobre sus nuevos súbditos y no podía ver más que con desaliento el excesivo poder del príncipe de Orange y los continuos enfrentamientos entre las distintas ciudades y Estados Provinciales. Tras intentar imponer por la fuerza su autoridad, el fracaso de su golpe de mano en Amberes le hizo optar por abandonar los Países Bajos en 1583. Ante el vacío de poder y el avance español en Flandes y Brabante, los Estados Generales se trasladaron a Holanda, dejando los territorios meridionales a la merced de las tropas de Alejandro Farnesio.

Hasta 1582, el príncipe de Parma se tuvo que contentar con los escasos recursos que le llegaron de Madrid, por lo que su posición quedó prácticamente inalterada. Una vez asegurada la conquista de Portugal, Felipe II se encontraba con las manos libres para enviar los suficientes efectivos militares a Flandes como para preparar una poderosa contraofensiva. Al mando de un ejército de más de 60.000 hombres, Alejandro Farnesio procedió a lo largo de 1583 a conquistar la mayor parte de los puertos flamencos, a excepción de Ostende (que no se recuperaría hasta 1604), así como importantes enclaves en el norte, como Zutphen. Al año siguiente consiguió someter el resto de Flandes, lo que le permitió concentrar sus esfuerzos en la reconquista de Brabante. La caída de Bruselas en febrero de 1585, de Malinas en junio y finalmente de Amberes en agosto suponía el total restablecimiento del poder real en el sur de los Países Bajos.

El asesinato de Guillermo de Orange en la ciudad de Delft, en julio de 1584, asestaba otro duro golpe para un posible éxito de la rebelión y ponía fin a todo nuevo intento de reunificar bajo una misma jurisdicción al conjunto de los Países Bajos en contra de la autoridad de los Habsburgo. La resistencia al gobierno español volvía a quedar limitada a las provincias del norte –aquellas que habían firmado la Unión de Utrecht– cuya diferente estructura socioeconómica se había visto reforzada durante el conflicto gracias a la constitución de una serie de organismos político-administrativos con la suficiente consistencia como para asegurar su independencia y el mantenimiento de la religión reformada. Es cierto que en Madrid no se había perdido de momento la esperanza de poder reinstaurar la obediencia hacia la Corona en los Países Bajos septentrionales y que las siete Provincias Unidas tardaron todavía tres años en llegar a constituirse en una república autónoma. Ahora bien, para 1585 resultaba incuestionable que la lucha contra la Monarquía Hispánica había dejado de ser una simple rebelión para convertirse en una guerra abierta entre dos estados soberanos.

El pronóstico de Carlos V de vincular los Países Bajos al destino de Castilla como la mejor receta para evitar una repetición de la que se había convertido en su mayor derrota personal, la división religiosa del Imperio terminó por mostrar sus limitaciones. El envío masivo de efectivos militares y de ingentes sumas de dinero desde las posesiones españolas e italianas de la Monarquía sumado a la deriva revolucionaria experimentada en algunas ciudades flamencas y brabanzonas permitieron a la Corona recuperar posiciones y reconquistar la mayor parte de las provincias meridionales. Sin embargo, tamaño esfuerzo no fue suficiente para evitar la ruptura definitiva de la precaria unidad alcanzada por las 17 provincias de los Países Bajos bajo el gobierno del emperador. La poderosa marina de guerra de holandeses y zelandeses y el decidido apoyo de los enemigos de los Habsburgo facilitaron la constitución de la república de las Provincias Unidas que, a partir de 1588, y en paralelo con el fracaso de la Empresa de Inglaterra, abandonó sus esfuerzos por encontrar un soberano alternativo. Ese mismo año se fundaba en Madrid el Consejo de Flandes, encargado de administrar todos los asuntos de gracia y justicia relativos a aquellas posesiones que habían sido reincorporadas o que habían mostrado su fidelidad al monarca católico (Rabasco, 1979). La ruptura definitiva no quedaría sancionada hasta el reconocimiento oficial por parte española de la independencia holandesa por la Paz de Westfalia en 1648. Curiosamente, en los innumerables trabajos aparecidos a la luz de la conmemoración de los trescientos cincuenta años de la firma de la Paz de Westfalia encontramos escasas referencias a la paz por separado firmada entre La Haya y Madrid, una prueba del desinterés que sigue despertando el caso español en gran parte de la historiografía europea (García, 1998). El acuerdo ponía fin a un conflicto que, salvo los 12 años de tregua entre 1609 y 1621, había convertido a los Países Bajos en uno de los principales teatros de operaciones militares de Europa y en el escenario de una dura y agotadora guerra de asedios capaz tan sólo de provocar ligeros retoques en los límites fronterizos establecidos a finales del siglo XVI. Tras la paz de 1648 la delimitación definitiva de las fronteras de Limburgo y Güeldres estará en el origen de un buen número de altercados que no se solucionarán hasta el acuerdo de reparto de los territorios de Ultramosa en 1662 (Herrero, 2000, pp. 91-94). Mayores fueron a partir de entonces las pérdidas y retoques en la frontera meridional ante los constantes embates de Francia, lo que le hace pensar a Pirenne que la presencia española en Flandes tenía como principal objeto: «s'en servir comme d'une réserve permettant de satisfaire l'ambition française et de garantir, en taillant dans se pays de par delà, l'intégrité de son propre territoire, de ses possessions d'Italie ou de ses colonies d'Amérique» (H. Pirenne, V, 1926, p. 4).

El mantenimiento de Flandes durante el siglo XVII. Axioma central de la Monarquía Hispánica.

El extenuante esfuerzo y el fiasco final de tan larga contienda han hecho que un buen número de historiadores se haya empeñado en resucitar todos aquellos testimonios discordantes realizados por los contemporáneos que se nos presentan como la prueba incuestionable de la profunda oposición de la sociedad castellana contra el mantenimiento de la presencia española en Flandes. El diagnóstico resulta de una sencillez estremecedora: la defensa de la religión católica en el norte de Europa y de los intereses dinásticos de los Habsburgo habría supuesto la quiebra definitiva de la vitalidad castellana y habría acabado por relegar a España a un papel secundario en el escenario europeo. La fragilidad de tales argumentos no radica tan sólo en el hecho de que, como revelan las altas tasas de estabilidad social y política vividas en Castilla, tales críticas lejos de constituir un sentimiento general fuesen, en gran medida, lamentos destinados a limitar el aumento de la presión fiscal o a lograr mayores privilegios por parte de la nobleza o de las oligarquías locales. Es necesario recordar que los criterios de reputación, intangibilidad del patrimonio recibido o defensa de la verdadera fe no eran en absoluto principios exclusivos de la Monarquía Hispánica, sino que resultaban de un ideario compartido por la mayoría de las organizaciones políticas de la época. La Monarquía no era por lo tanto una excepción arcaizante; era, como con acierto advertía Campanella a principios del siglo XVII o como ponía de manifiesto la imitación de la moda y de las costumbres castellanas en todo el continente, el modelo más perfeccionado y, al menos en apariencia, más poderoso del momento.

La posición hegemónica alcanzada por la Monarquía Católica en Europa reposaba en el mantenimiento de una presencia lo más firme posible en lo que le quedaba de los Países Bajos. Flandes funcionaba como una poderosa plataforma desde la que intervenir de modo directo en los asuntos internos de los innumerables enemigos septentrionales y actuaba como un bastión inexpugnable para defender la causa católica en Europa. Desde que en 1544 la presión militar ejercida desde Luxemburgo y Flandes contra Francia obligó a Francisco I a alcanzar un acuerdo con Carlos V, los Países Bajos acabaron por desplazar a Italia como el principal escenario del conflicto endémico entre ambas Monarquías.

Como hemos indicado, las victorias españolas de Corbie en 1636 y de Valenciennes en 1656 provocaron el pánico en París debido a la inexistencia de barreras físicas que se interpusiesen ante un avance de los tercios hacia la capital de Francia. La presencia española en Flandes facilitaba asimismo la constante intervención en los asuntos internos de Francia como se puso de relieve durante las sangrientas guerras de religión desde mediados del siglo XVI y con motivo de la Fronda un siglo después (Vázquez, 2004). Del mismo modo, la inmejorable posición estratégica en Flandes permitía asegurar el control de la zona renana e impulsaba una mejor colaboración entre las dos ramas de la dinastía Habsburgo. Desde Bruselas se orquestaban también las campañas de apoyo a todos aquellos grupos capaces de alimentar la desestabilización en Inglaterra o en las Provincias Unidas y se maniobraba para llevar a buen puerto los proyectos de intervención en el Báltico (Israel, 1997b, pp. 23-44).

La capacidad para golpear a sus enemigos desde los Países Bajos convertía a este territorio en el principal destinatario de los esfuerzos militares de la Monarquía, situación que exigía un considerable esfuerzo logístico y un incremento constante de los gastos de defensa. El traslado de soldados, numerario y pertrechos militares tanto por vía marítima como por el Camino Español suponía un imponente trabajo de coordinación que fue complicándose a medida que crecía el tamaño de los ejércitos y el número de los enemigos (Parker, 1979, 1986). El reinicio de las hostilidades contra las Provincias Unidas y la muerte del archiduque Alberto de Austria en 1621 abrieron paso al momento de mayor interacción entre Castilla y los Países Bajos como se desprende de los bien documentados estudios de Alcalá-Zamora, Elliott, Israel, Parker y, más recientemente, Esteban Estríngana y González de León. Para comprender la importancia estratégica de Flandes baste con señalar que, incluso después de los levantamientos de Cataluña y Portugal en 1640, la Corona siguió manteniendo su principal esfuerzo militar en los Países Bajos como el mejor mecanismo para alcanzar un buen acuerdo con Francia. Habría que esperar a la firma de la Paz de los Pirineos en 1659 para que se produjese una cierta delegación de responsabilidades en la zona, lo que no significa que Flandes hubiese dejado de actuar como el principal campo de batalla desde el que frenar las tendencias expansionistas de Luis XIV. Una empresa que ya no era tan sólo responsabilidad de la Monarquía Hispánica, que supo jugar con habilidad con la amenaza de una posible renuncia de sus derechos en la zona a cambio de otro tipo de contraprestaciones. Ya en 1646 el rumor sobre un posible trueque de Flandes por Cataluña había dado un impulso fundamental al acuerdo de paz hispano-holandés ante el temor que suscitaba en La Haya una presencia militar francesa en los Países Bajos (Valladares, 1998). Ahora bien, conviene mantener cierta cautela en relación a los sucesivos proyectos de abandono de Flandes. Salvo el acuerdo de cesión a los archiduques en 1598, que no sólo fue limitado sino que incluía una cláusula de devolución y un estricto control de los asuntos militares y estratégicos desde Madrid, las restantes propuestas no pasaron de ser puras maniobras diplomáticas destinadas a forzar a todo posible aliado a un compromiso en la defensa militar de una zona de la que dependía la estabilidad general de Europa. La amenaza de trueque fue utilizada por la Monarquía para forzar a La Haya a alcanzar un acuerdo de colaboración que, sin embargo, no se produciría hasta la invasión francesa de las Provincias Unidas en 1673. El deseo de involucrar a los holandeses en la defensa de Flandes se puso de relieve con ocasión de la firma de la

Paz de Aquisgrán en 1668 cuando, ante la disyuntiva ofrecida, desde Madrid se optó por recuperar el Franco Condado en lugar de una serie de enclaves en el interior de los Países Bajos que suponían una peligrosa avanzadilla hacia la frontera meridional de la república (Herrero, 2000, pp. 170-171). A partir de 1667 la presencia española en los Países Bajos reposaba más en el apoyo prestado por una heterogénea sucesión de coaliciones antifrancesas, de la que la mayoría de los miembros era protestante, que en la capacidad militar de la Monarquía para asegurar la integridad de sus territorios.

Para entonces los conflictos confesionales que habían asolado Europa desde el estallido de la Reforma religiosa a principios del siglo XVI habían pasado a un segundo plano. El inicio de la revuelta de Flandes en 1566 puso de manifiesto que incluso la todopoderosa Monarquía Católica podía sufrir en su seno una serie de altercados que debilitaban de modo ostensible la autoridad del soberano. La identificación de la herejía con la rebelión civil y la necesidad de recurrir a todo tipo de mecanismos para poner coto al avance del calvinismo en Europa aparecían ahora como una cuestión de seguridad interior. Como ha observado Ruiz Ibáñez, la reconquista católica llevada a cabo por Alejandro Farnesio en Flandes contó con el decidido apoyo de determinados sectores del patriciado de los Países Bajos, que no sólo veían con temor la posible deriva revolucionaria acaecida en ciudades como Gante, sino que eran los promotores de un catolicismo militante que, al amparo de los postulados de Trento, abogaba por una guerra cristiana y justa contra los protestantes (Ruiz Ibáñez, 2002). Bruselas terminó por convertirse en la punta de lanza del catolicismo europeo y en el principal lugar de acogida de un buen número de emigrantes procedentes de Francia, las Provincias Unidas, Inglaterra o los territorios alemanes. Unos refugiados que, al igual que ocurría con los emigrantes calvinistas en Ámsterdam, recurrían a un fuerte aparato propagandístico que parecía coincidir con los intereses internacionales de una Monarquía que acabó por liderar el partido católico en el continente y que no titubeaba a la hora de inmiscuirse en los asuntos internos de sus enemigos gracias al apoyo con el que solía contar por parte de aquellos sectores que eran perseguidos por su confesión religiosa. La defensa del catolicismo se convertía en uno de los principales elementos de cohesión de la Monarquía Hispánica al actuar como un resorte esencial para que, a pesar del constante aumento de la presión fiscal necesaria para hacer frente a los innumerables conflictos, la población mostrase su apoyo a la costosa política internacional de la Corona.

Una política intervencionista y fuertemente beligerante que era el resultado de una dinámica imperial de la que las elites castellanas e italianas extraían suculentos beneficios. La constante expansión territorial había permitido aumentar de modo considerable la capacidad de patronazgo de la Corona y había propiciado la recuperación por parte de la aristocracia de sus funciones militares, administrativas y diplomáticas, por lo que toda reducción de compromisos en el exterior se habría concretado en una importante limitación de las mercedes reales y de nuevas vías de promoción y acumulación de cargos. Por su parte, las oligarquías urbanas, a pesar de sus veladas críticas, lograron modular a su favor la política fiscal de la Corona y no tardaron en convertirse en una clase de rentistas interesada igualmente en la consolidación del sistema (Herrero, 1999, pp. 85-88).

Flandes actuó durante mucho tiempo como un espacio de promoción personal para todos aquellos que estuviesen interesados en labrarse una carrera fulgurante en la administración o en la milicia. Los trabajos de Lefèvre y Esteban Estríngana nos permiten observar cómo los principales puestos del ejército de Flandes, veedurías, pagadurías o contadurías y cargos en la Secretaría de Estado y Guerra, eran copados por españoles. Situación que impulsaba el establecimiento de lazos personales con familias nativas y que constituía un mecanismo necesario para hacerse con importantes dominios señoriales en Flandes o Brabante y para lograr ocupar cargos de mayor rango en otros territorios de la Monarquía. Como señala con acierto Bartolomé Yun, el imperio español serviría como una poderosa máquina de circulación y reproducción de las elites y cabe pensar que ésta sería una de las claves de su resistencia (Yun, 2009). Por su parte, Stradling ha documentado la ascensión lograda por los comandantes de la Armada de Flandes, en su mayoría vascos, que lograron ser elevados a las más prestigiosas dignidades castellanas (Stradling, 1992). La estancia en los Países Bajos acabó asimismo por convertirse en un requisito casi indispensable para obtener puestos de relevancia en la carrera diplomática en especial en todas aquellas vacantes situadas en la Europa central y noroccidental o en las importantes legaciones enviadas a las múltiples conferencias internacionales que, a partir de Westfalia, se convertirán en la base de las sucesivas coaliciones o tratados de paz.

No cabe duda de que, a partir de la década de 1660, la debilidad de la presencia militar española en los Países Bajos limitará el atractivo que levantaba esta zona en la consecución de los méritos necesarios para alcanzar los tan ansiados ascensos en el ejército o la administración de la Monarquía. De todos modos, y a pesar del aparente recelo de la alta aristocracia por trasladarse a esta zona, es necesario recordar que, desde la salida de Bruselas de Juan José de Austria en 1658 el puesto de gobernador general recaerá, hasta el nombramiento del elector de Baviera en 1692, en manos de las principales familias de la nobleza procedente de todos los territorios de la Monarquía: portugueses como el marqués de Castelrodrigo; castellanos como el marqués de Caracena, el condestable o el conde de Monterrey; aragoneses como el duque de Villahermosa o italianos como Alejandro de Parma o el marqués de Grana y Carreto. Flandes constituía, por lo tanto, un lugar inmejorable para alejar de la Corte a ciertas figuras molestas y para evitar la creación de facciones en torno a algún miembro de la familia real. Los esfuerzos de la regente, Mariana de Austria, por volver a enviar a Juan José de Austria a los Países Bajos con motivo de la invasión francesa de 1667, propuesta que volvió a repetirse en 1670, quedaron frustrados, pero eran el mejor reflejo de cómo el envío de los príncipes de la sangre a Flandes había permitido evitar el estallido de altercados semejantes a los protagonizados en Francia por el duque de Orleans. Y es que, como señalaba con agudeza en 1640 Saavedra Fajardo, uno de los pensadores políticos al que se suele describir como el más avezado defensor de una política realista y de retirada del norte de Europa:

> Es necesario que la nobleza siempre tenga algo en qué entretenerse; para esto basta que en toda Europa sean escuela militar, como ahora lo son, los Países Bajos [...] Con las guerras de los Países Bajos se olvidaron en España las civiles. Mucho ha importado a su Monarquía aquella palestra o escuela marcial donde se han aprendido y ejercitado en todas las artes militares.

Junto a esta notable función estratégica y militar los Países Bajos eran el ámbito geográfico más adecuado para frenar el avance mercantil holandés en los mercados europeos y coloniales de la Monarquía, proceso que había recibido un impulso considerable durante los doce años de tregua entre 1609 y 1621 (García, 2009; Thomas y Duerloo, 1998). Con el reinicio de las hostilidades, Olivares se decidió a poner en marcha toda una batería de medidas destinada a erosionar el poderío holandés en los mares, para lo que apostó por estimular los contactos mercantiles entre los Países Bajos católicos y Castilla. Mientras que Amberes recibía un flujo creciente de capitales gracias al destacado papel ejercido en dicha plaza por las redes de hombres de negocios judeo-conversos de origen portugués, cuya importancia en las finanzas de la Corona fue en aumento a partir de la década de 1620, desde Madrid se intentó paliar el efecto negativo del bloqueo holandés en las bocas del Escalda y en la costa flamenca a través de la erección de unas férreas medidas proteccionistas capaces de hacer efectivos los planes de guerra económica con los que se pretendía obligar a La Haya a una negociación ventajosa. La puesta en marcha del Almirantazgo y de una poderosa red de veedores de contrabando dedicada a velar por la eficacia de la política de embargos en los principales puertos españoles y flamencos se sumaba a la agresiva acción de los corsarios de Dunquerque, a los sistemáticos ataques contra las pesquerías holandesas o a los eventuales bloqueos fluviales como el efectuado entre 1625 y 1629 (Alcalá, 1975; Domínguez, 1947; Israel, 1997b, pp. 45-62). Es cierto que algunas de estas medidas repercutían de modo negativo en la población de los Países Bajos españoles, pero también lo es que, al amparo de esta legislación, los comerciantes flamencos lograron incrementar sus actividades aunque sólo fuera por la función que como intermediarios realizaban para canalizar los productos vedados procedentes del emporio holandés y sin los que la Monarquía no podía pasarse. La política de guerra comercial tenía obviamente sus limitaciones, pero es indiscutible que los comerciantes de las Provincias Unidas vieron con desaliento cómo eran desplazados de tan lucrativos mercados por sus contrincantes flamencos, ingleses y hanseáticos (Israel, 1997a). El temor ante una conquista francesa de Flandes tras la caída de Dunquerque en 1646 y la resolución del contencioso colonial debido a la secesión de Portugal, que resolvía la espinosa cuestión brasileña, explican que, en contra de las reticencias del belicoso partido orangista, los regentes de la provincia de Holanda y los dirigentes de ambas compañías de comercio acabasen por convertirse en los principales impulsores del acuerdo de paz con Madrid.

El deseo de las Provincias Unidas de convertir los Países Bajos meridionales en una barrera protectora contra todo posible avance francés hacia sus fronteras, ahora que la Monarquía Hispánica no constituía ya una amenaza, iba a actuar como uno de los principales elementos impulsores en el proceso de acercamiento hispano-holandés que se concretaría definitivamente en 1673 con la firma de un acuerdo de alianza (Herrero, 2000). No obstante, desde un punto de vista económico la Paz de Westfalia, a pesar de permitir la reanudación de los intercambios con las provincias septentrionales, no supuso la eliminación del bloqueo comercial de Amberes ni permitió una rebaja considerable de las barreras aduaneras en el resto de los puertos de los Países Bajos. Además, los hombres de negocios flamencos tuvieron que ver con impotencia cómo se esfumaba en favor de sus rivales el trato preferente del que habían gozado hasta el momento en los mercados españoles. Las constantes quejas elevadas al rey por el hecho de conceder mayores privilegios a los holandeses que a sus propios súbditos y las dificultades a las que tuvieron que hacer frente los gobernadores para poner en marcha cualquier iniciativa de talante mercantilista ante la tenaz oposición de la república venían a sumarse al constante estado de guerra que sufría un territorio que seguía siendo el principal campo de batalla del continente (Van der Wee, 1988, pp. 356-363).

En estas circunstancias sorprende observar el alto grado de estabilidad social vivido por los Países Bajos a lo largo de todo el siglo XVII. Salvo el fracasado complot nobiliario de 1632, que se saldó con un reforzamiento del poder real, y el estallido de algunas revueltas urbanas, como las acaecidas en Amberes en la década de 1650, o los motines de Bruselas en 1678, 1681 o 1699, la fidelidad de la población local hacia la Corona fue la tónica dominante (Janssens, 1978; Esteban, 1998; Honacker, 1992). El temor ante un posible levantamiento general similar al acaecido en 1566 hizo que la Monarquía mostrase siempre un exquisito respeto hacia los privilegios locales y que, a pesar de la creciente presión fiscal, ésta se canalizase mediante un acuerdo con las elites locales, como tuvimos ocasión de observar al referirnos a la fácil implantación de la Unión de Armas en 1627 (Esteban, 2002b). El trato que sufrían aquellos territorios que, como los Estados de la Generalidad, habían sido conquistados por las Provincias Unidas o el recibido por las ciudades y dominios que fueron cayendo bajo la soberanía de Francia, como ocurrió con Lille en 1667, ponían de relieve que la Monarquía Hispánica se mostraba infinitamente más atenta que sus rivales a la hora de respetar las libertades e inmunidades locales. Además, conviene no olvidar que, como con agudeza ha observado Esteban Estríngana, la privatización de las funciones administrativas y militares impulsadas por el permanente estado de guerra facilitó el control del abastecimiento de los ejércitos por parte de los hombres de negocios locales y consolidó la autoridad de los Estados Provinciales que lograron reforzar sus competencias fiscales. Esteban Estríngana ofrece una pormenorizada lista con los nombres de los mercaderes involucrados en el negocio del abastecimiento de víveres y pertrechos militares que, en su mayor parte, eran flamencos, lo que le permite afirmar: «las provincias leales terminarán desarrollando un interés explícito por la prolongación de la guerra. A fin de cuentas, vivían de la guerra y para la guerra» (Esteban, 2002c, p. 93).

Las necesidades derivadas de un conflicto militar endémico obligaron a la Corona a conceder cuotas crecientes de autonomía a unas elites locales que se beneficiaban también de las abundantes mercedes reales y de la activa venalidad de los cargos públicos. Un proceso de descentralización administrativa que contaba con el beneplácito de la alta aristocracia y del patriciado urbano y que permitía limitar una posible colaboración entre las distintas provincias en contra de la autoridad central. La pérdida de atribuciones de los gobernadores reales explica la menor calidad de los candidatos elegidos y la estrecha supervisión a la que fueron sometidos desde la embajada española en La Haya. La intervención directa de Esteban de Gamarra en el control de la revuelta antipatricia de Amberes en 1658 y las maniobras de Bernaldo de Quirós durante los motines de Bruselas en 1699 a favor de aquellos grupos que observaban con recelo las medidas reformistas emprendidas por Bergeyk, son el reflejo indiscutible de que, para entonces, desde Madrid, los Países Bajos eran considerados ante todo como una pieza fundamental para fortalecer su política de alianzas en contra de Francia. La incapacidad de la Monarquía para mantenerse de modo autónomo en

Flandes le obligaba a aceptar las directrices procedentes de Viena y a conceder un número creciente de privilegios en sus mercados a las potencias marítimas. Ahora bien, al amparo de tales concesiones los hombres de negocios de las Provincias Unidas y de Inglaterra, lejos de ofrecer sus servicios financieros o de interesarse por la política de mercedes de la Corona, como habían hecho sus homólogos genoveses o judeoconversos portugueses, aprovecharon las amplias inmunidades de las que gozaban para practicar una masiva política de contrabando y erosionar de modo dramático los abultados derechos que la Corona extraía de los intercambios mercantiles. Los trabajos de Carmen Sanz sobre la actividad de los financieros y hombres de negocios holandeses al servicio de la Monarquía muestran la pluralidad de sus operaciones, aunque revelan cómo muchas de ellas servían como una extraordinaria plataforma para practicar el contrabando o estaban relacionados con actividades centrales de su emporio mercantil, como la construcción de barcos o el control de las partidas de lana básicas para su industria textil de lujo (Sanz Ayán, 1995). En este sentido, el interés por dominar el tráfico de esclavos, que abría la puerta a la práctica del comercio directo con América al margen del sistema de la Carrera, acabó por constituirse en uno de los detonantes del estallido de la Guerra de Sucesión al oponerse ingleses y holandeses al control del asiento por parte de la compañía francesa de Guinea y del Asiento a partir de 1701.

La nacionalización de las finanzas castellanas y la reducción de los ingresos fiscales no tardarían en traducirse en una retirada forzosa de los múltiples frentes militares que los Habsburgo de Madrid tenían abiertos en toda Europa. El temor a que la caída de Flandes supusiese el desbaratamiento del sistema imperial hispánico no era por lo tanto infundado. A pesar de los intentos de Carlos II por mantener íntegro su patrimonio optando por la solución francesa en la cuestión de la sucesión, la expulsión de los holandeses de las plazas de la Barrera por parte de la nueva dinastía y su sustitución por efectivos franceses se convirtieron en los principales detonantes de la gran alianza de La Haya. La victoria aliada de Ramillies en 1706 supuso el final del régimen español en los Países Bajos, situación que quedaría definitivamente sancionada por el Tratado de Utrecht.

La pérdida de Flandes venía a demostrar que la clave de la supremacía hispana en Europa radicaba en un control lo más firme posible de dichos territorios. A lo largo del siglo XVIII, el nuevo reino de España logrará mantener su posición en ultramar y recuperar buena parte del terreno perdido en Italia, pero no dejará por ello de ser una potencia de segundo orden en el escenario internacional. Los Países Bajos, no en vano, seguirán siendo hasta la Segunda Guerra Mundial, el ámbito central donde se dilucidará la lucha por la hegemonía entre las grandes potencias europeas.

IX. FRANCIA (1559-1700). EL TRASPASO DE HEGEMONÍAS

Fabien Montcher

La Monarquía Hispánica frente a la introspección francesa (1559-1598)

Cuando el 3 de abril de 1559, se firmaba el Tratado de Cateau-Cambresis, éste no aparecía como el augurio de una paz duradera entre la Monarquía de Enrique II y la de Felipe II. El largo enfrentamiento que durante la primera mitad del siglo XVI mantuvieron Carlos V y Francisco I, se vio jalonado de numerosas treguas. La paz de 1559 podía ser simplemente una más entre todas ellas. Desde 1529, las treguas venían marcando un alto temporal en la senda del conflicto, lo que concedía a ambas potencias tiempo para recomponer sus fuerzas militares y apoyos financieros.

La disputa por la hegemonía europea entre Francia y España se concentró principalmente en torno a los antiguos territorios del ducado de Borgoña y la península Itálica. El Rey Cristianísimo buscaba consolidar sus fronteras en estas zonas para evitar el cerco imperial. De esta manera, podría atender a su política interior, marcada por la unión al reino de Francia del ducado de Bretaña, del reino de Provenza y parte del antiguo ducado de Borgoña. Paralelamente, el emperador Carlos V y su hijo Felipe II intentaban mantener en todo momento la comunicación entre sus posesiones italianas y sus territorios del norte, para asegurar la circulación de los tercios entre el mundo mediterráneo y el septentrión.

A la muerte del césar, el 21 de septiembre de 1558, Felipe II se encontraba al frente del ducado de Milán, hegemonía que ostentaba desde 1551. En análoga situación respecto al monarca, se encontraba el reino de Nápoles desde 1554. Sobre todo ello, hay que destacar que desde la abdicación de Carlos en 1555, el joven rey asumió la herencia borgoñona de los Países Bajos y del Franco Condado. A todos estos territorios se sumaron al año siguiente, las Coronas de Castilla y de Aragón acompañadas de las de Sicilia y de Cerdeña. Si bien en el plano simbólico Felipe II había perdido la dignidad imperial, resultó obvio el hecho de que su poder descansaba sobre una fuerte base territorial que le aseguraba, por lo tanto, la herencia ideológica y política de la idea imperial de su progenitor. En este sentido, Felipe asumió el tradicional conflicto entre la casa de Austria y la Monarquía francesa como parte lógica de dicha herencia.

La Tregua de Vaucelles, firmada entre Carlos V y Enrique II el 5 de febrero de 1556, y por la cual se daba fin a la décima guerra de Italia (1547-1556), no tardó en romperse. Enrique II reanudó las hostilidades contra Felipe II. La victoria de las tropas del Rey Católico en San Quintín en agosto de 1557 y la toma de Calais por el duque de Guisa al año siguiente, como principales hitos de este nuevo conflicto, pusieron de manifiesto el incierto desenlace que esta guerra habría de tener. Con la muerte de María Tudor, segunda esposa de Felipe II, el 17 de noviembre de 1558, el monarca español fue dispensado de luchar para reconquistar Calais. Las presiones que recibió desde Viena para recuperar los tres obispados (Metz, Toul y Verdun) no lograron prorrogar la guerra. El agotamiento era mutuo. La paz se hizo necesaria.

Al firmar el Tratado de Cateau-Cambresis, Enrique II renunció a sus pretensiones sobre el ducado de Milán y el reino de Nápoles. Restituyó la isla de Córcega a la República de Génova y devolvió Saboya al héroe de San Quintín, el duque Manuel Filiberto. A primera vista, el tratado no favorecía los intereses de Francia. Sin embargo, cabe subrayar que el Rey Cristianísimo mantenía en su posesión Calais y el marquesado de Saluzzo, así como la tenencia de algunas fortalezas en el Piamonte, entre las cuales figuraba la Peñarola. Esta última, junto a los tres obispados del norte, le aseguraba puntos estratégicos de defensa en zonas fronterizas con el reino vecino.

La paz se selló mediante la celebración de un doble enlace matrimonial entre, por un lado, Margarita de Valois, hermana del rey Enrique II, con el duque de Saboya y por otro, la princesa Isabel de Valois con Felipe II. La primera de las bodas acordadas podría resultar útil a Francia, en el caso de que el monarca decidiese lanzar una ofensiva en el norte de Italia. En efecto, el enlace aumentaba para Francia las posibilidades de formar una alianza con Manuel Filiberto.

Si bien la «amistad» resultó duradera y marcó el cese de las Guerras de Italia, no cabe duda de que estos efectos se debieron al hecho singular de que después de la inesperada muerte de Enrique II, acaecida el 10 de julio de 1559, Francia se sumergió en una profunda crisis religiosa y política. Por primera vez a lo largo del siglo XVI, la casa de Francia no se encontraba capacitada para disputar la hegemonía a la casa de Austria.

La Iglesia reformada francesa estaba experimentando a partir de este año notables progresos en el reino. El 2 de junio de 1559, Enrique II endureció con el Edicto de Ecouen su política de represión en contra de los protestantes, los cuales a finales de mayo habían celebrado el Primer Sínodo de las Iglesias reformadas de Francia. Dos años después, en 1561, se contaban en todo el reino alrededor de 600 iglesias conectadas con Ginebra a través de pastores afines a las ideas de Calvino.

Mientras esto ocurría, Felipe II por su parte no tardó en regresar desde Flandes a sus reinos de la península Ibérica para ir a recibir a su tercera esposa en Guadalajara. Al poco de su retorno a Castilla, su asistencia a los autos de fe vallisoletanos marcó también el rumbo de una política volcada en la resolución de problemas internos cuyo influjo negativo en sus reinos peninsulares no tardaría en desplazarse hacia los Países Bajos.

Las relaciones hispano-francesas posteriores a 1559 estuvieron principalmente determinadas por los asuntos interiores de ambas Monarquías. En Francia, Francisco II sucedió a su padre a los dieciséis años de edad. Había contraído matrimonio con María Estuardo. La familia de los Guisas aprovechó sus lazos de parentela con la joven reina para acaparar el gobierno de la Monarquía. Las tensiones entre facciones nobiliarias en la Corte del rey francés fueron en aumento. La reina madre Catalina de Médicis se vio apartada por el duque de Guisa. Entretanto, el descontento generado en torno a la Paz de Cateau-Cambresis junto con la decepción de gran parte de la alta y media nobleza francesa, desmovilizada de los campos de batalla y en ansiosa búsqueda de nuevas oportunidades a partir de las cuales poder legitimar su estatus privilegiado, contribuyeron a la pérdida de influencia de la autoridad real. Al conflicto religioso se sumó una crisis política que otorgaría una gran complejidad a las ocho guerras de religión francesas de la segunda mitad del siglo XVI.

La muerte de Francisco II el 5 de diciembre de 1560 hizo recaer el peso de su sucesión en su hermano Carlos, futuro Carlos IX, menor de edad. A pesar del recelo de los Guisas, Catalina de Médicis, madre del joven rey, logró hacerse con la regencia. La imposibilidad de imponer entre los bandos nobiliarios una autoridad regia capaz de arbitrar sus relaciones contribuyó a la formación en 1561 del triunvirato católico encabezado por el condestable de Montmorency, Guisa y el mariscal de Saint André. Por otra parte, esta situación favoreció la institución de un partido protestante en cuyo frente se encontraban el príncipe Condé y el almirante Coligny.

A raíz de su matrimonio con Isabel de Valois se afianzó en Felipe II la consciencia de que como monarca católico tenía el deber de intervenir en los asuntos interiores franceses para preservar la integridad confesional de Francia y a su vez, la paz de los territorios de su Monarquía que compartían frontera con este reino. Después de la Conjuración de Amboise en contra del duque Francisco de Guisa y su hermano el cardenal Carlos de Lorena en marzo de 1560, Catalina de Médicis se hizo con las riendas del poder. Con la celebración del Coloquio de Poissy (1561) promovió, siguiendo los consejos del canciller Michel de l'Hospital, una política de concordia religiosa con el fin de encontrar el equilibrio entre ambas confesiones y facciones. El 1 de marzo de 1562, mes y medio después de otro intento de reconciliación a través del Edicto de Enero que ampliaba la práctica del culto protestante, un incidente enturbió el proceso de conciliación. En una granja en el pueblo de Wassy, el duque de Guise sorprendió una reunión que concitaba en torno a dos centenares de protestantes. La celebración de dicho acto violaba lo que el Edicto de Enero determinó acerca del ejercicio del culto reformado. El duque ordenó la matanza de los congregados encauzando así el reino en la senda de la intransigencia religiosa. El partido reformado no tardó en levantarse bajo el liderato del príncipe Condé. Contaba con el apoyo de grandes ciudades tales como Rouen, Orleans o Lyon entre otras. La primera guerra de religión francesa acababa de empezar.

Catalina de Médicis utilizó a su hija Isabel como satélite suyo en la Corte del Rey Prudente para contener una intervención masiva de las tropas españolas en suelo francés que hubiera amenazado la integridad de su reino. Detrás de la retórica de la alianza familiar, las tensiones entre ambas Monarquías no desaparecieron. El 20 de septiembre de 1562, el príncipe Condé firmó con Inglaterra el Tratado de Hampton Court. Los hugonotes recibirían apoyo inglés mientras Isabel I se volcaba en la reconquista de Calais. Por su parte, Felipe II atrajo a Antonio de Borbón prometiéndole compensaciones territoriales en la Navarra española a cambio de que cambiara el bando protestante por el católico. Durante el conflicto, el Rey Católico prestó ayuda militar y financiera al partido real.

Con el Edicto de Amboise del 19 de marzo 1563, se puso fin a la primera guerra de religión. Entre enero del año siguiente y mayo de 1566, Catalina de Médicis emprendió una serie de acciones destinadas a reactivar su política de reconciliación. Protestantes y católicos caminaron juntos en una expedición militar destinada a arrebatar a los ingleses el puerto del Havre, que el bando protestante les había cedido en 1562. La regente planificó también el viaje de Carlos IX alrededor de Francia. Con esta decisión, la reina madre pretendía acercar el rey a sus súbditos y reforzar así su autoridad sobre los mismos. Del 15 de junio al 2 de julio de 1565 tuvieron lugar en Bayona una serie de entrevistas entre Catalina de Médicis, el duque de Alba y la reina Isabel de Valois. Desde años atrás, la regente francesa venía solicitando una entrevista con Felipe II pensando encontrar acuerdos acerca de la manera de lograr la reconciliación religiosa mediante la aplicación de las reformas de la Iglesia. Las vistas de 1565 peligraron por los contactos diplomáticos que la reina regente seguía manteniendo con el Imperio otomano. Al poco de llegar los españoles a Bayona, se difundió la nueva según la cual un enviado turco había atracado en el puerto de Marsella y se dirigía hacia la ciudad para entrevistarse con la reina y pedirle ayuda militar. Solimán el Magnífico necesitaba refuerzos para mantener el asedio de Malta. Si bien las reuniones fracasaron a nivel político y a pesar de que tradicionalmente la historiografía quiso ver en estos encuentros el origen de la matanza de la San Bartolomé (1571), lo cierto es que el episodio de Bayona marcó un punto de inflexión en las relaciones entre Felipe II y Catalina de Médicis. Isabel de Valois, que hasta entonces había actuado bajo la influencia de los embajadores de su madre en Madrid, se presentó ante ella como la portavoz de la política de su marido. Adoptó ante su progenitora una posición favorable a la expulsión de los protestantes del Consejo Real y a la aplicación de los decretos del Concilio de Trento en el reino de Francia.

Este mismo año de 1565 se produjeron los asuntos de la Florida. Barcos franceses se hicieron a la mar a través del Atlántico siguiendo las órdenes del almirante Coligny. Zarparon con el proyecto utópico de crear en la provincia de la Florida una sociedad protestante de nueva cuna. Esta colonia de hugonotes asentados en tierras americanas violaba uno de los acuerdos de 1559 relativo al pleno dominio español de sus territorios americanos. Felipe II encargó al adelantado mayor Pedro Méndez de Áviles reducir la expedición. A los colonos franceses les fueron aplicados con todo rigor los castigos que se daban a los corsarios y piratas. Catalina de Médicis intentó eludir cualquier responsabilidad del rey francés ante tal asunto a la vez que criticó la dureza con la cual Felipe II reprimió la expedición. Trataba así de preservar el equilibrio político entre católicos y protestantes.

En el reino regentado por la florentina, el Edicto de Amboise no fue más que una reconciliación forzosa entre católicos y protestantes. El descontento por parte de ambos bandos desembocó en un nuevo conflicto abierto en septiembre de 1567. Después de algunos meses de enfrentamientos civiles, el Edicto de Lonjumeau del 23 de marzo de 1568, restableció el de Amboise pero marcó el fin de la política de tolerancia civil que hasta entonces había prevalecido en las decisiones de Catalina de Médicis. Michel de l'Hospital, como principal instigador de esta política, tuvo que retirarse de la Corte.

Con el inicio de la crisis iconoclasta en los Países Bajos, los asuntos franceses cobraron aún más importancia para la Monarquía Hispánica. Una alianza entre los protestantes franceses y holandeses tendría efectos desastrosos para el mantenimiento de la paz en los Países Bajos. A partir de la Paz de Lonjumeau, la política española en Francia entre 1568 y 1593 pasó poco a poco de la disimulación a la intervención directa. Mientras tanto, el almirante Coligny presionaba al rey y a la reina madre para que se hiciese efectiva una intervención armada a favor de los protestantes de los Países Bajos. Sin embargo, el deseo de restablecer el orden interior mediante el acrecentamiento de la presión católica sobre los hugonotes reanudó las contiendas. El Edicto de Saint-Germain del 8 de agosto de 1570 puso fin a la tercera guerra de religión. La paz, en principio favorable al bando protestante, duró hasta el 24 de agosto de 1572. En esa fecha, la matanza de San Bartolomé desencadenó en el resto del reino una ola de iras y odios que dieron paso a la cuarta guerra de religión. A lo largo de este conflicto los protestantes se reforzaron militarmente.

El 30 de mayo 1574 la muerte de Carlos IX provocó la vuelta de su hermano el duque de Anjou. Este último había viajado en 1573 hasta Polonia, después de haber sido elegido rey allí. Llegó a Francia en septiembre de 1574 para ocupar el trono bajo el nombre de Enrique III. Al poco de su retorno arrancó la quinta guerra de religión. Este enésimo conflicto se sellaría con la firma de la Paz de Monsieur y con la publicación del Edicto de Beaulieu el 6 de mayo de 1576. El ejercicio del culto protestante fue autorizado en todas las ciudades del reino, excepto en París. Se otorgaron a los hugonotes ocho «plazas de seguridad» y se formaron cámaras divididas en dos partes reservadas respectivamente a los católicos y los protestantes. Entre noviembre y diciembre de 1576, los Estados Generales de Blois marcaron un hito en cuanto al establecimiento de la base teórica relativa al concepto de soberanía enunciado por Juan Bodino en su obra *Los seis libros de la República.* Dentro de un contexto de crisis de la autoridad real, se empezaron a fraguar los preceptos esenciales sobre los cuales la afirmación absolutista de la Monarquía francesa habría de fundamentarse en los siglos venideros. En la práctica la incapacidad del poder real francés para imponerse se hizo manifiesta. La situación no parecía tener salida. Poco a poco se alzaron nuevas voces. Tal era el caso del grupo de los «Malcontents», que proponía una tercera vía para salir del conflicto. Ésta se basaba en la defensa de la libertad de conciencia y de culto. Consideraba también el hecho de que los problemas confesionales debían supeditarse ante todo a la fidelidad al rey.

La sexta guerra de religión concluyó con la firma de la Paz de Bergerac el 3 de septiembre de 1577. Esta paz, a través del Edicto de Poitiers, restringía las libertades otorgadas anteriormente a los protestantes. El rechazo católico de acordar al príncipe de Condé su entrada en el gobierno de la Picardía hizo que este último decidiese tomar este territorio por las armas el 29 de noviembre de 1579 dando lugar a la séptima guerra de religión. Esta contienda concluyó un año después con la Paz de Fleix del 26 de noviembre de 1580. El 10 de junio de 1584, la muerte del último de los hijos del rey Enrique II y líder del grupo de los *Malcontents,* Francisco de Anjou, suscitó el problema de la sucesión francesa. Enrique III no tenía descendencia. Esta muerte dejaba abierta la sucesión a un príncipe protestante, Enrique de Borbón, último descendiente, según la tradición, de un hijo del rey san Luis. Una nueva liga católica formada por Enrique de Guisa, el duque de Mayenne y el cardenal de Lorena, los cuales habían sido apartados del poder en provecho de los privados de Enrique III (Joyeuse y Épernon), no tardó en formarse. La firma del Tratado de Joinville el 31 de diciembre de 1584 sirvió para designar al cardenal de Borbón como heredero católico al trono de Francia. Este tratado reforzó también el peso de la intervención española junto a los católicos franceses. La crisis religiosa se transformó definitivamente en una crisis política. La defensa e integridad de la fe católica legitimaba en el plano ideológico la intervención directa de las tropas de la Monarquía Hispánica. El apoyo de Felipe II a los guisas se tradujo en un primer momento en una ayuda de 200.000 ducados anuales. En contrapartida, los de la Liga se comprometieron a respetar el Tratado de Cateau-Cambresis, a aceptar los decretos de Trento y también a romper cualquier alianza con enemigos de la Monarquía del Rey Católico.

En 1586 estalló la octava guerra de religión. El mes de enero vio como en París la Liga crecía notablemente. En marzo, a Enrique de Borbón le fueron revocados oficialmente los derechos al trono. Entretanto, se produjeron conversiones a raíz de la presión católica. Ante tal situación, Enrique no tuvo otra elección que la de ceder ante la Liga. El 18 de julio fue promulgada a través del Edicto de Nemours la erradicación de la Iglesia reformada del reino. La Liga seguía creciendo, haciendo temer a Enrique III un posible golpe de Estado. El rey prohibió al duque de Guisa entrar en París. Éste hizo oídos sordos al monarca y entró en la cuidad el 9 de mayo de 1588. Entre los días 12 y 13 de este mismo mes se elevaron barricadas en contra de los hombres del monarca, al que no quedó otro remedio que ir a buscar refugio fuera de París. Firmó en Rouen el 15 de julio, el Edicto de Unión con la Liga. A través de esta paz el rey se comprometía a combatir el protestantismo. El edicto fue renovado por los Estados Generales de Blois a lo largo del año. Ahora bien, ante tal presión, el rey mandó asesinar al duque de Guisa el 23 de diciembre de 1588 y a su hermano el cardenal de Lorena un día después. Enrique III pasó a apoyar a Enrique de Navarra, hasta que un monje jacobino, Jacques Clément, le apuñaló el 1 de agosto 1589. Antes de morir, el rey reconoció a Enrique de Borbón como su legítimo sucesor. Tres días después de la muerte del rey, Enrique IV reemprendió las hostilidades en contra de la Liga. Al frente de la cual se encontraba el duque de Mayenne. El «rey» Enrique de Borbón tenía que reconquistar su «reino». Las tropas de Alejandro Farnesio se adentraron y consolidaron su presencia en el reino de Francia logrando hacer levantar a Enrique IV el asedio de la ciudad de París. La guerra habría de ser larga.

La Liga estaba experimentando en su seno fuertes disensiones en torno a la cuestión del sucesor católico tras la muerte del cardenal de Borbón. Un gran número de católicos pasaron a apoyar al rey de Navarra. La Liga se hizo impopular. Sus cabecillas fueron rechazados por la ciudad de París. La celebración de los Estados Generales de la Liga en París en 1593, entre el 26 de enero y el 8 de agosto, escucharon la propuesta de varios candidatos al trono francés. El joven duque de Guisa, Mayenne, el duque de Saboya y la infanta Isabel Clara Eugenia fueron varios de los pretendientes propuestos. El intento de Felipe II de apoderarse de la Corona de Francia a través de los derechos de la hija que tuvo con Isabel de Valois contribuyó a unir a los franceses en contra de un poder ajeno. La candidatura de la infanta española iba en detrimento de las leyes fundamentales del reino y en particular se oponía a la ley sálica. Ésta fue la ocasión para que muchos deseosos de acabar con las luchas civiles decidieran reorientar los odios hacia un tercero, en este caso Felipe II y su Monarquía. Enrique el Grande, que tuvo el acierto de presentarse ante todo como un rey francés, salió reforzado como monarca legítimo después de abjurar del protestantismo el 25 de julio de 1593. Su posterior coronación en Chartres el 27 de febrero 1594 obró en la misma dirección. Dicha ceremonia no pudo hacerse en la catedral de Reims, habida cuenta de que la cuidad había sido tomada por la Liga. La ciudad de París le abrió sus puertas el 22 de marzo de 1594, mientras que el duque de Mayenne estrechaba sus relaciones con los españoles.

El 17 de enero de 1595 se declaró formalmente la guerra entre la Francia de Enrique IV y la Monarquía del Rey Católico. Esta contienda distrajo a los ejércitos de Felipe II, volcados por entonces en la reconquista del norte de los Países Bajos. Mauricio de Nassau aprovechó la ocasión para reorganizar sus tropas. Mientras tanto, la legitimidad de Enrique IV como rey seguía ganando enteros merced a la absolución que recibió del papa desde Roma. El duque de Mayenne se sometió a la autoridad del Borbón. Felipe II decidió continuar con la guerra. Las tropas españolas tomaron Amiens el 11 de marzo de 1597, pero los éxitos fueron efímeros e inciertos. El 19 de septiembre después de sufrir una contraofensiva, la ciudad fue retomada. Enrique IV «el Católico», a pesar de no poder articular sus alianzas con Inglaterra y las Provincias Unidas alrededor de una lógica confesional, siguió manteniéndolas. El 14 de mayo de 1596 firmó con Isabel I el Tratado de Greenwich, al cual se sumaron las Provincias Unidas.

La Bretaña del gobernador y duque Mercoeur acabó por someterse a Enrique IV en marzo de 1598 mediante el Tratado de Angers. A raíz de la bancarrota de 1596 y del saqueo de Cádiz, Felipe II, espoleado por el control de la situación en el sur de los Países Bajos y llevado de su interés por preparar su sucesión, encarriló las negociaciones hacia la paz.

El Edicto de Nantes del 30 de abril de 1598, compuesto por 95 artículos generales y 56 particulares, retomó los edictos de pacificación anteriores. Otorgaba la igualdad civil, la libertad de conciencia y un ejercicio limitado del culto de la religión «pretendida reformada». Las cámaras bipartitas volvieron a instalarse. Los protestantes adquirieron garantías militares y políticas a través de la cesión de un número importante de plazas fuertes. El catolicismo fue reconocido como la única religión oficial. Los parlamentos se resistieron a registrar este edicto inspirado por el realismo político. Un mes después, el 2 y 3 de mayo de 1598, el Tratado de Vervins ponía fin a la guerra entre Francia y España. Enrique IV se encontraba en una situación financiera crítica. El temor de una oposición cada vez más fuerte por parte del bando protestante le indujo a firmar la paz con Felipe II. Las cláusulas del Tratado de Cateau-Cambresis fueron confirmadas. Las ciudades conquistadas por las tropas españolas en el norte del reino de Francia, con excepción de Cambrai, fueron devueltas a Francia. Las fronteras del reino volvían a ser las de 1559. Para Felipe II la paz con Francia se hizo necesaria para alejar de los Países Bajos e Inglaterra la incómoda presencia francesa. A pesar de todo, Vervins dejó en el aire varias cuestiones y problemas que habrían de alterar las relaciones hispano-francesas en un futuro inmediato.

Semblante de paz y guerra sorda: entre la retórica del enfrentamiento y la búsqueda de experiencias alternativas (1598-1635)

Vuelta la paz tanto interior como exterior, Francia entró en una fase de restauración de la autoridad monárquica. El conflicto anterior con la Monarquía de Felipe II permitió cohesionar un reino dividido ante la imagen de un enemigo común. Ahora bien, muchas simpatías y lazos se generaron con este mismo enemigo y la propaganda antiespañola de la última década del siglo XVI no logró hacer olvidar los estragos causados por las guerras civiles. Por todas estas razones, las relaciones hispano-francesas de las primeras décadas del siglo XVII, si bien parecieron cordiales en la superficie, escondieron conflictos sordos que estuvieron a punto de reabrir la senda de la guerra. En 1602, la decapitación del duque mariscal de Biron, por causa de rebelión e inteligencia con España y Saboya, puso de manifiesto las tensiones entre ambas Monarquías.

Tanto Francia como la Monarquía Hispánica se lanzaron a promulgar proyectos reformistas destinados a restituir el orden social y económico en sus respectivos reinos. Este afán reformista se vio entorpecido a menudo por las relaciones entre ambas Monarquías. En 1603, la familia Entragues, que consideraba haber sido agraviada por Enrique IV, a colación de la promesa de matrimonio que éste había dado a Enriqueta de Entragues en 1599 después de tener con ella un hijo bastardo (el futuro marqués de Verneuil), estrechó nudos con la Monarquía de Felipe III para intentar desbancar al ministro del rey, el duque de Sully. Tal como lo había hecho Biron, al intentar que el rey recusase los derechos del delfín, los Entragues quisieron hacer prevalecer los derechos de Verneuil a la sucesión de su padre. Este episodio puso de manifiesto que la oposición de la nobleza frente a la Corona francesa no iba a desaparecer en los años posteriores a la paz de 1598.

Consciente de que gran parte de la presión española sobre su reino pasaba por la comunicación entre el norte de Italia y los territorios del septentrión, Enrique IV se dedicó a intentar debilitar este eje a lo largo de todo su reinado. El 17 de enero de 1601, el Tratado de Lyon puso fin al conflicto entre Carlos Manuel I y el rey de Francia. Después de haber sido invadido en 1600 por las tropas del rey Borbón, el duque de Saboya se vio forzado a capitular y firmar el tratado. El duque ganó el marquesado de Saluzzo, mientras que Enrique IV recuperó el control del Ródano y de las tierras que iban hasta Lyon. La Monarquía católica lograba con este tratado cerrar sus territorios del norte de Italia a la influencia francesa, aunque Saboya, como estado tapón, quedaba debilitado frente al reino de Francia por culpa de las cesiones de la Bresse, del Bugey y del Gex. Las comunicaciones de la Monarquía Hispánica en esta zona se hicieron cada vez más complejas.

En todo momento, la paz entre Francia y la Monarquía Hispánica no dejó de ser precaria. El asesinato de Enrique IV por Ravaillac el 14 de mayo de 1610 dio un respiro a ambas partes frente a una situación que se había vuelto cada vez más tensa a lo largo de los últimos diez años. En efecto, el rey difunto siempre consideró que la paz reforzaba la amenaza de las dos ramas de los Austrias sobre su reino. Antes de morir, Enrique IV tuvo previsto ataques en el norte de Alemania y en el norte de Italia. Prestó también ayuda financiera a las Provincias Unidas así como a los moriscos para favorecer una conspiración en el corazón de la Monarquía de Felipe III.

Con la muerte de Enrique IV se evitó una guerra abierta entre Francia y España, pero muchos asuntos seguían tensando sus contactos. La cuestión de la sucesión de Mantua se convirtió en uno de los principales escollos en dichas relaciones. Desde 1536, el ducado de Mantua y el marquesado de Monferrato habían pertenecido a la familia de los Gonzaga. La muerte del duque Francisco en 1612 hizo que su hermano, el cardenal Fernando Gonzaga, le sucediera. El duque de Saboya, Carlos Manuel I, sostenía que la hija del difunto era su nieta, y que por lo tanto él tenía derecho a recibir el Monferrato. Felipe III por su parte aseguraba que siendo en última instancia el emperador soberano del ducado y marquesado, éstos debían pasar a los Austrias una vez muerto el duque. En abril de 1613, Saboya ocupó el Monferrato. El duque se presentaba así como el defensor de las libertades italianas. Finalmente, el conflicto se resolvió temporalmente con la Paz de Asti en 1615, que restableció el statu quo. Saboya salió del conflicto con brío mientras que la reputación del monarca español se vio seriamente perjudicada.

Paralelamente a esta crisis, la política de Felipe III entre 1610 y 1615 se volcó en la consecución de acuerdos matrimoniales con Francia. El valido Lerma buscaba romper con el eje Madrid-Viena y acercarse a Francia para mantener su política de paz. En efecto, un mayor acercamiento a Viena hubiera supuesto para la Monarquía una mayor implicación en los conflictos mantenidos por parte del Imperio. A los pocos años de arrancar la Guerra de los Treinta Años, Lerma intentó apartarse de esta vía, aunque las alianzas que se desencadenaron a raíz de los sucesos de 1618 contribuyeron al fracaso de su política.

Desde la óptica española, los matrimonios hispano-franceses debían permitir la creación en la Corte de Luis XIII y de su madre María de Médicis de un partido afín al Rey Católico. Las primeras negociaciones para la celebración de matrimonios hispano-franceses se remontaban por lo menos al año 1602. En 1608, la embajada extraordinaria del marqués de Villafranca, Pedro de Toledo, abocó a favor de la celebración de bodas dobles, mientras que en paralelo se entablaron duras negociaciones diplomáticas para conseguir la Tregua de los Doce Años con las Provincias Unidas. Los contratos matrimoniales se firmaron en agosto de 1612. En Francia, la oposición por un lado de los príncipes de sangre, que defendían sus derechos sucesorios y por otro de los protestantes, que temían un aumento de la presión católica, creció notablemente. Para hostigar a Francia en relación con la cuestión de la sucesión de Mantua y de Monferrato, se retrasó al año 1615 la celebración de los desposorios. Fue entonces cuando la infanta Ana de Austria y la princesa francesa Isabel de Borbón cruzaron las aguas del río Bidasoa para reunirse con sus respectivos maridos, Luis XIII y el príncipe Felipe, futuro Felipe IV.

En 1616, los asuntos italianos volvían una vez más a desestabilizar las relaciones hispano-francesas. Saboya invadió el Monferrato con apoyo francés. El marqués de Villafranca, gobernador de Milán, obtuvo una tregua en 1617. Paralelamente, el emperador Fernando II, en su afán por buscar financiación para su guerra contra Venecia y la defensa de Gradisca, cedió a Felipe III la Alsacia, región clave para el control de los Países Bajos. También le entregó dos enclaves imperiales (el marquesado del Finale, situado en la costa de Liguria, y el presidio de Piombino, en el litoral toscano). Dicha entrega pudo hacerse a cambio de subsidios y del reconocimiento de Fernando de Styria como sucesor de su tío Matías al trono imperial.

Estos conflictos dibujaban claramente dos bloques de alianzas europeos. El primero, formado por Madrid, Bruselas, Viena, Milán, Roma, Polonia y Baviera. El segundo, compuesto por Inglaterra, Provincias Unidas, Venecia, Francia y Suecia. Las relaciones hispano-francesas repercutían por lo menos en dos de los cuatro principales focos de tensión europeos a partir de finales de la segunda década del siglo XVII. En efecto, dejando aparte las tensiones generadas por la reconquista católica de Bohemia y Hungría y por el conflicto entre la Polonia católica y la Suecia luterana, la Monarquía Hispánica y la francesa entraron en competencia directa en los Países Bajos (cuya tregua con la Monarquía católica tocaría a su fin en 1621) y en las fronteras francesas (Saboya, Suiza, Lorena y los ducados independientes del norte de Italia).

Atrás quedó para la Monarquía Hispánica, en el contexto de la Guerra de los Treinta Años, el tiempo de la *Pax Hispánica.* En torno a 1621, con la sucesión de Felipe IV y la llegada al poder del conde-duque de Olivares, la Monarquía parecía haber alcanzado su auge en Europa. Las victorias españolas en Bahía y Breda de 1625 insuflaron cierta confianza en el desarrollo de los conflictos.

Francia por su parte, a partir de 1624 y bajo el mando del cardenal de Richelieu, obispo de Luçon, optó por una política contraria a los intereses españoles en el norte de Italia. Nuevamente, el objetivo de la presión francesa en esta zona consistía en cortar la comunicación norte-sur entre los territorios de la Monarquía Hispánica y dificultar de esta manera las relaciones del eje Madrid-Viena, que desde el inicio de la Guerra de los Treinta Años se había reactivado.

En diciembre de 1627, la muerte de Vicente Gonzaga reabrió una nueva crisis relacionada con la sucesión de Mantua. El cardenal Richelieu apoyó la sucesión al ducado del duque de Nevers.

Esta transmisión y la posible unión de Carlos Gonzaga con la Francia de Richelieu amenazaban los intereses españoles en el Milanesado. Felipe IV llegó a un acuerdo con Saboya para apoyar las pretensiones de Carlos Manuel a la sucesión del ducado. En enero de 1628, Nevers se instaló en Mantua mientras que su hijo hizo lo propio en Casale (Monferrato). A través de Gonzalo Fernández de Córdoba la Monarquía de Felipe IV procedió al asedio de Casale, cerco que se prolongaría al finalizar el acoso de la Rochelle contra los protestantes en Francia. La Monarquía Hispánica sufrió ese mismo año una bancarrota, lo que contribuyó a que el asedio de Casale resultase infructuoso. En febrero de 1629 se levantó el acorralamiento. Un mes después Richelieu atravesó los Alpes y tomó la fortaleza de la Peñarola. En la primavera de 1631 se llegó a una serie de acuerdos según los cuales el duque de Nevers conservaba el ducado de Mantua y Monferrato, junto con Casale. Mientras tanto, Francia se quedaba con la Peñarola, base militar situada en los Alpes italianos. Este fracaso por parte española habría de constituir uno de los principales agravios que saldrían a colación en 1635 cuando Francia declaró la guerra a Felipe IV.

Después del asedio de La Rochelle entre 1627-1628 y la firma de la Paz de Alés en 1629, Richelieu obtuvo el reconocimiento de la herencia del ducado de Mantua a favor del duque de Nevers. Su intención era concentrarse en la lucha contra los Austrias firmando alianzas con las Provincias Unidas y los príncipes protestantes alemanes. Mantuvo hasta 1635 una guerra encubierta contra España. Esta política generó recelos entre el partido de los «devotos» católicos franceses, al frente de los cuales se encontraba la reina madre María de Médicis. Paralelamente, Gaston de Orleans, hermano menor de Luis XIII, se aprovechó de la situación para hacerse eco de las protestas de los grandes nobles del reino en detrimento del rey, su hermano.

Richelieu prosiguió con su política de alianzas en contra de los Austrias. Francia se alió con las Provincias Unidas mediante el Tratado de Cherasco, firmado en junio de 1630. Al año siguiente firmaba otro tratado con Suecia y en contra de los intereses imperiales. El periodo comprendido entre 1631 y 1635 marcó el receso de las fuerzas españolas e imperiales en varios frentes europeos. El 19 de mayo de 1635, la declaración oficial de guerra de Luis XIII a

Felipe IV supuso el inicio de una guerra de desgaste que habría de durar veinticuatro años. Tanto el conde-duque de Olivares como el cardenal Richelieu encontraron en la política exterior un medio para legitimar sus poderes. En la Francia de Luis XIII, las revueltas populares y los complots de la nobleza intentaban poner en entredicho las realizaciones políticas de Richelieu. En junio de 1635, el Conde-duque planificó un triple ataque a Francia orquestado desde los Países Bajos, el Franco Condado (a través del ejército del Cardenal infante) y Cataluña. La victoria española en Corbie el 7 de agosto de 1536 respondía a la toma de la Valtelina por el duque de Rohan en marzo de 1635. Siguieron otros ataques y contraataques en Borgoña, Cataluña y Brasil.

El acoso Francés en la frontera pirenaica (aparte del vano asedio francés en Fuenterrabía en el verano de 1639) con la toma de la fortaleza de Salces en el Rosellón, tuvo como efecto avivar las tensiones en Cataluña. El 6 de enero de 1640, el virrey Santa Coloma retomó Salces. Un cuarto de la nobleza catalana perdió la vida en este asedio. Mientras que Olivares solicitaba desde Madrid un esfuerzo cada vez mayor contra Francia, no tardó en estallar la revuelta catalana en mayo de 1640. Ese mismo año, Portugal entraba en conflicto con la Monarquía. En enero de 1641, las Cortes catalanas reconocieron a Luis XIII como conde de Barcelona. El día 26 de este mismo mes, las tropas reales de Felipe IV fueron rechazadas en Montjuich. Otra tentativa de penetración en 1642, a través de la ciudad de Lérida, fracasó. Por el otro lado de los Pirineos, los ejércitos de Luis XIII tomaron Perpiñán en 1642, y afianzaron su control en el Rosellón. El objetivo de Francia en Cataluña no consistía en su ocupación, sino que apuntaba a la movilización en este frente de la mayor cantidad posible de tropas de Felipe IV.

La muerte de Richelieu el 4 de diciembre de 1642, seguida de la de Luis XIII el 14 de mayo de 1643, no supuso un alto en las operaciones bélicas. 1643 fue el año de la desgracia para la Monarquía Hispánica. La retirada del Conde-duque de la Corte el 17 de enero de 1643 vino acompañada en mayo de este mismo año de la tan sonada derrota de los tercios del Rey Católico en la batalla de Rocroi a manos del joven duque de Enghien, futuro príncipe de Condé. Tradicionalmente, la historiografía ha querido ver en esta fecha tan señalada el fin del Siglo de Oro español.

En Francia, la política de Richelieu encontró relevo en la figura de Mazarino durante la regencia de Ana de Austria. El ministro italiano se encargó de estrechar la alianza con las Provincias Unidas y siguió tomando la iniciativa en los campos de batalla después de Rocroi. Mazarino emprendió la conquista del Artois (a excepción de Saint-Omer), de Gravelinas (1644), de Mardijk, del puerto corsario de Dunkerque (1646) y de Yprés (1648). En el frente Catalán, el saqueo de Tortosa por las tropas francesas, marcó el inicio del declive de la presencia francesa en esta zona. El apoyo francés no se limitó exclusivamente a los ámbitos catalanes y portugueses. Francia prestó también auxilio a los rebeldes napolitanos que proclamaron la república en octubre de 1647. En el mes de noviembre, el duque de Guisa llegó desde Roma a Nápoles para intentar convertirse en su rey. En abril de 1648, don Juan José, el hijo bastardo de Felipe IV, retomaría la ciudad. El apoyo francés se había extendido hasta la revuelta popular y antifiscal que sacudió Sicilia y en particular Palermo en torno al 18 de mayo de 1647. Paralelamente, el reino de Francia se había ido enfrascando en nuevas luchas internas que dieron lugar a la época de las Frondas entre 1648 y 1653.

El nombre del príncipe de Condé no tardaría en asociarse a los movimientos de la Fronda, pero el 20 de agosto de 1648 salió victorioso en Lens de la batalla contra las tropas de Felipe IV. Después de una ofensiva franco-sueca este mismo año, Francia firmó la paz con el emperador Fernando III el 28 de octubre en Westfalia. Dicha paz reconocía de manera oficial a Francia la posesión de los tres obispados: Metz, Toul y Verdun. Por su parte, Felipe IV firmó una paz con las Provincias Unidas mediante la que reconocía su independencia. Todo lo cual dio lugar a una alianza entre España y las Provincias Unidas destinada a bloquear posibles ataques franceses.

Entre enero y diciembre de 1650 tuvo lugar en el interior del reino de Francia la Fronda de los príncipes. En su afán por suplantar a Mazarino al frente de la Monarquía, el príncipe de Condé fue encarcelado el 18 de enero de 1650 junto a su hermano Conti y su yerno Longueville. La duquesa de Longueville, con el respaldo militar de Turenne, entró en rebelión. Felipe IV apoyó esta Fronda para intentar desequilibrar la balanza a su favor en los campos de batalla que le seguían oponiendo a Francia. Finalmente, la Fronda de los príncipes fue sofocada en la batalla de Rethel el 15 de diciembre de 1650.

Entre enero y septiembre de 1551, la Fronda parlamentaria se unió a la de los príncipes para hacer frente al todopoderoso Mazarino. Este último forzó su salida del reino y liberó a los príncipes. Se refugió en el arzobispado de Colonia. Las disensiones surgidas entre los grandes y los parlamentos favorecieron que figuras de la talla de Gondi o Bouillon decidiesen someterse a la autoridad de reina madre y de Luis XIV. El futuro rey Sol adquirió este mismo año la mayoría de edad. Condé se retiró a sus Estados de Guyena para seguir con su resistencia y dio pasó a la Fronda que lleva su nombre y que se extiende desde septiembre de 1651 hasta agosto de 1653. Condé entabló negociaciones directas con la Monarquía española. Todo lo cual se saldaría con el exilio final del príncipe en los Países Bajos españoles. El 21 de octubre de 1652, Ana de Austria y su hijo hicieron su entrada en París. El 3 de febrero de 1653, Mazarino, que había vuelto al reino en diciembre de 1651, volvió a alejarse temporalmente para facilitar el retorno a la paz civil. El ministro italiano no tardaría en reaparecer. El 3 de agosto de 1652 se puso fin al periodo de la Fronda con la capitulación de la ciudad de Burdeos.

En los frentes exteriores de la Monarquía del joven Luis XIV, la guerra continuaba. Los españoles procedieron a la reconquista de Cataluña. Don Juan José retomó Barcelona el 13 de octubre de 1652. El duque de Mantua en Italia se casó con una princesa austriaca, haciendo presagiar una alianza con España, mientras que el gobernador de Milán tomó Casale. Esta acción marcó el repliegue francés de los territorios italianos. En efecto, Francia sólo contaba con el apoyo de Saboya, mientras que Felipe IV recurrió a la ayuda de Módena, de Mantua y del papa Inocente X.

Exiliado en territorios españoles, el príncipe de Condé prestó sus servicios militares a Felipe IV. Tomó Rocroi y dirigió la invasión española en Picardía. Fue él también quien se encargó del asedio de Arras, pero Turenne liberó la ciudad el 25 de agosto de 1653.

Las negociaciones por la paz se oficializaron con el envío desde París del embajador Hugues de Lionne a Madrid para iniciar discusiones con Luis de Haro a partir de 1656. El deseo de Mazarino de aislar diplomáticamente a España llevó a que la Monarquía francesa acercase posturas con la Inglaterra de Cromwell. El 23 de marzo de 1657, ambas potencias firmaron una alianza según la cual los ingleses prometían una ayuda militar a los franceses a cambio de la cesión del puerto Dunkerque, que estaba en manos de los españoles. La victoria de Turenne en las Dunas el 14 de junio de 1658 contra Condé y don Juan José, así como la toma de Dunkerque el 23 de este mismo mes, desembocaría en acuerdos de tregua el 8 de mayo de 1659 entre Mazarino y Antonio Pimentel. El 7 de noviembre de 1659 se proclamó la Paz de los Pirineos. El príncipe de Condé volvió a entrar en la gracia real. Francia se quedaba con el Rosellón, la Cerdeña y el Artois a excepción de Aire y Saint-Omer. Conservó también algunas plazas fuertes en Flandes, como Gravelinas, o en el norte de Italia, como la Peñarola. La paz se selló mediante el enlace matrimonial entre Luis XIV y la infanta española María Teresa. Se fijó una de dote de 500.000 escudos de oro. El 6 de junio de 1660, en la isla de los Faisanes, sobre el Bidasoa, en terreno neutro y fronterizo, se puso fin a las negociaciones y se procedió a la entrega de la infanta. El matrimonio se celebró el 9 de junio en la iglesia de San Juan de Luz. El 26 de agosto de 1660, Luis XIV entró en París acompañado de su mujer. Se hallaba en un reino pacificado, agrandado, dispuesto a reaccionar y domesticar a la nobleza que tantos disgustos había dado a la autoridad real. Mientras tanto, la Monarquía Hispánica se había visto privada de varios de sus territorios. El cambio de hegemonía entre la Monarquía Hispánica y Francia se encarnó en un rey deseoso de hacerse cargo del legado hispánico en su afán por dominar Europa.

Los años de la preponderancia francesa: Luis XIV ante la cuestión de la sucesión española (1660-1700)

A la muerte de Mazarino, el 10 de marzo de 1661, la Monarquía francesa salía reforzada de un largo periodo de guerras. Los tratados de paz de 1648 y 1659 le fueron globalmente favorables. Más allá del terreno simbólico de las luchas por las precedencias, Francia empezó a entablar alianzas con la Inglaterra de Carlos II. Mediante la libranza de subsidios secretos, Francia recompró el puerto de Dunkerque, que en 1658 había sido tomado a los españoles antes de pasar poco después a los ingleses. Luis XIV multiplicaba los apoyos a los enemigos de España en todos los frentes. Brindó su apoyo a los portugueses con tropas y dinero, renovó la liga del

Rin y buscó amistades con Hungría y Polonia mediante el casamiento del duque de Enghien con la nieta del rey Juan Casimir.

A nivel interno, la restauración monárquica ocupó la política de los primeros años del reinado de Luis XIV. El arresto de Fouquet, la progresiva domesticación de la nobleza mediante el traslado definitivo de la Corte a Versalles en 1682, el control de los parlamentos, así como de las asambleas del clero y, por último, el envío de intendentes a las provincias contribuyeron al esfuerzo de unificación política del reino. La lucha contra el jansenismo y la aplicación a rajatabla del Edicto de Nantes propiciaron que se ejerciera una presión cada vez más fuerte sobre los protestantes. El tono se endureció cuando a partir de 1679 se suprimieron las cámaras bipartitas. Paralelamente, los Dragones del rey emprendieron una represión violenta en contra de los protestantes, forzándolos a la conversión o al exilio.

La muerte de Felipe IV el 17 de septiembre de 1665 dejó el trono en manos de su hijo único Carlos, de cuatro años. Luis XIV no tardó en reclamar parte de la herencia, habida cuenta de los derechos que tenía por haber sido hijo de una infanta española y esposo de otra. Aunque María Teresa renunció a sus derechos sucesorios al casarse con él, Luis XIV alegó que el impago de parte de su dote anulaba dicha renunciación.

Entretanto, sobrevino la muerte del infante Felipe Próspero. Este hecho luctuoso se vio contrarrestado por el nacimiento del gran delfín de Francia el 1 de noviembre 1661 y del príncipe Carlos el 6 de ese mismo mes. Tales acontecimientos dieron lugar a una ofensiva jurídica lanzada desde Francia en pro de los derechos del delfín. Se recurrió a materias de derecho privado, según las cuales se alegaba que sólo los niños nacidos de la «primera cama» eran legítimos para la sucesión al trono. Frente a estos ataques, Felipe IV reaccionó estrechando lazos dinásticos con Viena. La infanta Margarita Teresa casó con el emperador Leopoldo. Según algunos acuerdos secretos, se preveía que en el caso de que Felipe IV no dejase a su muerte descendencia, el segundo hijo de la pareja recibiera la herencia española o que, en su defecto, Margarita se hiciese cargo de la misma. Al casarse, la infanta no renunció a sus derechos, cosa que Ana de Austria y María Teresa hicieron al desposarse respectivamente con Luis XIII y Luis XIV. Felipe IV tuvo a bien recordar este extremo en su testamento.

El rey Sol reaccionó intentando anular la cláusula relativa a la renuncia de los derechos de María Teresa. Hizo publicar un tratado sobre los derechos que María Teresa tenía de su madre, y por lo cual reclamaba la devolución de los Países Bajos. En mayo de 1667 empezó la guerra conocida como de Devolución. Turenne entró con el ejército real en Flandes tomando una serie de plazas fuertes. Francia recibió el apoyo de Brandeburgo. Ante la amenaza francesa, Inglaterra, Suecia y Holanda formaron una triple alianza. Las tropas francesas se replegaron en el frente de los Países Bajos en febrero de 1668 y decidieron concentrase en la ocupación del Franco Condado. Un mes antes, el 19 enero de 1665, ante los intentos del hijo bastardo de Felipe IV, Juan José de Austria, de acaparar la sucesión en el caso de la muerte prematura de Carlos II, Luis XIV y el emperador firmaron el tratado secreto de Grémonville. En él se repartían la sucesión española. Finalmente, ante la presión ejercida por la triple alianza sobre los ejércitos de Condé, el conflicto con los españoles se resolvió mediante la Paz de Aix-la-Chapelle firmada el 2 de mayo de 1668. Francia se comprometía a restituir el Franco Condado. En cambio, anexionó entre otras las doce ciudades flamencas tomadas durante el conflicto.

La Paz de Aix-la-Chapelle no fue más que una tregua. El afán hegemónico de Luis XIV le llevó a reanudar rápidamente el conflicto. En 1667, una nueva tarifa aduanera instalada en las Provincias Unidas tasaba los productos franceses obstaculizando la política mercantilista francesa promovida por el ministro Colbert. A este acto siguió una guerra de tarifas entre las dos rivales comerciales. La situación se prolongó hasta que en 1672, Luis XIV decidiera intervenir militarmente. En un primer tiempo, el rey francés trató de aniquilar mediante recursos diplomáticos la triple alianza que se había formado en tiempos de la Guerra de Devolución, entre Inglaterra, Suecia y las Provincias Unidas. Mediante el tratado secreto de Douvres firmado el 1 de junio de 1670, Inglaterra, rival económica de Holanda, se comprometió a prestar apoyo a Francia tanto desde el mar como por tierra. En abril de 1672, Luis XIV consiguió firmar otra alianza con Suecia. Las alianzas se hicieron extensivas a Portugal, el ducado de Saboya, el obispado de Munsk y el arzobispado elector de Colonia. Francia compró la neutralidad del elector Palatino, de Brandeburgo, de Baviera y de Sajonia. Neutralizados los principales apoyos de las Provincias Unidas, las tropas de Luis XIV ocuparon el ducado de Lorena. Inglaterra declaró la guerra a los holandeses el 26 de marzo de 1672. El 6 de abril, las tropas de Condé, Turenne y Luxemburgo se dirigieron hacia Holanda. El 20 de junio entraron en Utrecht, habiendo esquivado previamente las tropas de Guillermo de Orange. Éste fue elegido como estatúder en julio de 1672. Se abrieron los diques para obstaculizar la marcha de los ejércitos franceses. A partir de diciembre de 1672 se formó una coalición entre las Provincias Unidas, España y el Imperio. Esta liga reunía también a varios príncipes alemanes, como por ejemplo el de Brandeburgo. Una y otra acción permitieron que la situación se equilibrara. El Tratado de la Haya del 30 de agosto de 1673, entre el emperador y el elector palatino, logró revertir poco a poco la situación. Inglaterra firmó la paz con Holanda mediante el Tratado de Westminster el 19 de febrero de 1674. Francia se encontraba nuevamente privada del apoyo de sus aliados. Le quedaba solamente el sostén del elector de Baviera así como el amparo del rey Suecia en la guerra contra el Brandeburgo. Entre febrero y julio de 1674, Luis XIV tomó el Franco Condado. La muerte de Turenne en el frente de los Países Bajos debilitó las posiciones francesas en esta zona. La progresión francesa se paró. Condé salió al socorro de Alsacia en noviembre de 1675. En el mediterráneo, el apoyo francés a la revuelta de Messina en Sicilia se saldó con la victoria de Agosta cerca de Siracusa contra la flota holandesa de Ruyter el 22 de abril de 1676.

Las negociaciones de paz se iniciaron a partir de 1675 en Nimega, pero fracasaron habida cuenta de los últimos avances franceses. Ante la amenaza francesa, Inglaterra optó por unirse con la Monarquía española. Tres tratados conformaron esta paz. El primero fue firmado el 10 de agosto de 1678 entre Francia y las Provincias Unidas. Éstas conservaron su integridad territorial. Al mismo tiempo, consiguieron la supresión de las desventajosas tarifas aduaneras implantadas en Francia que penalizaban la circulación de sus productos.

El segundo tratado, fechado el 17 de septiembre, permitió a Francia hacerse con el Franco Condado, Aire, Saint-Omer, Cambresis e Yprés, mientras que Luis XIV devolvió plazas flamencas, como Charleroi y Courtrai, tomadas en 1668. Mesina se reincorporó bajo dominación española. Mediante este tratado, la Monarquía francesa obtenía una frontera homogénea en el norte. El último tratado, entre Francia y el emperador, otorgó a la primera la posesión de Friburgo de Brisgovia, enclave estratégico destinado a la protección de Alsacia. Lorena fue restituida al duque. El Tratado de Nimega se realizó bajo mediación inglesa y pontificia. Fue indudablemente desfavorable a los intereses de la Monarquía de Carlos II. Luis XIV se había convertido en el árbitro europeo.

Meses antes, Juan José de Austria, en su oposición a la regencia de Mariana de Austria, dio un golpe de Estado y forzó el exilió de la reina madre en Toledo. La Monarquía acercó posiciones con Francia en julio de 1679 a través del matrimonio de Carlos con María Luisa de Orleans, hija del delfín y nieta de Luis XIV, pero esta política se truncó por causa de la muerte de don Juan José el 17 de septiembre de este mismo año. Las relaciones con Francia no tardaron en empeorar de nuevo.

En 1679, aprovechándose de la paz, Luis XIV, a partir de una reinterpretación de los tratados anteriores, inició su política de reunión. En relación con su frontera en el noreste del reino, tomó Estrasburgo en 1681. Compró Casale al duque de Mantua en el mes de septiembre de 1681. No tardaron en surgir alianzas en contra de esta nueva política de agresión del Rey Sol. España, Suecia, el Imperio, Holanda y los príncipes electores acercaron posturas en contra de este enemigo común entre febrero y junio de 1682. Carlos II declaró la guerra a Francia el 26 de octubre de 1683. El ejército francés entró de nuevo en los Países Bajos tomando Courtrai y Luxemburgo en junio de 1684. Francia decidió no formar parte de la Santa Liga que se constituyó para luchar contra el turco, que volvía a amenazar a través de Viena la integridad del Imperio. Los avances de las tropas de Luis XIV incitaron a Carlos II a firmar la Paz de Ratisbonna el 15 de agosto de 1684. El tratado con la Monarquía Hispánica dejaba a Francia por un periodo de veinte años Luxemburgo y las ciudades tomadas en los Países Bajos. Otro tratado con el Imperio sirvió para que el rey Luis conservase los acuerdos estipulados en las reuniones anteriores al 1 de agosto de 1681.

La promesa de una tregua no fue respetada. El bombardeo de Génova por parte de Francia, alegando que la república armaba galeras a favor de España, reabrió la senda del conflicto. La muerte del elector del Palatinado el 26 de mayo de 1685 desestabilizó aún más la situación. Luis XIV reclamó en nombre de la princesa palatinada, mujer de Felipe de Orleans y hermana del elector muerto, parte de la herencia en contra de Felipe Guillermo de Baviera Neoburgo. Este conflicto coincidía en Francia con la revocación del Edicto de Nantes. Con todas estas tensiones, la cuestión de la sucesión española volvió a ser de actualidad.

El 9 de julio de 1686, España hizo su entrada en la Liga de Augsburgo, formada por el emperador, Suecia y príncipes alemanes. Esta alianza defensiva pretendía que se respetasen los tratados de Westafalia, Nimega y Ratisbona, con el fin de atajar las ambiciones de Luis XIV. La guerra no se hizo esperar y arrancó en 1688. El 26 de noviembre, los Países Bajos se convirtieron en el principal campo de batalla. El nombramiento de Guillermo de Orange como rey de Inglaterra en diciembre de este año hizo que dicha potencia acercase posturas con Holanda y decidiese sumarse a la liga el 12 de mayo de 1689. Mientras, el Palatinado fue saqueado y sometido a la práctica de la tierra quemada, las tropas francesas acosaron a la Monarquía de Carlos II en el frente catalán mientras que los ejércitos de Luxemburgo obtenían en Fleurus una sonada victoria el 2 de julio de 1690. Víctor Amadeo II de Saboya cambió de bando y pasó a apoyar al emperador y a España. El casamiento de Carlos II con Mariana de Neoburgo, hermana de la emperatriz, estrechó las relaciones del eje Madrid-Viena. La guerra en los Países Bajos seguía. El duque de Vendôme con su ejército entró en Cataluña, donde encontró el apoyo de una población sublevada contra Madrid. El duque tomó Barcelona en agosto de 1697. El conflicto se saldó a través de la Paz de Ryswick, la cual permitió a España recuperar Cataluña y las plazas flamencas que habían sido tomadas por Francia.

La salud precaria de Carlos II y la falta de un heredero al trono español pusieron al rojo vivo la cuestión de la sucesión española. María Luisa de Orleans había muerto sin dejar ningún heredero. El matrimonio de Carlos con Mariana de Baviera y Neoburgo resultó también estéril. Luis XIV junto con el emperador Leopoldo tenían derechos muy similares. Ambos eran a la vez hijos y esposos de infantas españolas.

El testamento de Felipe IV otorgaba su herencia a la otra rama de la dinastía de los Austrias en el caso de que su descendencia no lograse perpetuarse. En 1668, el embajador francés en Viena alcanzó acuerdos entre Viena y Luis XIV acerca de la sucesión española. El reparto de la herencia previsto contemplaba que el emperador se quedara con todo a excepción de los Países Bajos, del Franco Condado, de Nápoles y de Sicilia. El nacimiento del archiduque Carlos en 1685 alteró los planes. El emperador pasó a reclamar la totalidad de la sucesión española.

El 13 de octubre de 1698, Luis XIV, consciente de que no se le permitiría hacerse con la totalidad de la Monarquía española, acordó con Inglaterra y Holanda que gran parte de la herencia española recayera en manos del elector de Baviera. Nápoles, Sicilia, los presidios toscanos y Guipuzcoa pasarían al delfín, mientras que el Milanesado se entregaría al archiduque Carlos. La muerte del príncipe de Baviera el 6 de febrero de 1699 trastocó el proyecto.

El 25 de marzo de 1700, el rey francés volvió a proponer un nuevo acuerdo ante Inglaterra y Holanda según el cual el archiduque Carlos se convertiría en el rey de España con la condición de que no uniese sus dominios a los del Imperio. El gran delfín recibiría en este caso los territorios acordados en los acuerdos de 1698, a los cuales se añadiría Milán. Finalmente, ni Carlos II ni el emperador reconocieron dichos tratados. Leopoldo se mantuvo firme en su propósito de mantener la integridad de la herencia española para el archiduque Carlos.

En Madrid, Carlos II recibía presiones por parte del grupo que se formó en torno a la reina y que fue favorable a las pretensiones del emperador. El otro grupo, en este caso afín a la sucesión borbónica, liderado por el cardenal Portocarrero, recibió el apoyo del duque de Harcourt, embajador francés en Madrid. En último término, Carlos II quiso evitar la desmembración de su Monarquía. Optó por la sucesión borbónica. La superioridad militar francesa en caso de conflicto daba ciertas garantías al rey frente al miedo de que su Monarquía se fragmentase. El 2 de octubre de 1700, su testamento prohibía cualquier partición de su herencia. Felipe, duque de Anjou, segundo hijo del delfín, fue designado como el sucesor de Carlos II, con la condición de que renunciase a sus derechos a la Corona francesa. La muerte del rey español, el 1 de septiembre de 1700, ofreció a Luis XIV la posibilidad de elegir entre dos posibles soluciones. Podía rechazar el testamento y recibir el apoyo de Holanda e Inglaterra contra el Imperio. En su defecto, cabía aceptar la última voluntad del rey difunto, violando así el tratado de 1700 y arriesgándose a una posible alianza entre Inglaterra, Holanda y el Imperio.

El 16 de noviembre, Luis XIV, hizo pública su decisión de aceptar lo dispuesto en el testamento de Carlos II. Felipe de Anjou, nuevo rey de la Monarquía Hispánica, hizo su entrada en Madrid en enero de 1701. El 1 de febrero de 1701, Luis XIV hacía registrar los derechos de Felipe a la sucesión francesa por el parlamento de París. Esta disposición venía acompañada de una serie de privilegios comerciales otorgados a los hombres de negocios franceses en las posesiones ultramarinas de la Monarquía española. En septiembre de 1701, Inglaterra y las Provincias Unidas formaron junto con el emperador la alianza de la Haya. En mayo, una coalición de príncipes alemanes entre los cuales figuraba el elector de Brandeburgo, que era rey de Prusia desde 1700, se sumó a esta alianza para declarar la guerra a Luis XIV y a Felipe V.

Francia y España habrían de aceptar que con el desenlace de la Guerra de Sucesión española (1701-1714), el siglo XVIII europeo se orientaba en sus primeros años hacía un nuevo equilibrio entre potencias según el cual cual ninguna de estas dos Monarquías habría de asumir por sí sola la hegemonía o la preponderancia en Europa.

X. ITALIA

Alfredo Alvar Ezquerra

La historia de aquella «Italia española» se divide en dos periodos: hasta la incorporación de Milán a los territorios imperiales (o hasta aproximadamente 1540-1560) y desde esa fecha en adelante.

Las guerras de Italia mantenidas entre las casas de Valois y Trastámara desde 1494 concluyeron con la incorporación definitiva del Reino de Nápoles (antes ya lo estaban los de Cerdeña y Sicilia) a la Corona de Aragón en 1503. Desde entonces en adelante, penetrar nuevamente hacia el sur o rechazar ese esfuerzo se convirtió en la constante de los choques habidos, esencialmente en escenarios alpinos o prealpinos, entre Carlos V y Francisco I. Éste es el momento de la batalla de Pavía (1525) y todo lo que significó. En estas confrontaciones entre los dos monarcas, lo que se ventilaba era la conquista de Milán, la llave de Italia. Además, quien poseyera Milán establecería buenas relaciones con los estados limítrofes (por la cuenta que les traía) y así, Milán sería la llave de Italia, ciertamente, pero también la puerta o el escudo, según se mire. Si para Francia su posesión era importante por cuanto armaría un baluarte para poder dominar esa espina dorsal del Mediterráneo que era Italia, para el Imperio de Carlos significaba lo mismo y, además, cerrar un asfixiante cíngulo alrededor de Francia: Milán, territorios alemanes del Imperio, Flandes y una buena alianza con Inglaterra.

Milán fue ducado de Luis XII de Francia desde 1499 a 1512. Fue el primer periodo en el que el duque no estaba en el ducado y era representado por un lugarteniente y, además, sus intenciones se hacían visibles gracias a la representación en el Senado de franceses y, por el contrario, las de Milán en París se escuchaban por medio de embajadas oficiales o de preseas a destacados cortesanos de Francia.

Entre 1512 y 1515 Massimiliano Sforza volvió a asumir el ducado de Milán, pero sin el aplauso de la oligarquía territorial, por lo que la inestabilidad de su posición quedó manifiesta a partir de 1515 hasta 1522, en que volvió a darse el dominio francés. De nuevo, entre 1522 y 1526 subieron los Sforza apoyados por el poder imperial (Pavía, 1525), aunque la realidad de los paisajes lombardos era la de soldados imperiales o franceses de un lado a otro, y en los pasillos discutiéndose si se dejaba el gobierno civil a los Sforza y se situaba un fuerte contingente militar imperial en el castillo de Milán, o decididamente si lo que se hacía era ocupar el poder civil y el militar. Gattinara instaba a Carlos V a que diese juego a Francisco II Sforza.

Por tanto, Pavía y la cárcel de Francisco I significaron para Italia la clarificación (o ruptura) de cualquier situación de pacto que hubiera habido hasta entonces. Derrotados los franceses y asentado su ejército triunfante y victorioso en el norte, manteniendo una alianza religiosa en el centro y siendo señor del sur, nada parecía imposible a los deseos de Carlos V, el césar, en Italia.

Claro que ante semejante despliegue de poder, hubo conjuras, como la de Morone, descubierta y confesada por el principal instigador, el gran canciller Gerolamo Moron, que consistía en intentar establecer una alianza secreta entre el papa, Venecia, Francisco II Sforza de Milán y la regente de Francia. La consecuencia del descubrimiento de la traición fue inmediata: Sforza hubo de entregar las principales plazas fuertes de su ducado al emperador y todas las corporaciones milanesas hubieron de jurar lealtad a Carlos V. El papel de Francisco II en su propio ducado quedó relegado a lo simbólico y poco más. El dominio efectivo de Carlos V fue general hasta 1535, y desde ese año (muerte de Francisco Sforza) absoluto.

Cuando Milán fue tomado por los imperiales, el condestable de Borbón fue nombrado por Carlos V señor del Milanesado. Llegó a ese título porque, en primer lugar, Carlos V le había prometido la mano de su hermana Leonor, pero con Francisco I preso en Madrid, hubo de resarcirle dándosela al rey francés. La compensación al de Borbón fue la entrega de Milán. Allí se dirigió y allí actuó como señor. En efecto, puso en libertad al Morone a cambio de la correspondiente paga de un rescate y reunió un ejército contra la liga citada anteriormente. Ese ejército se puso en marcha contra Roma. Dejó en su representación a Antonio de Leiva, con unas cuantas tropas. La vida de Milán no fue sencilla, porque la ciudad se amotinó contra Leiva, mientras el Borbón iba a Roma, ante cuyas puertas murió.

Carlos V se vio en la necesidad de volver a aceptar a Francisco II, quien hubo de pagar una fuerte suma para su restauración en el señorío de Milán (finalmente, 1530). A cambio le permitió el matrimonio con su sobrina Cristina de Dinamarca. El urdidor de la boda fue Carlos V, durante su estancia en Milán en 1533. En 1534 la nueva duquesa, núbil, pues tenía trece años de edad, entró en Milán, donde fue recibida por su marido, cuarentón y enfermo. Él murió en 1535 y no hubo descendencia masculina. Inmediatamente, Leiva proclamó a Carlos V como único señor de Milán, toda vez que había otros pretendientes por ramas ilegítimas. Durante las semanas siguientes, las ciudades de los alrededores fueron prestando juramento de vasallaje al emperador.

Coincidían estos últimos acontecimientos con la muy intencionada vuelta de Carlos V por Italia tras la muy victoriosa campaña de Túnez. A la vez, Francisco I invadió Saboya y fue frenado en su avance hacia Milán por Leiva. Fueron semanas de desasosiego en la campaña saboyana. Concluida en tablas, sin pena ni gloria, tal vez de luto por la muerte de Garcilaso, Carlos V volvió a España. Milán, en cualquier caso, había quedado garantizado. Durante los años siguientes, la posesión de Milán no fue tranquila, porque en la mente de todos estaba que era una buena pieza de intercambio o de seguridad. Se pensó en venderlo a los Farnesio, se pensó en entregarlo a una rama segunda de los Valois a cambio de garantías de paz; se nombró en 1540 a Felipe [II] de España, duque de Milán; se dudó si traspasarle Flandes o Milán…

En 1544 el Consejo de Estado en España instó a Carlos V a que no se deshiciera de Milán. Por ello, en 1546 el emperador rubricó la concesión del ducado y, finalmente, en 1554 todo quedó claro: antes de la boda de Felipe con María de Inglaterra, Nápoles y Milán pasaron a Felipe. Italia quedaba sujeta al poder español. Es más, la creación del ducado de Parma y Plasencia, y el asesinato del primer Duca en 1547 y la incorporación de Plasencia a la órbita milanesa consolidarían este giro.

Por otro lado, Génova. En las mismas fechas, en 1528 Andrea Doria abandonó el servicio a Francisco I y puso sus galeras y recursos al servicio de Carlos V, con todo lo que eso implicaba de desequilibrios en las balanzas militares, o navales. A Génova se dirigieron los grandes banqueros y la ciudad se convirtió en el eje de las finanzas internacionales desde Felipe II a Felipe IV. Entró con fuerza en la estructura funcional imperial, respondió con lealtad a su papel; fue recompensada y protegida por la Monarquía de España durante décadas.

Por lo tanto, como hemos visto, alrededor de 1530 se suceden una serie de acontecimientos de primera magnitud en el proceso de expulsión de Francia de Italia. Por lo tanto, aunque las líneas directrices sobre el «funcionamiento» de Italia hubieran quedado diseñadas en tiempos de Carlos V, fueron las rotundas victorias de Gravelinas y San Quintín, además de la Paz de Cateau-Cambresis, lo que «puso orden» en Italia desde 1559. Así, en efecto, el matrimonio Habsburgo-Valois de Felipe e Isabel, puso fin a todos los enfrentamientos de las dos casas, dando el protagonismo en Europa a la Monarquía de España. Pero, además, las dificultades internas de Francia con sus guerras de religión, o la más que probada capacidad de hacer frente de Felipe II al turco en victorias memorables (Malta, 1565; Lepanto, 1571), que no ocultaban ciertas dificultades (pérdida de Túnez en 1574), dejó claro cuál era la potencia dominante en el Mediterráneo. Por todo ello, no es de extrañar que entre 1555 y 1556 se creara una Secretaría específica de Italia que generó el Consejo de Italia entre 1558 y 1559. Y si de instituciones habláramos que tengan que ver con homogeneidades, no podemos olvidarnos de la Inquisición y sus dificultades para implantarse en Italia: fue rechazada en Milán en 1563 y lo había sido antes (1547) en Nápoles, con airadas oposiciones populares.

Casi por toda Italia la estabilidad fue fundándose en los lazos de solidaridad de ayuda y pacto entre la Monarquía y el «baronaggio» territorial italiano. Ese pacto se vio reforzado por vía institucional o legalizándola legislativamente, con lo que este reino quedó tranquilizado con una fuerte legitimidad. Con ésta, luego se podían introducir modernizaciones o cambios institucionales, o en los órganos colegiados, pero por todas partes tendió a consolidarse la paz. Sólo cuando a mediados del XVII se agotó el modelo, proliferaron los saltos a la legitimidad y, en su caso, las revoluciones (estudiadas por Ribot).

XI. INGLATERRA

Alfredo Alvar Ezquerra

Las relaciones con Inglaterra fueron muy fluidas hasta mediados del siglo XVI. Hasta entonces se basaron en tres pilares que las mantuvieron bien sólidas: por una parte, la prevención conjunta contra la Francia de los Valois, que había facilitado la rúbrica de tratados Habsburgo-Tudor; en segundo lugar, los intercambios comerciales entre mercaderes de ambas Coronas; en tercer lugar, los incesantes intercambios comerciales entre ingleses y flamencos. Tan es así, que Felipe II de España llegó a ser rey consorte de Inglaterra al contraer matrimonio con María Tudor. Sin embargo, a partir de los sucesos de 1566 en Bruselas y las demás ciudades de Flandes, se abrió un periodo de tensión.

Durante una década se mantuvo la paz en el norte. Los mercaderes ingleses la aprovecharon para echar anclas en puertos del Báltico y aún más lejanos, o para asistir expectantes a las noticias que llegaban de la expansión ultramarina española. Gracias a esa situación de paz y sosiego que era continuidad del tiempo anterior, el mar del Norte era un mar tranquilo. Nada que ver con el Mediterráneo, curiosamente por el que avanzaban otras formas de pensar: el islam. Por el contrario, en el mar del Norte, e incluso en el Atlántico, predominaba un tipo de marina mixta en la que las naves mercantes iban artilladas; en los puertos, no se diseñaban fortificaciones al estilo de las mediterráneas y, en cierto modo, podríamos decir que se vivía, paradójicamente, en una suerte de paraíso frente a la violencia del sur.

Sólo alguna alarma ponía en aviso a los galeones, pero no había una estructura militar y naval tan avezada como la meridional.

Ahora bien, conforme fueron calando las hostilidades en el norte, la estrategia militar empezó a evolucionar. Para explicarlo sencillamente, mientras que los marinos de Felipe II tenían que ocuparse de todos los mares, los ingleses o flamencos podían especializarse en un tipo de navegación. Y así, diseñaron buques estrictamente (o casi) de guerra y fundieron cañones de hierro colado en vez de bronce. Esto pasó mientras, por ejemplo, en el norte se intentaba poner coto a la rebelión de Flandes, o en el sur al avance del turco (Lepanto, 1571).

Ya es un tópico aceptado: tantos gastos generaron la primera quiebra de la Hacienda de Felipe II. En 1575 se decretó la primera suspensión de pagos, o lo que es lo mismo, la conversión de la deuda regia a corto plazo en deuda a largo plazo, con los problemas, negociaciones, ruinas y demás que tal medida supuso… y supone.

Las hojas de la navaja empezaron a abrirse. La Monarquía de España conocía dificultades durísimas, nuevos fenómenos económicos, mientras sus enemigos o rivales podían concentrarse en los medios para cubrir sus necesidades. Así que cada vez más los ingleses, holandeses y alemanes de la Hansa fueron experimentando y dominando nuevos espacios marítimos. Se fueron haciendo los dueños del transporte del Báltico, del norte y de algunas rutas atlánticas (éstas de menor importancia). De nuevo, podemos recurrir al juego de las comparaciones: el Báltico fue haciéndose un Mediterráneo del norte, pero con salida abierta al Atlántico.

Sin embargo, 1580 se convertiría en un nuevo año de referencia. La incorporación de Portugal, con la que culminaría la gran estrategia de Felipe II, abriría, igualmente, la caja de Pandora de la enemiga contra el rey de España. Con aquel legítimo acto, el rey manifestaba su voluntad de no renunciar en absoluto al Atlántico, ni al mar del Norte. Fue, en ese sentido, una empresa muy audaz y despierta. Quedaba explícita la conciencia española de querer controlar toda la mar Océana desde la gran fachada portuguesa. Empezaba el ocaso del Mediterráneo (aunque mantuviera su grandeza).

Resulta imposible desligar las relaciones con Inglaterra durante estos años finales del siglo XVI si se quiere entender la Guerra de Flandes, o igualmente, se puede decir al contrario: el resultado de las relaciones con Inglaterra no es independiente de lo que estaba ocurriendo en Flandes. A mediados de siglo los Merchant Adventurers ingleses (una suerte de asociación de mercaderes en efecto «aventureros», o casi emprendedores como diríamos hoy) había abierto nuevas rutas y mercados para colocar sus paños, baratísimos y de poca calidad, incluso sin acabar, pero capaces de satisfacer enormes demandas. Una base continental estaba en Amberes. Era un comercio de escasas cantidades, pero muy constante: la mayor parte de los buques que lo practicaban no alcanzaban las 200 toneladas. Por otro lado, Amberes rechazó en varias ocasiones el recibir paños ingleses por sobresaturación, por lo que al mismo tiempo, hubieron de ponerse rumbo a otros lares (en 1553 se constituye la Muscovy Company), y ese año se hace el primer viaje al África Occidental, que se prolongaría en cierto modo en 1563 con el de Hawkins a Guinea y las Indias Occidentales.

En los años siguientes, el rey consorte de Inglaterra, Felipe I (futuro II de España), en tanto que señor de los Países Bajos, decretó la libertad de comercio de ingleses en Flandes, e incluso se les concedieron monopolios en el transporte. En segundo lugar, las persecuciones a los calvinistas provocaron que muchos de ellos, artesanos, se pasasen al otro lado del Canal, creando una industria muy competitiva (Shilling, 1972; Peters, 1985 –aunque es un relato novelado–). En tercer lugar, desde 1562, Isabel dio permiso a los piratas ingleses para asaltar los buques católicos-franceses y, como éstos eran pocos, acabaron abordando a los españoles. En cuarto lugar, y comoquiera que los ingleses siguieron disfrutando de las ventajas dadas por Felipe II, a las cuales no estaban dispuestos a renunciar, Margarita de Parma –oyendo a sus subordinados flamencos– declaró en 1563 una guerra comercial a los ingleses escudándose en que Londres estaba apestada: cerró las importaciones. Isabel respondió declarando el total monopolio del transporte en los buques ingleses. Como respuesta, Margarita de Parma cerró los puertos a los ingleses y cortó algunas exportaciones. Felipe II la apoyó, justificando la decisión los ataques de los piratas del Canal. Esta primera crisis anglo-flamenca finalizará en 1565, cediendo ambas partes. En Brujas se reunió una asamblea de los dos territorios para limar asperezas.

Los recelos habían comenzado al mismo tiempo que se venía caldeando el ambiente en Flandes. En medio de esta situación tuvo lugar el suceso de San Juan de Ulúa: el 23 de septiembre de 1568 la flota de Francisco de Luján rindió a otra de piratas de Hawkins y Drake. A este lado de la mar Océana, Alba se situaba en Bruselas, tan cerca de Londres o de París.

Una flota de dinero procedente de Génova y con destino a Flandes para pagar el ejército de Alba había atracado en varios puertos del sur de Inglaterra en 1569. Isabel I ordenó su apropiación. Era una tentación demasiado atractiva tener tanta riqueza y no caer sobre ella. También era una manera de provocar a los católicos ingleses. Inmediatamente, Felipe II ordenó el embargo de las mercancías inglesas amarradas en los puertos de Castilla y, naturalmente, por vez primera se suspendió el tráfico entre España, Inglaterra y Flandes.

El hecho hostil no era de momento un *cassus belli,* sino sólo un pulso para ver hasta dónde llegaba la determinación del rey de España. Además, servía para medir las fuerzas propias y ponerlas en alerta y acción, ya que al otro lado del Canal tenía un potentísimo ejército sofocando una rebelión de herejes. E Isabel I era anglicana. Comoquiera que Felipe II participara en los movimientos políticos internos de Inglaterra que llegaban a plantearse hasta el derrocamiento de Isabel I, y comoquiera que Felipe II apoyara a María de Escocia en sus polémicas relaciones con la inglesa, el embajador español en Londres, Guerao de Spes, fue expulsado en 1570. Se rompía así una línea de cooperación mantenida sólidamente desde los inicios de la Edad Moderna. Dicho sea de paso, si Isabel I no estuvo más involucrada en agitaciones en España fue porque ésta contaba una Monarquía con más cohesión y fuerza que la inglesa, no porque no estuviese tentada.

La tensión se desactivó en 1573. Durante esos años se vivieron diferentes circunstancias: Alba recomendó sosiego y alianza con Inglaterra; en 1572 los «mendigos del mar» ocuparon puertos clave en el litoral flamenco, lo cual constató la necesidad de mantener la alianza con Inglaterra; en 1573, la matanza de San Bartolomé y la manifiesta debilidad de los protestantes en Francia puso de manifiesto en Inglaterra que era mejor seguir en paz con España que entrar en una algarabía general, por más que acabara de haberse firmado el tratado anglo-francés de Blois.

A partir de 1573, por tanto, empezó una cierta especie de acercamiento, de relajamiento de la tensión que culminó en 1575, año en que se firmaron los acuerdos de Cobbham-Alba, considerados como el primer esbozo de tolerancia religiosa en España, ya que se respetaba el culto reformado de los mercaderes y marinos ingleses en puertos españoles, aunque dentro de sus buques. Poco antes de 1580 el comercio inglés se había expandido de manera impensable una década antes: Francia, Alemania, Terranova, el Mediterráneo... A finales de siglo nació la Levant Company (1592), fruto de la fusión de las Spanish Company (1577), la Turkey Company (1581) y la Venice Company (1583).

Sin embargo, el apoyo directo a los rebeldes flamencos tardaría poco en llegar. Se materializó con el envío en 1585 del conde de Leicester, el amante de la Reina Virgen, en su nombre a los territorios sublevados. Este acto respondía, evidentemente, a la culminación de un proceso de deterioro de las relaciones hispano-inglesas, que por estas fechas se veía agravado por varios motivos: anexión de Portugal y, por tanto, un facilísimo dominio del Atlántico; avances en los Países Bajos; colapso de Francia tras el estallido de la Guerra Civil en 1585; implicaciones de Bernardino de Mendoza en el complot de Throckmorton (que pretendía liberar a María Estuardo y deponer a Isabel), o los nuevos asaltos piráticos ingleses a América fueron provocando que se oyeran más las voces del escarmiento que las de la paciencia de años antes. La gestión política de Leicester fue muy torpe. Se apoyó en los centralistas, las clases bajas de algunas ciudades y en los calvinistas más extremistas. Es decir, se enfrentó al incipiente Estado de Holanda (Tex, 1973). Además, intentó impedir el comercio de Holanda con España, gran fuente de riqueza para poder continuar la guerra. Su mala gestión culminó con su dimisión en 1587. En este momento crucial, los holandeses tuvieron que empezar a pensar en un autogobierno independiente, después de los fallos o negativas de ayuda explícita de Anjou, Enrique III e Isabel I de nuevo.

En 1585 (30 de julio) se decretó un embargo de buques extranjeros en la Península y especialmente holandeses. La prohibición afectó a todos los herejes, incluidos los ingleses. El veto a éstos al parecer no se levantó hasta 1604. El tráfico inglés con España o viceversa habría de ser ilegal, cargado en bodegas irlandesas, escocesas, francesas, alemanas o belgas... siempre que fueran navíos de católicos. Así se consolidó un fortísimo comercio de contrabando, por Andalucía o por el norte. El puerto de San Juan de Luz, en Francia, fue calificado como el «recogedero de los ingleses». Allí descargaban y bajeles españoles cargaban y distribuían desde ese punto por la Península. Por más inspecciones que se hicieron hasta la década de 1590, resultó dificilísimo frenar el comercio ilegal, ni en el señorío de Vizcaya ni en Andalucía. Beneficiarios de esta situación fueron, qué duda cabe, los corsarios y el comercio de la Hansa. Pero las cosas del norte, no pintaban claras.

Las ideas de la invasión no eran nuevas (Alvar). Juan de Austria en mayo de 1577, en el mismo año el papa Gregorio XIII y en 1583 el marqués de Santa Cruz habían elevado diferentes informes en ese sentido. Felipe II siempre se mostró remiso a atacar Inglaterra, hasta tanto que no se hubiera reconquistado Holanda y Zelanda. No obstante, el asalto de Drake a Vigo, Santo Domingo y Cartagena, hizo mudar de opinión a Felipe II: en enero de 1586 encargó sendos informes a Santa Cruz y a Farnesio para calibrar una doble invasión. Desde ese año, la conquista de Inglaterra se convirtió en prioridad de la política filipina y en ello se concentraron todo y todos, aunque les pesara, como a Farnesio, que vio frenadas sus muy exitosas campañas en Flandes.

En Madrid se estudiaron los pros y los contras y al final se decidió lo que sabemos, una expedición mixta según las opiniones del almirante y del gobernador: se juntaría la mayor flota nunca vista, se cargarían los soldados de Flandes y se cruzaría el Canal. Se evaluó el coste en unos ¡7.000.000 de ducados! Inmediatamente se empezaron a buscar dineros: el papa daría un millón si las tropas salían antes de fin de año y desembarcaban en Inglaterra. Y se empezaron a buscar pertrechos, bastimentos y bizcocho por toda Europa y por la Península.

Pero, además, el 18 de febrero de 1587 Isabel I mandó ajusticiar a la reina de Escocia, María Estuardo, intrigante refugiada suya. Era impertinente, complicada, poco de fiar, pero católica y reina. Por otro lado, como acabamos de ver, su último complot, el de Throckmorton contra Isabel, había sido apoyado por el embajador de Felipe II, Bernardino de Mendoza, que fue expulsado de Londres. Al mismo tiempo, Isabel mandaba de nuevo a Drake en misión de espionaje a ver qué se estaba haciendo en las costas peninsulares: comandó ni más ni menos que 34 navíos. Asaltó Cádiz y lo saqueó. La empresa de Inglaterra siguió adelante sostenida sobre tres pilares: el secreto, el entretenimiento de Francia con sus guerras civiles de religión y mantener asegurado el Flandes obediente, no fueran a sacarse de allí los soldados y perderse todo por tomar Inglaterra. Mas, por encima de todo, un problema: el logístico. Reclutar hombres o aprovisionar de trigo tal cantidad de navíos no era tarea sencilla, aunque la administración real daba probadas muestras de capacidad.

El tiempo corría. En enero de 1588, la concentración de buques en Lisboa era impresionante. Pero era enero y no estaba todo correctamente solucionado. Desde la cama, Santa Cruz ordenaba la estiba rápida, a toda prisa, de la flota. Se pasaban los días, y una armada de ese porte no podía navegar contra el clima. La tensión crecía... y Santa Cruz murió el 9 de febrero de 1588.

El rey, en una rapidísima decisión, mandó al duque de Medina Sidonia que se hiciera cargo de la situación. Había demostrado aptitudes en la expedición de la Tercera, y aunque él no tenía el ánimo para hacerse cargo de tamaña empresa, acató la orden real: «El nombramiento resultó ser un notable éxito» (Pi Corrales).

En Lisboa se han aprestado 130 buques, casi 2.500 piezas de artillería, casi 20.000 soldados, 8.050 marineros, y 2.088 remeros... iban a moverse cerca de 58.000 toneladas. Había buques de Castilla (a su mando Diego Flores de Valdés), Portugal (a su mando el duque de Medina Sidonia, almirante de la flota), Vizcaya (Juan Martínez de Recalde), Guipúzcoa (Miguel de Oquendo), Andalucía (Pedro de Valdés), Levante (Martín de Bertendona); una escuadra de urcas (Juan Gómez de Medina), otra de galeazas (Hugo de Moncada); otra de galeras (Diego de Medrano); otra de pataches y zabras (Antonio Hurtado de Mendoza) y una flotilla de carabelas.

En mayo de 1588 los barcos se hicieron a la mar, sumidos en cierto desconcierto. Los alimentos en mal estado o la falta de agua, así como un primer temporal, obligaron a atracar en La Coruña: hubieron de ser reparados 59 barcos. El 22 de julio se hicieron de nuevo a la mar. No obstante todo lo cual, lo que se sabe en el resto de la Península es una gran verdad: que ha zarpado la Gran Armada. España contiene la respiración.

Felipe II buscó la confianza divina, porque «siendo causa propia de Dios nuestro Señor, se puede esperar de su divina bondad que velará por ella y encaminará las cosas como más fuera a su servicio»; al tiempo, Ribadeneira había escrito su *Historia del cisma de Inglaterra* y la *Exhortación para los soldados y capitanes que van en esta Jornada de Inglaterra;* sendas obras analizadas por Gómez Centurión y que demuestran cómo se quiso dar un sentido de «cruzada» a la jornada. Tal vez eran tiempos de confesionalización de las Monarquías.

De La Coruña zarparon definitivamente 127 barcos, con 28.000 hombres a bordo. Poco antes de llegar al Canal, se retiraron cuatro galeras porque no podían navegar por esas aguas, y un quinto buque quedó desorientado. Durante una semana de estío (30 de julio a 6 de agosto), avistadas las dos flotas enemigas, tuvieron lugar algunas escaramuzas sin trascendencia. La Armada Católica perdió dos buques por accidentes. Hasta el 8 de agosto de 1588 no hubo una batalla naval propiamente dicha. Aunque eso sí, en Calais, fondeados los buques de Felipe II, fueron hostigados durante la noche y el día por los burletes ingleses (barcazas cargadas de metralla, que se lanzaban ardiendo contra los barcos anclados), causando desesperación y desconcierto. En la batalla de Gravelinas del 8 de agosto, pretendieron los ingleses empujar a la Armada contra los arenales flamencos. El gran almirante que fue Medina Sidonia se revolvió y logró poner en combate a medio centenar de sus barcos, con lo que consiguió proteger a toda la flota: el viento favorable permitió separarse de los arenales. La batalla duró varias horas y se perdió (de 122 barcos de la Armada) un buque –un mercante armado–; otros dos quedaron varados. Los ingleses perdieron ocho.

Nuevos vientos empujaron a la Armada hacia el mar del Norte. Ya no se podía fondear en puertos flamencos. Ya no se podía embarcar a los tercios de Alejandro Farnesio. Durante tres días los ingleses persiguieron a los 116 barcos católicos sin atreverse a entrar en combate: el 11 de agosto los ingleses se dieron la vuelta y volvieron a sus puertos. El tornaviaje continuó por Escocia e Irlanda. Los temporales eran durísimos y los experimentados marineros del rey los iban capeando como podían. Los buques más dañados, o con menos hombres útiles a bordo, optaron por intentar ir a tierra, a una tierra –la irlandesa– cuyas costas no se conocían y que, tal vez para su desagracia, no podían imaginar tan erizadas de rocas. En ese mes se perdieron 28 barcos, pero frente a todas las fantasías escritas ahora basadas en dos documentos copiados en el siglo XIX (!), las últimas investigaciones han puesto de manifiesto una gran verdad, que podemos dar «por perdidos en los temporales, 28 buques, de los que más de la mitad fueron urcas y naves mediterráneas».

Los días siguientes fueron llegando barcos a Santander (en donde se reunió el grueso, medio centenar de barcos), Laredo (unos 15), Pasajes (otros 9), La Coruña (15, entre ellos el *San Juan,* en el que iba Lope de Vega), Gijón (1), Lisboa (1); los demás, más despacio, a otros puertos hasta completar el 75 por 100 de regresos. Lo que es evidente es que el fiasco de la empresa de Inglaterra no supuso el tan cacareado desbaratamiento del poder marítimo de la Monarquía Católica, o la hegemonía en los mares de Inglaterra. De haber sido así, ¿cuándo se asientan firmemente en América del Norte los ingleses?; ¿por qué, si era la gran potencia marítima, no desarrolla su imperio ultramarino oriental hasta el siglo XVIII?; si tan potente era el poder naval inglés, ¿por qué esperaron a que «bajara» la Gran Armada desde Irlanda camino de la península Ibérica? Acaso los marinos ingleses no eran tan buenos como se ha escrito siempre, ni los católicos tan malos. Más bien al contrario, todo parece indicar que éstos gozaban de un prestigio multigeneracional.

Las preguntas lógicas son muchas y la respuesta a cuantas fantasías ha habido sobre la expedición de 1588 giran alrededor de una cuestión: el triunfo fue, más que económico o político, eminentemente cultural. En ese año empezó la imposición de las formas de ver el mundo, la cultura, la Historia, a lo protestante. El esperpento, la derrota y la humillación culturales llegaron en el XIX y no se puede limitar a que la imagen de España desde entonces sea la de la España-gitana-medieval-levantisca, o lo que transmitió el romanticismo, o que para que por estos lares se crea que una verdad sea objetiva haya de ser escrita por un extranjero, y tantos tópicos más producto de la inferioridad colectiva que tan autocomplaciente ha sido (llegando a tener como un valor el ser una sociedad atrasada y que a la hora de encontrar un hueco en la responsabilidad mundial, prefiere acobardarse y buscar una excusa para enrocarse), sino al menosprecio de las costumbres diferenciadoras, a la homogeneización de lo cotidiano y a la confianza en la libertad de acción individual que no siempre ha de estar regida por el éxito como manifestación de ser un elegido de Dios. En este proceso de trasculturización, los «de acá» también han de asumir su responsabilidad.

Refiriéndose a los galeones de la Gran Armada, dice Casado Soto: «Tuvieron que hacer frente a la totalidad de las fuerzas navales» de Inglaterra y a pesar de ello y de las tempestades, los barcos construidos en los astilleros peninsulares «demostraron su fortaleza en la construcción y buenas cualidades veleras, así como el saber marinero de sus hombres, para mantener la asombrosa formación en elástico convoy, rechazar todos los ataques del enemigo y volver a sus bases después de mes y medio de ser zarandeados por el Atlántico norte enfurecido».

En 1588 el triunfo fue de índole psicológico: quedó claro, meridianamente claro, que el Rey Católico no era invencible. Era vulnerable. Fue una lección para aquel imperio; fue una lección para todos los imperios. A la Gran Armada empezaron a llamarla los ingleses «Armada Invencible», y con ese mote ha llegado a nuestros días. Tras el fiasco de la Armada, en el que se perdió menos de la mitad de las toneladas de la flota atlántica, Castilla fue a armar al corso en este mar para hostigar a los ingleses; éstos –tras el fracaso de 1589 en La Coruña– abandonaron totalmente las tácticas de ataque y huida y, finalmente, en toda Castilla se continuó alimentando la idea de la posibilidad de invadir Inglaterra (O'Donnell, 1983).

El desastre de la Armada llevó parejo, inmediatamente, la falta de marineros y pilotos, que no querían enrolarse en Sevilla para ir a América por miedo a que los volviesen a mandar a Inglaterra. Es por ello que de 1586 a 1589 no zarpó ninguna flota para las Indias, primero por las necesidades, y segundo por las pérdidas. De esta situación se beneficiaron –otra vez– los hanseáticos: si en 1579-1587 transportaron un 5,9 por 100 del avituallamiento de América, entre 1588-1592 lo hicieron con un 21,25.

Pero la verdad de las cosas es que hacia 1590 quedaron restablecidos los convoyes y las escoltas armadas, y hacia 1592 el comercio atlántico. Lo que no había sido abolido era el ambiente general de pánico e inseguridad. Es lo que se ha llamado «el efecto Drake» (Morineau, 1985), es decir, el miedo a hacerse a la mar y con él la tardanza en llegar a España las flotas. En efecto, entre 1594 y 1597, en que hubo abundancia de plata, se produjo una crisis financiera con inmovilización de capitales, seguros que no se podían pagar, etc. El dinero llegaba en remesas desconocidas por su cantidad hasta entonces, pero tarde y, por lo tanto, insuficiente.

Tras la Armada se pueden destacar más repercusiones en el mundo marítimo septentrional: no se logró el aislamiento pretendido de Holanda con respecto a Inglaterra. Las flotas de Castilla pudieron rehacerse con cierta facilidad: en 1589, año siguiente al desastre, se inició la construcción de 12 enormes buques de guerra, los «Doce Apóstoles»; en los años siguientes se volvieron a enviar otras tres flotas invasoras, una de ellas incluso mayor, con los mismos resultados.

El Canal se convirtió en un paso de infausto y aborrecible recuerdo, por lo que quedó controlado por los protestantes de tal manera que los pertrechos que venían a la Península desde las ciudades de las Hansas de Alemania o de Suecia (productos metalúrgicos, maderamen y pertrechos navales), se las tenían que ver y desear parar burlar los registros neerlandeses o ingleses. Igualmente, durante unos largos meses, o unos pocos años, la travesía del Atlántico tampoco era apetecible. La confianza de antaño se había desmoronado. Pero se siguió haciendo, de tal manera que aunque se asaltaran galeones por separado, nunca se interceptó una flota entera de Indias hasta 1628. La segunda se perdió en 1656 y la tercera en 1657. Es cierto: en un plazo de uno a dos años siguientes se construyeron 21 nuevos galeones para la navegación atlántica, de entre ellos cabe mencionarse los «Doce Apóstoles», cada uno de 1.000 toneladas. A la vez, entre 1589 y 1591, 235 barcos ingleses cruzaron el Atlántico, causando daños, pero no quebrando el poder español –como a la vista está; en 1595 murieron Drake en Panamá y Hawkins en Puerto Rico.

Pero en donde el impacto fue mayor, fue en la conciencia colectiva. Cervantes escribió trágicos versos: «¡Oh España, madre nuestra!».

Los ingleses vieron con claridad que la verdadera religión era la suya, que Dios estaba de su lado. Por su parte, de nuevo los vientos de la remoralización soplaron por España. El jesuita combativo antiisabelino Ribadeneira editó su *Tratado de la tribulación.* Había que ser coherente a la hora de explicar la derrota. Pero ¿qué derrota? Los herejes no habían vencido en batalla alguna, sino que la Armada había sido dañada por la tempestad. Ésta había sido mandada por la ira de Dios, provocada por los muchos pecados de los católicos y porque la empresa no la habían concebido como Dios quería, como una cruzada, sino como una guerra para satisfacer los intereses personales. Tenían que volver a la defensa de la religión y la fe; así vencerían a Inglaterra:

> Las causas particulares de aquel azote habían sido la lujuria y la deshonestidad de las personas nobles y principales; el repartimiento injusto de las cargas y gravezas de la república [...] la muchedumbre y maldad de los cobradores [de impuestos].

También alzó su voz fray José de Sigüenza y un sinfín de visionarios y apocalípticos que sumieron Castilla en una importante crisis de destino, que se vio aumentada por los levantamientos nobiliarios contra el rey en Ávila y Granada; en la manifestación a Palacio de Madrid; en las alteraciones de Antonio Pérez y Aragón... pero son capítulos de otro tema.

Como decíamos más arriba, hubo nuevos planes de invasión: en 1596 partió otra flota hacia Irlanda y una tercera en 1597; en 1601 hubo un desembarco en Wight y en 1602 otra flota llegó a Irlanda, se reunió con efectivos irlandeses y fueron derrotados en Tyrone. Se firmó la Capitulación de Kinsale. Con ésta y con la muerte en el mismo año de Isabel, las incertidumbres en Flandes, el camino que se abrió fue diferente: en 1604 se firmó la Paz de Londres, que ya venía preparándose desde 1599 por lo menos (Allen, Alvar).

Los ingleses lograron libre comercio en las posesiones españolas de Europa, pero no en Indias. No hubo ninguna cláusula que garantizara la libertad de conciencia en Inglaterra. Los ciudadanos ingleses que quisieran podrían combatir en los Países Bajos, pero a título individual, no bajo las banderas del rey. Los españoles lograron que el gobierno inglés no diese ayuda de ningún tipo a los rebeldes. Se denunciaron los tratados de ayuda mutua con Francia y Holanda y cesaron los ataques de corsarios auspiciados por la Corona inglesa. Se estipuló que ni corsarios ni flotas holandesas pudieran usar puertos ingleses. Los españoles podían atracar flotas de hasta 8 buques en puertos ingleses.

Se podría aceptar que los españoles triunfaron en la estrategia militar y los ingleses en la comercial. Fue una paz modélica que luego se tendría de referencia al firmar la Tregua de los Doce Años.

Jacobo I fue un rey amigo. Su muerte, en 1625 sembró de dolor la Corte de Madrid. De hecho, intentó casar a su hijo Carlos, príncipe de Gales, con la hermana de Felipe IV, María. Incluso vino a Madrid. Pero el esperado e increíble viaje se saldó con una negativa final a que se contrajera matrimonio. Carlos no perdonó esa suerte de humillación. Al subir al trono, ordenó un ataque contra Cádiz. Sin embargo, las grandes inestabilidades por las que atravesó la Inglaterra de Jacobo y Carlos (sobre todo durante su reinado desde 1625 a 1649) provocaron que las relaciones entre sendas Coronas pasasen a segundo plano. Además, en España preocupaba más la evolución de los acontecimientos en Praga, norte de Italia o París que otras cosas.

No obstante, con la subida de Cromwell al poder y su dictadura, con los ataques a Holanda y España, volvieron a vivirse situaciones que se asemejan a aquellas del XVI. En cualquier caso, entre 1654 y 1659 tuvo lugar una guerra con España, en frentes lejanos (pérdida de Jamaica en 1655) o más cercanos (Dunquerque). Efectivamente, la guerra anglo-española de 1655-1660 conoció diferentes acciones. El punto principal eran las disputas del *mare clausus* que defendían los privilegios hispanos con Indias, frente al que Cromwell y los puritanos querían anteponer un mar abierto comercial.

En abril de 1655 la flota inglesa que asediaba *La Española* fue repelida por la heroica defensa de Bernardino de Meneses, pero en mayo conquistaron Jamaica. Durante los dos años siguientes infringieron graves daños en Cádiz y Tenerife a las flotas de Indias. El caso es que mientras eso ocurría en Indias, en Londres el embajador español Alonso de Cárdenas proponía una alianza hispano-inglesa con ofertas de libertad de comercio, libertad de culto a los ingleses en España..., pero en medio de las negociaciones llegaron las noticias de Indias. Cárdenas fue llamado a Madrid y comoquiera que Cromwell ni restituyó Jamaica ni tomó una decisión sobre el pacto propuesto, se interpretó como una negativa y, por tanto, una declaración de guerra.

Durante el otoño de 1655 tuvieron lugar dos acontecimientos: el embargo de bienes en los barcos ingleses en España y la declaración de Cromwell o su «Manifiesto», por el que justificaba la guerra con España y su alianza con Francia (Tratado de Westminster, 1658).

Reorganizada la resistencia en Jamaica, por dos veces se intentó la reconquista de las Indias, sin conseguirse. Además, los ingleses asaltaron varias islas del Caribe y plaza de la actual Venezuela.

Por dos veces se intentó el bloqueo de Cádiz o la captura de la flota de Indias. Por fin lo lograron en 1656. En 1657 cayeron sobre Tenerife, capturando también buques refugiados allí procedentes de América.

Además, la alianza con Francia de 1658 permitió un fortísimo ataque en Flandes y la conquista de Dunquerque, Yprés, Gravelinas y Mardyck. La muerte de Cromwell y la firma de la paz hispanofrancesa favorecieron, a su vez, rubricar la paz con el recién restaurado Carlos II, en 1660; aunque aprovechando la debilidad sistémica española, no cesaron los ataques ingleses en América. La Paz de Madrid no llegó sino en 1667 y en la Segunda Paz de Madrid de 1670 se reconocieron las conquistas inglesas en América. Ahora bien, aunque cesaron las hostilidades a este lado del Atlántico, buques (y administración) de Inglaterra siguieron atacando costas y navíos españoles en Indias. En cualquier caso, los tiempos del enfrentamiento abierto volvieron a aletargarse hasta la Guerra de Sucesión.

BIBLIOGRAFÍA

Obras generales

ALVAR EZQUERRA, A., *Felipe II, la Corte y Madrid en 1561,* CSIC, Madrid, 1985.

—, *El Nacimiento de una capital europea. Madrid entre 1561 y 1606,* Madrid, Turner-Ayuntamiento de Madrid, 1989.

—, *Hacienda Real y mundo campesino en tiempos de Felipe II. Las perpetuaciones de baldíos en Madrid,* Madrid, Consejería de Agricultura de la CAM, 1990.

—, *La economía europea en el siglo XVI*, Madrid, Síntesis, 1991.

— (coord. y ed.), *Las Relaciones Topográficas de Felipe II*, Madrid, CSIC-Comunidad de Madrid, 1993, 3 vols.

—, *La leyenda negra*, Madrid, Akal, 1997.

—, *La Inquisición Española,* Madrid, Akal, 1997.

—, *Demografía y sociedad en la España de los Austrias,* Madrid, Arco, 1998.

—, *El César Carlos: de Gante a El Escorial,* Madrid, Banco Bilbao Vizcaya, 1998.

—, *La caza del rey. Monterías, lances y angustias (siglos XVI-XVII),* Madrid, La Trébere, 2001.

—, *Creyentes y gobernantes en tiempos de Felipe II: la religiosidad en Madrid,* Madrid, Consejería de las Artes, Comunidad de Madrid, 2002.

—, *Isabel la Católica. Una reina vencedora, una mujer derrotada* [2002], Madrid, Temas de Hoy, ^{4}2004.

— (coord. y ed.), *Socialización, vida privada y actividad pública de un emperador del Renacimiento. Fernando I (1503-1564),* Madrid, Sociedad Estatal de Conmemoraciones Culturales, 2004.

—, *Cervantes. Genio y Libertad* [2004], Madrid, Temas de Hoy, ²2005.

—, «Las costumbres religiosas en Andalucía *circa* 1575: tiempos de pecado, tiempos de reformación», en A. Cortés, J. L. Betrán y E. Serrano (eds.), *Religión y poder en la Edad Moderna, Actas del Coloquio Religión y poder en la Edad Moderna,* Granada, 2005.

—, «Cervantes, la Epistemología Histórica de su tiempo y otros lugares comunes», *Edad de Oro* XXV (2006) pp. 9-34.

—, *El cartapacio del Cortesano Errante,* Madrid, Imprenta Artesanal de Madrid, 2006 y facsímiles.

—, *Cuatro mil kilómetros tras las estelas del Cid. Alegrías y turbaciones de un cuarentón*, Madrid, Iberia Cards, 2007.

—, «Sobre migración, naturaleza y vecindad en los tiempos del Imperio», *Torre de los Lujanes* 60 (2007), pp. 9-34.

—, «Cervantes contra Moros y Turcos y su vuelta a casa», en B. Anatra, M. Grazia Mele, G. Murgia y G. Serreli Giovanni (dirs.), *«Contra moros y turcos». Politiche e sistemi di difesa degli stati della corona di Spagna in età moderna. Convegno Internazionale di Studi (Villasimius-Baunei, 20-24 settembre 2005),* Cagliari-Genova-Torino-Milano, Istituto di Storia dell'Europa Mediterranea-CNR, 2008, pp. 49-79.

— (ed.), *Las Enciclopedias en España antes de l'Encyclopedie*, Madrid, CSIC, 2009.

—, «El sentido histórico de la *Historia de España* del padre Mariana», *Torre de los Lujanes* 65 (2009), pp. 51-74.

—, «Comer y ser en la Corte del Rey Católico. Mecanismos de diferenciación social en el cambio de siglo», en E. García Santo-Tomás (ed.), *Materia crítica: formas de ocio y de consumo en la cultura áurea,* Madrid-Frankfurt, Iberoamericana-Vervuert, Universidad de Navarra, 2009, pp. 295-320.

—, *El Duque de Lerma. Corrupción y desmoralización en la España del siglo XVII*, Madrid, Esfera de los libros, 2010.

ALVAR EZQUERRA, A.; KHEVENHÜLLER-METSCH, G. K. y ALONSO SÁEZ, R. (coords.), *Khevenhüller. Temporalis pons per saecula. Kunst in Hochosterwtiz*, Kärnten, 2010.

—, «La Universidad de Alcalá en el siglo XVI», en A. Alvar Ezquerra (coord.), *Historia de la Universidad de Alcalá,* Alcalá de Henares, Universidad de Alcalá, 2010, pp. 155-182.

ALVAR EZQUERRA, A.; CONTRERAS, J. y RUIZ, J. I. (coords.), *Política y cultura en la Época Moderna (Cambios dinásticos. Milenarismos, mesianismos y utopía), Actas de la VI Reunión Científica de la Fundación Española de Historia Moderna,* Alcalá de Henares, Universidad de Alcalá, 2004.

ALVAR EZQUERRA, A. y DOMÍNGUEZ ORTIZ, A., *La sociedad española en la Edad Moderna*, Madrid, Istmo, 2005.

ALVAR EZQUERRA, A.; ANES Y ÁLVAREZ DE CASTRILLÓN, G. *et al., La economía en la España Moderna,* Madrid, Istmo, 2006.

ÁLVAREZ NOGAL, C., *El crédito de la Monarquía Hispánica en el reinado de Felipe IV*, Ávila, 1997.

—, *Sevilla y la Monarquía Hispánica en el siglo XVII*, Sevilla, 2000.

CARABIAS TORRES, A. M., «Carlos V en internet», *Cuadernos del Lazarillo. Revista Literaria y Cultural* 18 (2000), pp. 57-60.

CHUDOBA, B., *España y el Imperio (1519-1643)*, Madrid, 1963.

CLAVERO, B., «Tejido de sueños: la historiografía jurídica española y el problema del Estado», *Historia Contemporánea* 12 (1996), pp. 25-47.

DOMÍNGUEZ ORTIZ, A., «La concesión de naturalezas para comerciar con Indias durante el siglo XVII», *Revista de Indias* 76 (1959), pp. 227-259.

—, *El Antiguo Régimen. Los Reyes Católicos y los Austrias*, Madrid, 1973.

—, *Los extranjeros en la vida española durante el siglo XVII y otros artículos* [1960], Sevilla, 1996, pp. 137-164.

ELLIOTT, J. H., *Imperios del mundo atlántico: España y Gran Bretaña en América 1492-1830*, Madrid, 2006.

FERNÁNDEZ ALBALADEJO, P., *Fragmentos de Monarquía,* Madrid, 1992.

FERNÁNDEZ DE PINEDO, E.; GIL NOVALES, A. y DEROZIER, A., *Centralismo, Ilustración y agonía del Antiguo Régimen 1715-1833*, Barcelona, 1980.

FLORISTÁN, A. (coord.), *Historia de España en la Edad Moderna*, Barcelona, 2004.

GÓMEZ DEL CAMPILLO, M., «El Espía Mayor y el conductor de embajadores», *Boletín de la Real Academia de la Historia* XXIX (1946), pp. 317-339.

HERNÁNDEZ, B., «La contribución de los reinos y las finanzas del Imperio. Cataluña, Nápoles y Flandes en el reinado de Carlos V», en B. García García, (ed.), *El Imperio de Carlos V. Procesos de agregación y conflictos,* Madrid, 2000, pp. 185-211.

HERRERO SÁNCHEZ, M., «Las repúblicas mercantiles, ¿alternativa al modelo dinástico? Génova, las Provincias Unidas y la Monarquía Hispánica en la segunda mitad del siglo XVII», en A. Crespo y M. Herrero, (eds.), *España y las 17 Provincias de los Países Bajos. Una revisión historiográfica (siglos XVI-XVIII)*, Córdoba, 2002, pp. 189-227.

HESPANHA, A. M., «Para una teoria da história político-institucional do Antigo Regime», en *Poder e instituiçoes na Europa do Antigo Regime,* Lisboa, 1984, pp. 7-90.

HOSKINS, W. G., *The Age of Plunder, 1500-1547*, Burnt Mill, 1976.

KAMEN, H., *Una sociedad conflictiva 1469-1714*, Madrid, 1984.

LADERO QUESADA, M. Á., «La Hacienda castellana de los Reyes Católicos: 1493-1504», *Moneda y Crédito* 103 (1967), pp. 81-111.

LE FLEM, J. P.; PEREZ, J.; PELORSON, J. M.; LÓPEZ PIÑERO, J. M. y FAYARD, J., *La Frustración de un imperio. 1476-1714*, Barcelona, 1982

LYNCH, J., *Los Austrias*, Barcelona, 1983, 2 vols.

MARAÑÓN, G., *Antonio Pérez,* Madrid, 1998.

MARCOS MARTÍN, A., *España en los siglos XVI, XVII, XVIII. Economía y sociedad*, Barcelona, 2000.

MARTÍNEZ RUIZ, E.; GIMÉNEZ, E.; ARMILLAS, J. A. y MAQUEDA, C., *La España moderna*, Madrid, 1992.

MOLAS RIBALTA, P., *Edad Moderna (1474-1808)*, Madrid, 1988.

MONTOJO MONTOJO, V., «Crecimiento mercantil y desarrollo corporativo en España: los consulados extraterritoriales de extranjeros (ss. XVI-XVII)», *Anuario de Historia del Derecho Español* (1992), pp. 47-66.

O'DONNELL Y DUQUE DE ESTRADA, H., *La fuerza de desembarco de la Gran Armada contra Inglaterra (1588)*, Madrid, Naval, 1989.

PALLISER, D. M., *The Age of Elizabeth, 1547-1603*, Burnt Mill, 1983.

PARKER, G., *La gran estrategia de Felipe* II, Madrid, Alianza Editorial, 1998.
PEREZ, J., «La idea Imperial de Carlos V», en J. L. Castellano Castellano y F. Sánchez-Montes González, *Carlos V. Europeísmo y Universalidad. La figura de Carlos V,* Madrid, 2001, pp. 239-250.
PI CORRALES, M. de P., *Felipe II y la lucha por el dominio del mar*, Madrid, 1989.
RODRÍGUEZ SALGADO, M. J., *Un Imperio en transición. Carlos V, Felipe II y su mundo, 1551-1559* [1988, en inglés], Barcelona, 1992, pp. 66-68.
RUIZ MARTÍN, F., *Pequeño capitalismo y gran capitalismo. Simón Ruiz y sus negocios en Florencia*, Barcelona, 1992.
SANZ AYÁN, C., *Los banqueros de Carlos II*, Valladolid, 1988.
—, «La presencia del capitalismo cosmopolita durante el reinado de los Reyes Católicos: claves para una interpretación», en *El tratado de Tordesillas y su época*, Tordesillas, 1995, pp. 467-477.
—, «Bajo el signo de Júpiter: negocios y hombres de negocios en el Madrid del seiscientos», en M. Morán. y B. García García (eds.), *El Madrid de Velázquez y Calderón. Villa y Corte en el siglo XVII, vol. I: Estudios históricos*, Madrid, 2001.
SCHAUB, J.F., «La peninsola iberica nei secoli XVI e XVII: la questione dello stato», *Studi Storici* 36, (1995), pp. 9-49.
YUN CASALILLA, B., *Marte contra Minerva. El precio del imperio español, c. 1450-1600*, Barcelona, 2004, p. XV.

Política interior

ANES, G., *Las crisis agrarias en la España moderna*, Madrid, 1970.
ALVAR EZQUERRA, A., *El nacimiento de una capital europea. Madrid entre 1561 y 1606*, Madrid, 1989.
—, *El Duque de Lerma,* Madrid, 2010.
ARDIT, M., *Els homes i la terra al País Valencià (segles XVI-XVIII)*, Barcelona, 1993.
ARTOLA, M., *La monarquía española*, Madrid, 1999.
BATLLORI, M., *Humanismo y Renacimiento*, Barcelona, 1987.
BENNASSAR, B., *Valladolid en el Siglo de Oro. Una ciudad de Castilla y su entorno agrario en el siglo XVI*, Madrid, 1987.

—, *La América española y la América portuguesa. Siglos XVI-XVIII*, Madrid, 1980.

BOUZA, F. y BETRÁN, J. L., *Enanos, bufones, monstruos, brujos y hechiceras*, Barcelona, 2005.

BRANDI, K., *Carlos V. Vida y fortuna de una personalidad y de un imperio mundial*, México, 1993.

CARANDE, R., *Carlos V y sus banqueros*, Barcelona, 1987.

CARO BAROJA, J., *Los judíos en la España moderna y contemporánea*, Madrid, 1976.

CARRASCO, A., Sangre, honor y privilegio. La nobleza española bajo los Austrias, Barcelona, 2000.

CARRETERO ZAMORA, J. M., *La averiguación de la Corona de Castilla 1525-1540: los pecheros y el dinero del reino en la época de Carlos V,* Valladolid, 2009.

CÉSPEDES DEL CASTILLO, G., *América hispánica 1492-1898*, Barcelona, 1983.

CHAUNU, P., *La España de Carlos V*, Barcelona, 1976, 2 vols.

—, *Sevilla y América. Siglos XVI-XVII*, Sevilla, 1983.

COLÁS, G. y SALAS, J., *Aragón en el siglo XVI. Alteraciones sociales y conflictos políticos*, Zaragoza, 1982.

CONTRERAS, J., *Historia de la Inquisición española (1478-1834). Herejías, delitos y representación*, Madrid, 1997.

—, *Carlos II el Hechizado. Poder y melancolía en la corte del último Austria,* Madrid, 2003.

DANTÍ RIU, J., *Aixecaments populars als Països Catalans: 1687-1693*, Barcelona, 1990.

DOMÍNGUEZ ORTIZ, A. y VINCENT, B., *Historia de los moriscos*, Madrid, 1978.

DURÁN, E., *Les Germanies dels Països Catalans*, Barcelona, 1982.

ELLIOTT, J. H., *La rebelión de los catalanes*, Barcelona, 1977.

— (ed.), *Poder y sociedad en la España de los Austrias*, Barcelona, 1982.

—, *El conde-duque de Olivares*, Barcelona, 1990.

ELLIOTT, J. H. y BROCKLISS, L. (dir.), *El mundo de los validos*, Madrid, 1999.

ESCUDERO, J.A., *Los secretarios de Estado y del despacho*, Madrid, 1969, 4 vols.

FERNÁNDEZ ALBADALEJO, P., *Fragmentos de monarquía*, Madrid, 1993.

FERNÁNDEZ ÁLVAREZ, M., *La sociedad española en el Siglo de Oro*, Madrid, 1984.
FORTEA PÉREZ, J. L., *Monarquía y cortes en la Corona de Castilla. Las ciudades ante la política fiscal de Felipe II*, Salamanca, 1990.
GALASSO, G., *En la periferia del imperio. La monarquía hispánica y el reino de Nápoles*, Barcelona, 2000.
GARCÍA-BAQUERO GONZÁLEZ, A., *La Carrera de Indias: suma de la contratación y océano de negocios*, Sevilla, 1992.
GARCÍA CÁRCEL, R., *Las Germanías en Valencia*, Barcelona, 1981.
—, *La leyenda negra. Historia y opinión*, Madrid, 1992.
GARCÍA CÁRCEL, R. y MORENO MARTÍNEZ, D., *Inquisición. Historia crítica*, Madrid, 2000.
GARCÍA VILLOSLADA, R. (ed.), *La Iglesia en la España de los siglos XV y XVI*, vol. 3 de *Historia de la Iglesia en España,* Madrid, 1980.
GIL PUJOL, X., *Tiempo de política: perspectivas historiográficas sobre la Europa Moderna*, Barcelona, 2006.
GÓMEZ CENTURIÓN, C., *La Invencible y la empresa de Inglaterra*, Madrid, 1988.
GONZÁLEZ ALONSO, B., *El corregidor castellano (1345-1808)*, Madrid, 1970.
HAMILTON, E. J., *El tesoro americano y la revolución de los precios en España*, Barcelona, 1975.
KAGAN, R., *Universidad y sociedad en la España Moderna*, Madrid, 1981.
KAMEN, H., *La España de Carlos II*, Barcelona, 1981.
LALINDE, J., *La institución virreinal en Cataluña (1471-1716)*, Barcelona, 1964.
MARAVALL, J. A., *Estado moderno y mentalidad social*, Madrid, 1972.
—, *Las Comunidades de Castilla*, Madrid, 1979.
MARTÍNEZ MILLÁN, J. (ed.), *Instituciones y elites de poder en la Monarquía Hispana durante el siglo XVI*, Madrid, 1992.
— (dir.), *La corte de Felipe II*, Madrid, 1994.
MARTÍNEZ MILLÁN, J. y VISCEGLIA, M. A. (dirs.), *La Monarquía de Felipe III,* Madrid, 2008/2009.
MOLAS RIBALTA, P., *Consejos y audiencias durante el reinado de Felipe II*, Valladolid, 1984.

—, *La burguesía mercantil en la España del Antiguo Régimen*, Madrid, 1985.
—, *Los gobernantes de la España moderna*, Madrid, 2008.
NADAL, J., *La población española. Siglos XVI-XX*, Bacelona, 1986.
PARKER, G., *España y la rebelión de Flandes*, Madrid, 1989.
—, *Felipe II*, Madrid, 1984.
PEREZ, J., *La revolución de las Comunidades de Castilla*, Madrid, 1977.
PÉREZ MOREDA, V., *Las crisis de mortalidad en la España interior. Siglos XVI-XIX*, Madrid, 1980.
PÉREZ SAMPER, M. A., *Catalunya i Portugal el 1640*, Barcelona, 1992.
REY CASTELAO, O., *La historiografía del voto de Santiago: recopilación crítica de una polémica histórica*, Santiago de Compostela, 1985.
RIVERO RODRÍGUEZ, M., *Felipe II y el gobierno de Italia*, Madrid, 1998.
—, *La España de Don Quijote. Un viaje al Siglo de Oro*, Madrid, 2005.
RIBOT, L. (coord.), *La monarquía de Felipe II a debate*, Madrid, 2000.
RINGROSE, D. R., *Madrid y la economía española 1560-1850*, Madrid, 1985.
RODRÍGUEZ SALGADO, M. J., *Un imperio en transición. Carlos, Felipe II y su mundo*, Barcelona, 1992.
TOMÁS Y VALIENTE, F., *Gobierno e instituciones en la España del Antiguo Régimen*, Madrid, 1982.
TORRES SANS, X., *Els bandolers (ss. XVI-XVII)*, Barcelona, 1991.
SERRA, E. *et al.*, *La revolució catalana de 1640*, Barcelona, 1991.
THOMPSON, I. A. A., *Guerra y decadencia. Gobierno y administración en la España de los Austrias, 1560-1620,* Barcelona, 1981.
VALLADARES, R., *La rebelión de Portugal, 1640-1680*, Valladolid, 1998.
VASSBERG, D. E., *Tierra y sociedad en Castilla. Señores «poderosos» y campesinos en la España del siglo XVI*, Barcelona, 1986.
VILLARI, R., *La revuelta antiespañola en Nápoles*, Madrid, 1979.
YUN CASALILLA, B., *Sobre la transición al capitalismo en Castilla. Economía y sociedad en Tierra de Campos, 1500-1830*, Salamanca, 1987.

El Imperio

ASCH, R., *The Thirty Years War. The Holy Roman Empire and Europe, 1618-1648*, Nueva York, 1997.

CARTER, Ch. H., *The Secret Diplomacy of the Habsburgs, 1598-1625,* Nueva York, 1964.

DOTZAUER, W., *Die deutschen Reichskreise (1383-1806). Geschichte und Aktenedition*, Stuttgart, 1998.

DUCHHARDT, H., *Deutsche Verfassungsgeschichte 1495-1806*, Stuttgart-Berlín-Colonia, 1991.

EDELMAYER, F., «Nuevas investigaciones sobre la historia del Sacro Imperio Romano Germánico (1519-1648)», *Cuadernos de Historia Moderna* 15 (1994), pp. 171-189.

— y RAUSCHER, P., «La frontera oriental del Sacro Imperio en la época de Carlos V», *Hispania* LX-3 (2000), pp. 853-880.

KOHLER, A., *Das Reich im Kampf um die Hegemonie in Europa, 1521-1648*, Múnich, 1990.

NEUHAUS, H., *Das Reich in der Frühen Neuzeit*, Múnich, 1997.

PRESS, V., *Kriege und Krisen. Deutschland 1600-1715*, Múnich, 1991.

SCHMIDT, G., *Geschichte des Alten Reiches. Staat und Nation in der Frühen Neuzeit 1495-1806*, Múnich, 1999.

Flandes

ADAMS, J., «Trading States, Trading Places: the Role of Patrimonialism in Early Modern Dutch Development», *Comparative Studies in Society and History* 36, 2 (1994), pp. 319-355.

AERTS, E. y BAELDE, M. (eds.), *Les institutions du gouvernement central des Pays-Bas habsbourgeois (1482-1795),* vol. I, Bruselas, Archives Générales du Royaume, 1995.

ALCALÁ ZAMORA Y QUEIPO DE LLANO, J., *España, Flandes y el Mar del Norte, (1618-1639). La última ofensiva europea de los Austrias madrileños,* Barcelona, Planeta, 1975 (reedición, Madrid, Centro de Estudios Políticos y Constitucionales, 2001).

ALLEN, P. C., *Felipe III y la pax Hispánica, 1598-1621. El fracaso de la gran estrategia*, Madrid, Alianza Editorial, 2001.

BARRIOS, F., «El Consejo de Flandes y de Borgoña», en *Los Reales Consejos. El gobierno central de la Monarquía en los escritos sobre Madrid del siglo XVIII,* Madrid, 1988, pp. 251-254.

BELY, L., *La société des princes: XVIe-XVIIIe siècle*, París, Fayard, 1999.

BENEDICT, P.; MARNEF, G.; NIEROP, H. van y VENARD, M. (eds.), *Reformation, Revolt and Civil War in France and the Netherlands, 1555-1585*, Ámsterdam, Royal Netherlands Academy of Arts and Sciences, 1999.

BERCÉ, Y. M. Y GUARINI, E. F. (dirs.), *Complots et conjurations dans l'Europe moderne*, Roma, 1996.

BIRELEY, R., *The Counter-Reformation prince: anti-Machiavellianism or Catholic statecraft in early modern Europe*, Chapel-Hill, University of North Carolina Press, 1990.

BLOCKMANS, W. P, «Finances publiques et inégalité sociale dans les Pays-Bas aux XIV-XVI siècles», en J.-P Genet. y M. Le Mené (eds.), *Genèse de l'État Moderne. Prélèvement et redistribution*, París, 1987, pp. 77-90.

—, «Alternatives to monarchical centralization: the great tradition of Revolt in Flanders and Brabant», en H. G. Koenisberger (ed.), *Republiken und Republikanismus im Europa der frühen Neuzeit*, Múnich, Oldenbourg, 1988, pp. 145-154.

—, «Voracious states and obstructing cities. An aspect of state formation in preindustrial Europe», *Theory and Society* 18 (1989), pp. 733-755.

—, *Carlos V. La Utopía del Imperio*, Madrid, Alianza Editorial, 2000.

BLOCKMANS, W. P. y PETERS, E. (eds.), *The Promised Lands: The Low Countries Under Burgundian Rule, 1369-1530*, Filadelfia, University of Pennsylvania Press, 1999.

BLOM, J. C. H. y LAMBERTS, E. (eds.), *History of the Low Countries*, Nueva York-Oxford, Berghahn Books, 1999.

BONNEY, R., *The European Dynastic States, 1494-1660*, Oxford, Oxford UP, 1991.

BOONE, M. y PRAK, M., «Rulers, Patricians and burghers: the Great and the Little Traditions of urban revolt in the Low Countries», en K. Davis y J. Lucassen (eds.), *A miracle mirrored. The Dutch republic in European perspective*, Cambridge, Cambridge UP, 1995.

Calvete de Estrella, J. C., *El felicísimo viaje del muy alto y muy poderoso príncipe Don Felipe, hijo del Emperador Don Carlos Quinto Máximo, desde España a sus tierras de la baja Alemania, con la descripción de todos los estados de Brabante y Flandes*, Amberes, 1552.

Chabod, F., «¿Milán o los Países Bajos? Las discusiones en España sobre la "alternativa" de 1544», *Carlos V, 1500-1558*, Granada, Publicaciones de la Universidad de Granada, 1958.

Chaline, O., «Les Pays Bas espagnols au xviie siècle», *xviie Siècle* 240, (2008), pp. 391-533.

Chaunu, P. «Les Pays-Bas dans l'Empire de Charles Quint et Philipe II», *Histoire, économie et société* 12, 3, (1993), pp. 403-418.

Clerici, A., «La rivolta dei Paesi Bassi nella recente storiografia (1990-2001)», *Annali di Storia Moderna e Contemporanea* IX, (2003), pp. 647-661.

Congreso Internacional «Dos monarcas y una historia en común: España y Flandes bajo los reinados de Carlos V y Felipe II», Madrid, Sociedad Estatal para la Conmemoración de los Centenarios de Felipe II y Carlos V, 2001.

Crespo Solana, A. y Herrero Sánchez, M. (eds.), *España y las 17 provincias de los Países Bajos. Una revisión historiográfica (siglo xvi-xviii),* Córdoba, Universidad de Córdoba, 2002, 2 vols.

Davids, K. y Lucassen, J. (eds.), *A miracle mirrored. The Dutch Republic in European Perspective*, Cambridge, Cambridge UP, 1995.

Domínguez Ortiz, A., «El Almirantazgo de los Países Bajos septentrionale y la política económica de Felipe IV», *Hispania* 7, (1947), pp. 272-290.

Duke, A., *Reformation and Revolt in the Low Countries*, Londres, Hambledon Press, 1990.

Duvosquel, J. M. y Vandevivere, I. (dirs.), *Splendeurs de l'Espagne et les Villes belges, 1500-1700*, Bruselas, Palais des Beaux-Arts, 1985, 2 vols.

Echevarría Bacigalupe, M. A., *La diplomacia secreta en Flandes, 1598-1643*, Bilbao, Servicio Editorial de la Universidad del País Vasco, 1984.

—, «Relaciones económicas y fiscales en la Monarquía Hispánica, siglos xvi y xvii», *Hispania* 179 (1991), p. 933-964.

—, *Flandes y la Monarquía Hispánica, 1500-1713*, Madrid, Sílex, 1998.

—, «Espionaje en Flandes durante el reinado de Felipe II», en A. Fernández de Molina (ed.), *Antonio Pérez. Semana Marañan '98*, Zaragoza, Fundación Gregorio Marañón, Instituto Fernando el Católico, Excma. Diputación de Zaragoza, 1999, pp. 69-88.

ESTEBAN ESTRINGANA, A., «La crise politique de 1629-1633 et le début de la préminance institutionelle de Pierre Roose dans le gouvernement général des Pays-Bas Catholiques», *Revue Belge de Philologíe et d'Histoire* 76, 4, (1998), pp. 939-977.

—, *Guerra y finanzas en los Países Bajos católicos. De Farnesio a Spínola (1592-1630),* Madrid, Laberinto, 2002a.

—, «Guerra y redistribución de cargas defensivas. La Unión de Armas en los Países Bajos católicos», *Cuadernos de Historia Moderna* 27 (2002b), pp. 49-98.

—, «Administración militar y negocio de guerra en los Países Bajos católicos. Siglo XVII», en A. Crespo Solana y M. Herrero Sánchez, *España y las 17 provincias de los Países Bajos. Una revisión historiográfica (siglos XVI-XVIII)*, Córdoba, Universidad de Córdoba, 2002c, vol. I, pp. 65-100.

—, *Madrid y Bruselas. Relaciones de gobierno en la etapa postarchiducal (1621-1634)*, Lovaina, Leuven UP, 2005.

EVERAERT, J., *De internationale en Koloniale handel der vlaamse firma's te Cadiz, 1670-1700*, Brujas, 1973.

FAGEL, R., *De Hispano-Vlaamse wereld de contacten tussen Spanjaarden en Nederlanders, 1496-1555*, Bruselas y Nimega, Archives et Bibliothéques de Belgique, 1996.

—, «La cultura de corte en España y los Países Bajos alrededor de 1500», *Torre de los Lujanes* 44 (2001), pp. 27-41.

FERNÁNDEZ ÁLVAREZ, M., *Carlos V, el césar y el hombre*, Madrid, Espasa Calpe, 1999.

FOURNEL, J-L., «Du bon usage historique de l'hérésie. La révolte des Flandres dans la pensée politique de Campanella», en M. Blanco-Morel y M.-F. Piejus (eds.), *Les Flandres et la culture espagnole et italienne aux XVIe et XVIIe siècles,* Lille, 1998, pp. 121-138.

GARCÍA GARCÍA, B. (ed.), *El final de la guerra de Flandes (1621-1648)*, Madrid, Fundación Carlos de Amberes, 1998.

—, «La Corte de los Archiduques en Bruselas», *Torre de los Lujanes* 44, (2001), pp. 59-75.

—, *Tiempo de Paces. La Pax Hispánica y la Tregua de los Doce Años*, Madrid, Fundación Carlos de Amberes, 2009.

GELDEREN, M. van, *The political thought of the Dutch Revolt (1555-1590)*, Cambridge, Cambridge UP, 1992.

GELDEREN, M. van y SKINNER, Q. (eds.), *Republicanism. A Shared European Heritage*, Cambridge, Cambridge UP, 2002, 2 vols.

GEYL, P., *The Netherlands in the Seventeenth Century*, Nueva York, Barnes & Noble, 1961-1964, 2 vols.

GONZÁLEZ DE LEÓN, F. J., *The road to Rocroi: the Duke of Alba, the Count Duke of Olivares and the high command of the Spanish Army of Flanders in the Eighty Years War, 1567-1659,* Míchigan, Ann Arbor, 1994.

GOOSSENS, A., *Les Inquisitions modernes dans les Pays-Bas Meridonaux, 1520-1633*, Bruselas, Éditions de l'Université de Bruxeles, 1997, 2 vols.

HALKIN, L. E., *La Réforme en Belgique sous Charles-Quint,* Bruselas, La Renaissance du livre, 1957.

HERNÁNDEZ, B., «La contribución de los reinos y las finanzas del Imperio. Cataluña, Nápoles y Flandes en el reinado de Carlos V», B. García García (ed.), *El Imperio de Carlos V. Procesos de agregación y conflictos,* Madrid, Fundación Carlos de Amberes, 2000, pp. 185-211.

HERRERO SÁNCHEZ, M., *Las Provincias Unidas y la Monarquía Hispánica (1588-1702)*, Madrid, Arco Libros, 1999.

—, «La política de embargos y el contrabando de productos de lujo en Madrid (1635-1673). Sociedad cortesana y dependencia de los mercados internacionales», *Hispania* 201, LIX/1 (1999), pp. 171-191.

—, *El acercamiento hispano-neerlandés, 1648-1678,* Madrid, CSIC, 2000.

—, «Flandes, territorio imperial», *Torre de los Lujanes* 42, (2000), pp. 109-121.

—, «Las repúblicas mercantiles, ¿Alternativa al modelo dinástico? Génova, las Provincias Unidas y la Monarquía Hispánica en la segunda mitad del siglo XVII», en A. Crespo y M. Herrero Sánchez (eds.), *España y las 17 Provincias de los Países Bajos. Una revisión historiográfica (siglos XVI-XVIII)*, Córdoba, Universidad de Córdoba, 2002, vol. I, pp. 189-227.

—, «La Monarquía Hispánica y la cuestión de Flandes», en P. Sanz Camañes (ed.), *La Monarquía Hispánica en tiempos del Quijote*, Ciudad Real, Sílex, 2005, pp. 501-527.

HERRERO SÁNCHEZ, M. y RUIZ IBÁÑEZ, J. J., «Defender la patria y defender la religión: las milicias urbanas en los Países Bajos españoles, 1580-1700», en J. J. Ruiz Ibáñez (coord.), *Las milicias del rey de España. Sociedad, política e identidad en las Monarquías Ibéricas*, México-Madrid, FCE, 2009, pp. 268-296.

HONACKER, K van, «Citizens and politics in the Duchy of Brabant: political opportunity and political culture in Brussels, Antwerp and Leuven in the Se-venteenth Century», en W. Thomas (ed.), *Rebelión y Resistencia en el Mundo Hispánico del siglo XVII*, Lovaina, Avisos de Flandes, 1992, pp. 41-52.

HSIA, R. P.-C., *The worl of Catholic Renewal, 1540-1770*, Cambridge, Cambridge UP, 2002.

ISRAEL, J. I., «España y los Países Bajos españoles durante la época de Olivares (1621-1643)», en J. Elliott y A. García Sanz (eds.), *La España del Conde Duque de Olivares*, Valladolid, Universidad de Valladolid, 1990, pp. 109-127.

—, *The Dutch Republic: its rise, greatness, and fall, 1477-1806*, Oxford, Oxford UP, 1995.

—, *La república holandesa y el mundo hispánico, 1606-1661*, Madrid, Nerea, 1997a.

—, *Conflicts of Empires. Spain, the Low Countries and the Struggle for World Supremacy, 1585-1713*, Londres, Hambledon, 1997b.

—, «Carlos V y el papel estratégico de Flandes en la Monarquía española de la época de los Habsburgo», en J. L. Castellano y F. Sánchez-Montes (eds.), *Carlos V. Europeismo y Universalidad. Los escenarios del Imperio*, Madrid, SEACEX, 2001, vol. III, pp. 299-304.

JANSSENS, P., «L'échec des tentatives de soulèvement aux Pays-Bas sous Philipe IV (1621-1665)», *Revue d'Histoire Diplomatique* 92 (1978), pp. 110-129.

—, *L'évolution de la noblesse belge depuis la fin du moyen âge*, Bruselas, Crédit Communal, 1997.

— (ed.), *La Belgique Espagnole Et La Principauté De Liège, 1585-1715,* Bruselas, Dexia Banca, 2006, 2 vols.

JEANNIN, P., «Les intersections entre l'Europe du Nord et la monarchie de Charles Quint», en J. L. Castellano, y F. Sánchez-Montes (eds.), *Carlos V. Europeismo y Universalidad. Los escenarios del Imperio,* Madrid, 2001, vol. III, pp. 305-314.

KOENIGSBERGER, H. G., *Monarchies, States Generals and Parliaments. The Netherlands in the Fifteenth and Sixteenth Centuries*, Cambridge, Cambridge UP, 2001.

LECHNER, J. y BOER, H. den (eds.), *España y Holanda. Ponencias leídas durante el V coloquio hispanoholandés de historiadores*, Ámsterdam, Rodopi, 1995.

LEFEVRE, J., «La compénétration hispano-belge aux Pays-Bas catholiques pendant le XVII siècle», *Revue Belge de Philologie et Histoire* XVI, 16 (1937), pp. 599-621.

LONCHAY, H., *La rivalité de la France et de l'Espagne aux Pays-Bas (1635- 1700): Étude d'histoire diplomatique et militaire*, Bruselas, Hayez, 1896.

MARNEF, G., «The Dynamics of Reformed Religious Militancy: The Netherlands, 1566-1585», en P. Benedict, G. Marnef , H. van Nierop y M. Venard (eds.), *Reformation, Revolt and Civil War in France and the Netherlands, 1555-1585*, Ámsterdam, Koninklijke Nederlandse Akademie van Wetenschappen, 1999, pp. 51-79.

MILHOU, A., *Pouvoir royal et absolutisme dans l'Espagne du XVIe siécle*, Toulouse, Presses Universitaires du Mirail, 1999.

MOTLEY, J. L., *The Rise of the Dutch Republic. A History*, Londres, S.O. Beeton, 1859.

NIEROP, H. F. K. van, *The nobility of Holland. From knights to regents, 1500-1650*, Cambridge, Cambridge UP, 1984.

PARKER, G., *Spain and the Netherlands, 1559-1659*, Londres, Collins, 1979.

—, *El ejército de Flandes y el Camino Español, 1567-1659*, Madrid, Alianza Editorial, 1986.

—, *España y la rebelión de Flandes,* Madrid, Nerea, 1989.

PIRENNE, H., *Histoire de la Belgique*, Bruselas, Lamertin, 1926.

RABASCO VALDÉS, J. M., «Una etapa del Consejo de Flandes y de Borgoña: del "ministerio Colateral" a las Ordenanzas de 1588»,

Anuario de Historia Moderna y Contemporánea 6 (1979), pp. 59-81.

—, *El Real y Supremo Consejo de Flandes y de Borgoña (1419-1702)*, Tesis doctoral inédita, Universidad Complutense, Madrid, 1981.

RIBOT, L., «¡Tan lejos! ¡Tan cerca! La difícil permanencia de Flandes en la monarquía de España», en VVAA, *La senda española de los artistas flamencos*, Madrid, Galaxia Gutenberg, 2009, pp. 21-43.

RIVERO RODRÍGUEZ, M., *Diplomacia y relaciones exteriores en la Edad Moderna*, Madrid, Alianza Editorial, 2000.

RODRÍGUEZ-SALGADO, M. J., *Un imperio en transición. Carlos V, Felipe II y su mundo, 1551-1559*, Barcelona, Crítica, 1992.

RUIZ IBÁÑEZ, J. J., «La Guerra Cristiana. Los medios y agentes de creación de opinión en los Países Bajos españoles ante la intervención en Francia (1593-1598)», en A. Crespo Solana y M. Herrero Sánchez (eds.), *España y las 17 provincias de los Países Bajos. Una revisión historiográfica*, Córdoba, Universidad de Córdoba, 2002, vol. I, pp. 291-323.

—, *Felipe II y Cambrai: el consenso del pueblo. La soberanía entre la práctica y la teoría política (Cambrai, 1595-1677)*, Rosario, Prohistoria, 2003.

SANZ AYÁN, C., «Asentistas holandeses en las finanzas de la Monarquía Hispánica (1680-1715)», en J. Lechner y H. den Boer (eds.), *España y Holanda. Ponencias leídas durante el V Coloquio hispanoholandés de historiadores*, Ámsterdam, 1995, pp. 139-156.

SCHEPPER, H. de, «La organización de las "finanzas" públicas en los Países Bajos reales, 1480-1700», *Cuadernos de Investigación Histórica* 8 (1984), pp. 7-33.

—, «Essai sur le modèle de la décision politique aux Pays-Bas sous Philipe II, 1559-1598», en H. de Schepper y P. J. A. N. Rietbergen (eds.), *España y Holanda. Ponencias de los coloquios hispano-holandeses de historiadores, 1984-1988,* Madrid-Nimega, Comité Español de Ciencias Históricas, 1993, pp. 25-36.

— (ed.), *1648. La paz de Munster,* Barcelona-Nimega, Idea Books, 2000.

SCHEPPER, H. de y CAUCHIES, J. M., «Centralismo y autonomismo en los Países Bajos durante el siglo XVI», en A. Iglesia y S. Sánchez-Lauro (eds.), *Centralismo y autonomismo en los siglos XVI-XVII. Homenaje al profesor Jesús Lalinde Abadía,* Barcelona, Universitat de Barcelona, 1989, pp. 499-513.

SCHEPPER, H. de y VERMIER, R., «Gouverneur-général (1522-1598, 1621-1789, 1790-1794)», en E. Aerts y M. Baelde (eds.), *Les institutions du gouvernement central des Pays-Bas habsbourgeois (1482-1795),* vol. I, Bruselas, 1995, pp. 187-208.

SECRETAN, C., *Les privilèges berceau de la liberté. La Révolte des Pays-Bas: aux sources de la pensée politique moderne (1566-1619)*, París, Vrin, 1990.

STOLS, E., «Les transports dans le commerce des Pays-Bas meridionaux avec la Peninsule Ibérique (XIII-XVIII siècles)», en *Transporti e sviluppo economico. Atti della IV settimana di Studi di Prato*, Florencia, Le Monnier, 1986, pp. 151-157.

—, «Gustos y disgustos en la confrontación y el intercambio alimenticios entre España y Flandes (siglos XVI y XVII)», en A. Crespo Solana y M. Herrero Sánchez (eds.), *España y las 17 Provincias de los Países Bajos. Una revisión historiográfica (siglos XVI-XVIII)*, Córdoba, 2002, vol. 2, pp. 583-614.

STRADLING, R. A., *La Armada de Flandes, Política naval y guerra europea, 1568-1668,* Madrid, Cátedra, 1992.

THOMAS, W., «La corte de los Archiduques Alberto de Austria y la infanta Isabel Clara Eugenia en Bruselas (1598-1633). Una revisión historiográfica», en A. Crespo Solana y M. Herrero Sánchez (eds.), *España y las 17 Provincias de los Países Bajos. Una revisión historiográfica (siglos XVI-XVIII)*, Córdoba, 2002, pp. 355-386.

THOMAS, W. y DUERLOO, L. (dirs.), *Albert & Isabella, 1598-1621. Essays,* Bruselas-Lovaina, 1998.

THOMAS, W. y VERDONK, R.A. (dirs.), *Encuentros en Flandes. Relaciones e intercambios hispanoflamencos a incicios de la Edad Moderna*, Lovaina, Leuven University Press, 2000.

TILMANS, K., «Republicanism Citizenship and Civic Humanism in the Burgundian-Habsburg Netherlands (1477-1566)», M. van Gelderen y Q. Skinner (eds.), *Republicanism. A Shared European Heritage*, vol. 2, Cambridge, Cambridge UP, 2002, pp. 107-126.

TRACY, J. D., *A financial revolution in the Habsburg Netherlands: «Renten» and «Renteniers» in the County of Holland, 1515-1565*, Berkeley, University of California Press, 1985.

—, *Holland Under Habsburg Rule, 1506-1566: The Formation of a Body Politic,* Berkeley, University of California Press, 1990.

—, *Emperor Charles V, Impresario of War. Campaign Strategy, International Finance, and Domestic Politics*, Cambridge, Cambridge UP, 2002.

VANDENBULCKE, A., *Le pouvoir et l'argent sous l'Ancien Régime. La vénalité des offices dans les Conseils Collatéraux des Pays-Bas espagnols (seconde moitié du XVIIème siècle)*, Krotrijk-Heule, UGA, 1992.

VALLADARES RAMÍREZ, R., «Decid adiós a Flandes. La Monarquía Hispánica y el problema de los Países Bajos», en W. Thomas y L. Duerloo (eds.), *Albert & Isabella 1598-1621. Essays,* Bruselas, Turnhout: Brepols, 1998, pp. 47-54.

VÁZQUEZ DE PRADA, V., *Francia y Felipe II (1559-1598): Política, Religión y Razón de Estado*, Pamplona, Ediciones Universidad de Navarra, 2004.

VEENENDAAL, A. J., «Fiscal crisis and constitutional freedom in the Netherlands, 1450-1795», P. T. Hoffann y K. Norberg (eds.), *Fiscal Crsis, Liberty and Representative Government, 1450-1789*, Stanford, Stanford UP, 1994, pp. 96-137.

VERMEIR, R., *En estado de guerra. Felipe IV y Flandes (1629-1648)*, Córdoba, Universidad de Córdoba, 2006.

—, «En el centro de la periferia: los gobernadores generales en Flandes, 1621-1648», en A. Crespo Solana y M. Herrero Sánchez (eds.), *España y las 17 Provincias de los Países Bajos. Una revisión historiográfica (siglos XVI-XVIII)*, Córdoba, 2002, vol. I, pp. 388-402.

VIÑAS MEY, C., *Los Países Bajos en la política y en la economía mundial de España*, Madrid, 1944.

WADDINGTON, A., *La République des Provinces-Unies, la France et les Pays-Bas espagnols de 1630 à 1650*, París, Annales de l'Université de Lyon, 1895-1897, 2 vols.

WEE, H. van der (ed.), *The Rise and Decline of Urban Industries in Italy and in the Low Countries (Late Middle Ages-Early Modern Times)*, Lovaina, Leuven UP, 1988.

YUN CASALILLA, B., (ed.), *Las redes del Imperio. Élites sociales en la articulación de la Monarquía Hispánica, 1492-1714*, Madrid, Marcial Pons, 2009.

Francia

BENNASSAR, B. y VINCENT, B., *Le temps de l'Espagne*, Paris, Hachette, 1999.

BERCÉ, Y.-M. *et al.*, *Les monarchies espagnole et française du milieu du XVIe siècle à 1714*, París, Sedes, 2000.

BOIXAREU, M. y LEFERE, R. (coords.), *La Historia de España en la literatura francesa. Una fascinación...*, Madrid, Castalia, 2002.

CARNICER GARCÍA, C. y MARCOS RIVAS, J., *Sebastián de Arbizu, espía de Felipe II,* Madrid, 1998.

CIORANESCU, A., *Le masque et le visage. Du baroque espagnol au classicisme français*, Ginebra, Droz, 1983.

COSANDEY, F. y POUTRIN, I., *Monarchies espagnole et française 1550-1714*, París, Atlande, 2001.

DESCIMON, R., SCHAUB, J.-F. y VINCENT, B., *Les figures de l'administrateur. Institutions, réseaux et pouvoirs en Espagne, en France et au Portugal, 16e-19e siècles*, París, EHESS, 1997.

ELLIOTT, J. H., *Richelieu and Olivares*, Cambridge and London, 1984.

HAAN, B., *Une paix pour l'eternité. Les négociations du traité de Cateau-Cambresis*, Madrid, Casa de Velázquez, 2010.

HARAN, A., *Le lys et le globe. Messianisme dynastique et rêve impérial en France aux XVI et XVII siècles*, Seyssel, Champ Vallon, 2000.

HERMANN, C. y FRÉCHET, H., *Les monarchies française et espagnole du milieu du XVIe siècle à 1714*, París, Ed. du Temps, 2000.

HIDELSHEIMER, F., *Du Siècle d'or au Grand Siècle. L'État en France et en Espagne XVIe-XVIIIe siècle*, París, Flammarion, 2000.

HUGON, A., *Au service du Roi Catholique: «Honorables ambassadeurs» et «divins espions» face à la France,* Caen, 1996.

—, *Au service du roi catholique «honorables ambassadeurs» et «divins espinos»: représentation diplomatique et service secret dans les relations hispano-françaises de 1598 à 1635*, Madrid, Casa de Velázquez, 2004.

JOVER, J. M., *1635. Estudio de una polémica y semblanza de una generación* [1949], Madrid, CSIC, 2003.

LARGUIER, G. y LE FLEM, J.-P., *Les monarchies espagnole et française du milieu du XVIe siècle à 1714*, París, Messene, 2000.

LARGUIER, G. y DEDIEU, J.-P., *Les Monarchies espagnole et française du milieu du XVIe siècle à 1714. Textes et documents*, París, Messene, 2000.

LEBRUN, F., *Les monarchies espagnole et française du milieu du XVIe siècle à 1714 (territoires extra-européens exclus)*, París, Jacques Marseille, 2000.

LIVET, G., *L'équilibre européen de la fin du XVe siècle à la fin du XVIIIe siècle*, París, PUF, 1976.

MAQUART, M.-F., *L'espagne et le France de Charles II*, Tolosa, PUM, 2000.

MAZOUER, C. (ed.), *L'Âge d'or de l'influence espagnole à l'époque d'Anne d'Autriche. 1615-1666*, Mont-de-Marsan, Ed. interuniversitaire, 1991.

OCHOA BRUN, M. A., *Historia de la diplomacia española*, tt. 4-5-6, Madrid, 1995-2000.

RIBERA, J.-M., *Diplomatie et espionnage: les ambassadeurs du roi de France auprès de Philippe II: du Traité du Cateau-Cambrésis (1559) à la mort de Henri III (1589)*, París, Honoré Champion, 2007.

RIVERO RODRÍGUEZ, M., *Diplomacia y relaciones exteriores en la Edad Moderna*, Madrid, Alianza, 2000.

RODENAS VILAR, R., *La política europea and the decline of Spain, A study of the Spanish System*, 1580-1720, Londres, 1981.

SABATIER, G. y EDUARD, S., *Les monarchies de France et d'Espagne du milieu du XVIe à 1714*. París, Armand Colin, 2000.

SCHAUB, J.-F., *La France espagnole: les racines hispaniques de l'absolutisme français*, París, Seuil, 2003.

TALLON, A., *L'Europe du XVIème siècle. États et relations internationales*, París, PUF, 2010.

VÁZQUEZ DE PRADA, V., *Felipe II y Francia: política, religión y razón de estado*, Pamplona, EUNSA, 2004.

WALCH, A., *Les monarchies française et espagnole du Siècle d'or au Grand Siècle*, París, Ellipses, 2000.

— (dir.), *Politique et monarchies en France et en Espagne de 1555 à 1714 en dissertations corrigées*, París, Ellipses, 2000.

YARDENI, M., *La conscience nationale en France pendant les guerres de Religion*, París, Publications de La Sorbonne, 1971.

Italia

ÁLVAREZ-OSSORIO ALVARIÑO, A., «Gobernadores, agentes y corporaciones: la Corte de Madrid y el estado de Milán (1669-1675)», en G. Signorotto (ed.), *L'Italia degli Austrias. Monarchi católica e domini italiani nei secoli XVI e XVII*, Mantua, 1993, pp. 239-291.

—, *Milán y el legado de Felipe II. Gobernadores y corte provincial en la Lombardía de los Austrias*, Madrid, 2001.

BITOSSI, C., «Il picolo sempre succombe al grande: la Repubblica di Genova tra Francia e Spagna, 1684-1685», en *Il bombardamento di Genova nel 1684. Atti della Giornata di studio nel terzo centenario*, Génova, 1988, pp. 39-69.

—, *Il governo dei magnifici. Patriziato e politica a Genova fra Cinque e Seicento*, Génova, 1990.

—, «Genova, Spagna e Mediterraneo nel secondo cinquecento: bilanci e prospettive», en B. Anatra y F. Manconi (eds.), *Sardegna, Spagna e Stati italiani nell'età di Filippo II*, Cagliari, 1999, pp. 163-188.

BRANCACCIO, G., *«Nazione genovese». Consoli e colonia nella Napoli moderna*, Nápoles, 2001.

BRAUDEL, F., «Le siècle des génois s'acheve-t-il en 1627?», en F. Braudel, *Au tour de la Méditerrannée*, París, 1996.

BURKE, P., «Republics of Merchants in Early Modern Europe», en J. Baecheler, J. Hall y M. Mann (eds.), *Europe and the Rise of Capitalism*, Oxford, 1988, pp. 220-233.

CADENAS Y VICENT, V. de, *El protectorado de Carlos V en Génova. La «Condotta» de Andrea Doria*, Madrid, 1977.

CALABRIA, A., «Finanzieri genovesi nel Regno di Napoli nel Cinquecento», *Rivista Storica Italiana* 101, (1989), pp. 578-613.

CALCAGNO, G. C., «La navigazione convogliata a Genova nella seconda meta del Seicento», *Miscellanea Storica Ligure. Nuova serie periodica* III, 1 (1971), pp. 267-391.

CANOSA, R., *Banchieri genovesi e sovrani spagnoli tra Cinquecento e Seicento*, Roma, 1998.

CASANOVA, G., *La Liguria centro-occidentale e l'invasione franco-piemontese del 1625*, Génova, 1983.

CIASCA, R., *Istruzioni e Relazioni degli Ambasciatori Genovesi*, Roma, 1951-1957.

COLAPIETRA, R., «Le rendite genovese in Terra di Bari alla fine del Seicento», *Rivista Storica del Mezzogiorno* 2, (1967) pp. 153-167.
—, «I genovesi a Napoli nel primo Cinquecento», *Storia e politica* 6-7 (1968), pp. 386-419.
—, «Genovesi in Calabria nel Cinque e Seicento», *Rivista storica calabrese* 2 (1981), pp. 15-89.
COLLADO VILLALTA, P., «La nación genovesa en la Sevilla e la Carrera de Indias: declive mercantil y pérdida de la autonomía consular», en *Presencia italiana en Andalucía, siglos XIV-XVII. Actas del I Coloquio Hispano-italiano*, Sevilla, 1985, pp. 53-114.
COSTANTINI, C., *La Repubblica di Genova nell'età moderna*, Turín, 1978.
DORIA, G., «Un quadriennio critico: 1575-1578. Contrasti e nuovi orientamenti nella società genovese nel quadro della crisi finanziaria spagnola», en *Fatti e idee di storia economica nei secoli XII-XX. Studi dedicati a Franco Borlandi*, Bolonia, 1977, pp. 377-394.
—, «Conoscenza del mercato e sistema informativo: il know-how dei mercanti-finanzieri genovesi nei secoli XVI e XVII», en A. de Maddalena y H. Kellebenz (eds.), *La repubblica internazionale del denaro tra XV e XVII secolo*, Bolonia, 1986, pp. 57-122.
—, «Investimenti della nobiltà genovese nell'edilizia di prestigio (1530-1630)», en G. Doria, *Nobiltà e investimenti a Genova in Età Moderna*, Génova, 1995, pp. 235-285.
EMMANUELLI, R., *Gênes et l'Espagne dans la guerre de Corse (1559-1569)*, París, 1964.
GALASSO, G., *Economia e società nella Calabria del Cinquecento* [1967], Nápoles, 1992.
—, *Alla periferia dell'Impero: il Regno di Napoli nel periodo spagnolo (secoli XVI-XVII)*, Turín, 1994.
GIL-BERMEJO GARCÍA, J., «Naturalizaciones de italianos en Andalucía», en *Presencia italiana en Andalucía, siglos XIV-XVII. Actas del I Coloquio Hispano-italiano*, Sevilla, 1985, pp. 175-186.
GIOFFRÈ, D., *Gênes et les foires de changes de Lyon à Besançon*, París, 1960.
GRENDI, E., «Profilo storico degli alberghi genovesi», *Mélanges de l'École Française de Rome* 87 (1975), pp. 241-302.
—, *La repubblica aristocratica dei genovesi. Politica, carità e commercio fra Cinque e Seicento*, Bolonia, 1987.

—, *I Balbi. Una famiglia genoveses fra Spagna e Impero*, Turín, 1997.
HEERS, J., «Los genoveses en la sociedad andaluza del siglo XV: orígenes, grupos, solidaridades», en *Actas del II Coloquio de Historia Medieval andaluza*, Sevilla, 1983, pp. 419-441.
HERRERO SÁNCHEZ, M., «Una república mercantil en la órbita de la Monarquía Católica (1528-1684)», en B. Anatra y F. Manconi (eds.), *Sardegna, Spagna e Stati Italiani nell'età di Carlo V*, Roma, 2001, pp. 183-200.
—, «La Monarquía Hispánica y las comunidades extranjeras. El espacio del comercio y del intercambio en Madrid y Cádiz en el siglo XVII», *Torre de los Lujanes* 46 (2002), pp. 97-116.
—, «Génova y el sistema imperial hispánico», en A. Álvarez-Ossorio Alvariño y B. García García (eds.), *La Monarquía de las naciones. Patria, Nación y Naturaleza en la Monarquía de España,* Madrid, 2004, pp. 528-562.
—, «La república de Génova y la Monarquía Hispánica (siglos XVI-XVII)», *Hispania* LXV, 219 (2005), pp. 9-20.
—, «Génova y el sistema imperial hispánico», en B. García García y A. Álvarez Ossorio Alvariño (eds.), *La Monarquía de las Naciones. La Monarquía de España, un espacio plurinacional,* Madrid, 2005.
—, «La quiebra del sistema hispano-genovés (1627-1700)», *Hispania* LXV, 219 (2005), pp. 115-152.
—, «La finanza genovese e il sistema imperiale spagnolo», *Rivista di Storia Finanziaria* 19 (julio-agosto 2007), pp. 27-60.
—, «La red genovesa Spínola y el entramado transnacional de los marqueses de los Balbases al servicio de la Monarquía Hispánica», en B. Yun Casalilla (ed.), *Las redes del Imperio. Élites sociales en la articulación de la Monarquía Hispánica, 1492-1714,* Madrid, 2008.
KIRK, Th., «A Little Country in a World of Empires: Genoese Attempts to Pe-netrate the Maritime Trading Empires in the Seventeenth Century», *The Journal of European Economic History* 25, 2 (1996), pp. 407-421.
OTTE, E., «Il ruolo dei Genovesi nella Spagna del XV e del XVI secolo», en A. de Maddalena y H. Kellebenz (eds.), *La repubblica internazionale del denaro tra XV e XVII secolo*, Bolonia, 1986, pp. 27-56.

—, «El imperio genovés, 1522-1556», en *Banchi pubblici, banchi privati e monti di pietà nell'Europa preindustriale. Amministrazione, tecniche operative e ruoli economici. Atti della Società Ligure di Storia Patria* XXXI (1991), pp. 247-263.

PACINI, A., *I presuposti politici del «secolo dei Genovesi»: la Riforma del 1528*, Génova, 1990.

—, «La tirannia delle fazioni e la repubblica dei ceti. Vita politica e istituzioni a Genova tra Quattro e Cinquecento», *Annali dell'Istituto storico italo-germanico in Trento* 17 (1992), pp. 57-119.

—, *La Genova di Andrea Doria nell'Impero di Carlo V*, Florencia, 1999.

—, «El "padre" y la "república perfecta": Génova y la Monarquía española en 1575», en J. Bravo Lozano (ed.), *Espacios de poder,* vol. II: *Cortes, ciudades y villas (ss. XVI-XVIII)*, Madrid, 2002, pp. 119-132.

PIKE, R., «The Image of the Genoese in Golden Age Literature», *Hispania* 46, (1963), pp. 705-714.

—, *Enterprise and Adventure: the Genoese in Seville and the Opening of the New World*, Cornell, 1966.

POLEGGI, E., *Strada Nuova. Una lottizzazione nella Genova del Cinquecento*, Génova, 1972.

PUNCUH, D. (ed.), *Storia di Genova. Mediterraneo, Europa, Atlantico,* Génova, 2003.

SANCHO DE SOPRANIS, H., *Los genoveses en Cádiz antes de 1600*, Larache, 1939.

—, «Los genoveses en la región gaditano-xericense de 1460 a 1800», *Hispania* 8 (1948), pp. 355-402.

SAVELLI, R, *La Repubblica oligarchica. Legislazione, istituzioni e ceti a Genova nel '500*, Milán, 1981.

VILA VILAR, E., «Participación de capitales italianos en las rentas de Sevilla en el siglo XVI», en *Presenza italiana nell'Andalusia del basso medioevo*, Bolonia, 1990, pp. 85-102.

—, *Los Corzo y los Mañara. Tipos y arquetipos del mercader con América*, Sevilla, 1991.

—, «Colonias extranjeras en Sevilla: tipologías de los mercaderes», en C. A. González Sánchez (ed.), *Sevilla, Felipe II y la Monarquía Hispánica*, Sevilla, 1999, pp. 33-48.

VITALE, V., *La diplomazia genovese*, Milán, 1941.

Inglaterra

CASADO SOTO, J. L., *Los barcos españoles del siglo XVI y la Gran Armada de 1588*, Madrid, San Martín, 1988.

GÓMEZ-CENTURIÓN JIMÉNEZ, C., *Felipe II, la Empresa de Inglaterra y el comercio septentrional (1566-1609)*, Madrid, Naval, 1988.

—, *La Invencible y la Empresa de Inglaterra*, Madrid, Nerea, 1988.

GUY, J., *Tudor England*, Oxford, 1988.

RODRÍGUEZ SALGADO, M. J. (comp.), *Armada, 1588-1988. An international exhibition to commemorate the Spanish Armada*, Londres, 1988.

—, «Paz ruidosa, guerra sorda. Las relaciones de Felipe II e Inglaterra», en L. Ribot (ed.), *La monarquía de Felipe II a debate*, Madrid, 2000, pp. 63-119.

WILLIAMS, P. H., *The Tudor Regime*, Oxford, 1979.

ZINS, H., *England and the Baltic in the Elizabethan era,* Manchester, 1972.

Páginas web

http://aleph.csic.es/

http://bib.cervantesvirtual.com/historia/carlosv/

http://blogs.ua.es/eltiempodelosmodernos/category/bibliografia/

http://cvc.cervantes.es/hispanistas.htm

http://cvc.cervantes.es/obref/aih/default.htm

http://dialnet.unirioja.es/

http://hispanismo.es/revista.asp?DOCN=1237

http://posgrados.ugr.es/monarquia/pages/lineasdein-vestigacion/modulo4/curso-cardim#__doku_lecturas_obligatorias

http://www.cervantesvirtual.com/portal/hispanistas/

http://www.hispanistes.org/

http://www.moderna1.ih.csic.es/fehm

http://www.mallorcaweb.net/llinatges/bibliografia.pdf

Colección Fundamentos
Serie Historia de España

Vol. I. VVAA, *La prehistoria de España* (en prensa)

Vol. II. VVAA, *La protohistoria de la España prerromana* (en prensa)

Vol. III. ROLDÁN HERVÁS, J. M. y WULFF ALONSO, F., *Citerior y Ulterior. Las provincias romanas de Hispania en la era republicana*

La conquista romana de la península Ibérica y el proceso de integración de las comunidades indígenas en el Estado romano son dos temas cruciales de la historia de España que la investigación ha abordado repetidamente, aunque no siempre de forma satisfactoria. Para comprender ambos problemas es preciso partir de la propia evolución interna de Roma, que se proyecta sobre las distintas regiones peninsulares para imprimirles una personalidad distinta y característica. Desde tal perspectiva se afronta esta nueva interpretación de la historia peninsular en época republicana, coincidente con el lento y dramático desarrollo de su incorporación al ámbito de dominio romano. En ella se examinan tanto las etapas del progresivo sometimiento como el vidrioso tema de la «romanización», analizados desde el compromiso de la polémica y con un énfasis especial en las numerosas cuestiones aún no resueltas por la investigación.

978-84-7090-333-5
624 pp.

Vol. IV. Plácido, D., *Las provincias hispanas durante el Alto Imperio romano*

En la presente obra Domingo Plácido afronta una reinterpretación del fenómeno de la Hispania romana durante el periodo conocido como Alto Imperio, el cual representa una «nueva época», tanto para la Historia de Roma como para la Historia antigua en su conjunto. El autor pone de relieve cómo cambiaron las circunstancias en las provincias hispanas a lo largo de dicho periodo, incluso en aquellos aspectos que aparentemente permanecen inamovibles, tratando al mismo tiempo de que no parezca ésta una historia desgajada del escenario general representado por el Imperio romano. Con habilidad desvela los cambios estructurales acaecidos desde finales de la República para alcanzar una visión diáfana de las relaciones sociales y sus expresiones políticas, de tal manera que, al finalizar, el lector habrá sido conducido por las distintas formas de romanización, por los múltiples niveles de relación intercultural y por las respuestas variadas que las sociedades hispanas dieron al estímulo de la romanización.

978-84-7090-322-9
480 pp.

Vol. V. Díaz Martínez, P. C.; Martínez Maza, C. y Sanz Huesma, F. J., *Hispania tardoantigua y visigoda*

Nunca gozó el estudio de la historia peninsular en la Antigüedad tardía de tanta popularidad como otros periodos de nuestro pasado. El Bajo Imperio romano en Hispania estuvo, por lo general, algo mejor atendido, sin embargo, los visigodos quedaron relegados y sólo unos pocos historiadores –en su práctica totalidad fuertemente ideologizados– se preocuparon durante el siglo XX de este periodo. La historiografía reciente ha supuesto que podía restaurar la historia que realmente fue, alejándose de las premisas ideológicas que marcaban la precedente. Sin embargo, la producción reciente contiene las mismas dosis de ideología que antes. Considerando que carece de sentido mirar con desdén la producción historiográfica del siglo pasado, queremos ofrecer a nuestros lectores un texto en el que se satisfagan los modelos del pasado y las posiciones del presente. Este volumen constituye una rica aproximación al periodo final de la Hispania romana en el que se conjugan equilibradamente la información documental, la interpretación de los acontecimientos y las explicaciones de carácter teórico.

978-84-7090-482-0
640 pp.

Vol. VI. Carrasco Manchado, A. I.; Martos Quesada, J. y Souto Lasala, J. A., *Al-Andalus*

La conquista emprendida por el islam a partir de 711 supondrá la apertura de un extenso periodo en la historia peninsular, que nos lleva hasta 1492, caracterizado por una presencia musulmana de compleja historia, tal como se revela por el mero hecho de la variada sucesión de periodos en los que se suele subdividir su evolución. Independientemente de la interpretación que se pueda hacer de las consecuencias de los años que siguieron a ese comienzo de la presencia islámica para el conjunto del acontecer peninsular inmediato, considerados unas veces como de ruptura total con respecto a las tendencias apuntadas en la época visigoda, otras, por el contrario, de aceleración o afirmación de procesos ya iniciados, esa presencia islámica tendrá a todas luces el consiguiente efecto de creación de un nuevo escenario de contundente relevancia histórica bien evidente en el conjunto del Medievo hispánico.

978-84-7090-431-8
508 pp.

Vol. VII. Rábade Obradó, M. P.; Ramírez Vaquero, E. y Utrilla Utrilla, J. F., *La dinámica política*

La conquista musulmana de la Península motivará que la evolución política de la España medieval presente como un rasgo muy significativo lo que será todo un proceso de configuración de diversas realidades territoriales que, si diferenciadas políticamente, no dejarán de mantener entre ellas una especificidad de relaciones. Así, junto a la emergencia de la institución monárquica como factor de encuadramiento político, como realidad común que se irá imponiendo, esta dinámica política se desarrollará directamente vinculada al proceso de compleja configuración social de una diversidad de territorios cuyos rasgos peculiares, en los diversos aspectos del devenir histórico, han tenido larga proyección más allá de su evolución medieval.

978-84-7090-433-2
512 pp.

Vol. VIII. PORRAS ARBOLEDAS, P. A.; RAMÍREZ VAQUERO, E. y SABATÉ I CURULL, F., *La época medieval: administración y gobierno*

Desde la monarquía asturiana y los condados pirenaicos hasta la monarquía de los Reyes Católicos, la España cristiana conoció un amplio y complejo proceso de conformación de instrumentos administrativos y gubernativos que vinieron a suponer la respuesta a necesidades de organización concretas y peculiares de los distintos espacios y de las sucesivas coyunturas históricas que, con el tiempo, en muchos casos, se convertirían en señas de identidad muy características y de larga perduración de los diversos ámbitos territoriales peninsulares. De este modo, esta evolución medieval supuso una experiencia extraordinariamente creativa de articulación territorial, administrativa y organizadora que, más allá de atender las exigencias inmediatas de la sociedad de cada momento, habría de alcanzar amplia proyección histórica.

978-84-7090-435-6
472 pp.

Vol. IX. Ayala Martínez, C. de; Cantera Montenegro, E.; Caunedo del Potro, B. y Laliena Corbera, C., *Economía y sociedad en la España medieval*

Esta obra es una aproximación a la realidad social y económica de la España cristiana medieval, la cual se nos presenta como un cambiante y complejo espacio en expansión. Los autores han sido conscientes de que bajo las generalizadoras expresiones de «economía» y «sociedad» es posible abordar los temas más variados. Por eso el criterio de selección informativa se ha articulado alrededor de tres problemas fundamentales. El primero es el que se refiere al marco territorial en el que se desenvuelve el elemento humano, la segunda vía de estudio es la que se articula en torno al problema de la propiedad, y finalmente, las relaciones sociales integran el tercer ámbito de análisis. La obra aporta una visión crítica a esta época de la historia de España realizada desde un enfoque novedoso que, incluyendo las aportaciones de las últimas tendencias metodológicas, contribuye a dotar a los conceptos de «sociedad» y «economía» de una personalidad propia.

978-84-7090-434-9
456 pp.

Vol. X. Nieto Soria, J. M. y Sanz Sancho, I., *La época medieval: Iglesia y cultura*

En la Edad Media, la historia de la Iglesia mantiene una relación amplia e íntima con la historia cultural. De hecho, en algunos momentos de esta relación la imbricación llegó a ser tan profunda que la cultura era Iglesia, puesto que esta institución ofrecía casi el único modo aceptable de relacionarse con el mundo. Dentro de este contexto, este libro ofrece una completa y rigurosa síntesis de la evolución experimentada por estos dos ámbitos a lo largo de los siglos medievales, analizando tanto las peculiaridades hispanas como las reformas que llevaron al mundo peninsular cristiano a integrarse en los grandes procesos culturales que afectaron al conjunto del Occidente europeo.

978-84-7090-432-5
456 pp.

Vol. XI. ALVAR EZQUERRA, A.; HERRERO SÁNCHEZ, M.; MONTCHER, F. Y PÉREZ SAMPER, M. A., *La España de los Austrias. La actividad política*

En este volumen dedicado a la dinastía de los Austrias se contienen las líneas maestras de lo que ocurrió en España y con relación a la Monarquía española por Europa, en un arco temporal que abarca desde el ocaso de la España medieval, cuando los Trastámara dieron paso a los Habsburgo, hasta finales del siglo XVII, cuando falleció Carlos II poniendo fin a esta rama cortesana hispano-austriaca. De la mano de los mejores especialistas, la obra presenta un excelente recorrido por la política interior y exterior de un Estado que, todavía entonces fragmentado, funcionó por medio de la sensatez del acoplamiento de las piezas de un Imperio funcional. Descubrimos así que reyes, virreyes y gobernadores españoles en concreto y servidores del rey de España en general fueron maestros del buen hacer político, como demuestra que su Imperio, multiforme, disgregado e incomunicado se mantuviese en Europa dos siglos y otro más por el orbe.

978-84-7090-461-5
320 pp.

Vol. XII. MARTÍNEZ RUIZ, E. y VIDAL, J. J., *Política interior y exterior de los Borbones*

El siglo XVIII se inicia en España con la Guerra de Sucesión y concluye en vísperas de la invasión de las tropas napoleónicas. A lo largo de estos años se produce una nueva articulación de los territorios que conforman la monarquía española y una redefinición del papel desempeñado por ésta en el nuevo orden internacional surgido de Utrecht. De los Decretos de Nueva Planta a la influencia de la Ilustración, pasando por las profundas reformas a las que se vio sometida la administración central y territorial, las relaciones Iglesia-Estado o la política seguida en las colonias de América, el presente volumen ofrece nuevas claves historiográficas y perspectivas de análisis desde las que abordar este periodo crucial de nuestra historia.

978-84-7090-410-3
416 pp.

Vol. XIII. ALVAR EZQUERRA, A. y DOMÍNGUEZ ORTIZ, A., *La sociedad española en la Edad Moderna*

De la mano de dos de los grandes especialistas en la materia, el presente volumen ofrece una completa y rigurosa visión de conjunto de la evolución de la sociedad hispana, desde el siglo XVI, creador y dinámico, hasta el XVIII, ocaso de un sistema social y promesa de una nueva era, pasando por el convulso y turbulento siglo XVII. Si la primera parte, dedicada a la población, constituye un apartado eminentemente cuantitativo, en los siguientes capítulos se abordan las principales características de la sociedad de la época, desde el dinamismo y movilidad de la sociedad estamental hasta la familia como cimiento de la organización social. Se estudia asimismo el mundo rural, sin olvidarse de las múltiples manifestaciones y mecanismos de control de la marginación y la desviación social.

978-84-7090-318-2
432 pp.

Vol. XIV. ALVAR EZQUERRA, A.; ANES, G.; GARCÍA FERNÁNDEZ, M.; GARCÍA GUERRA, E.; RUIZ RODRÍGUEZ, J. I.; SAAVEDRA, P. y ZOFÍO, J. C., *La economía en la España moderna*

Esta obra es un nuevo enfoque sobre la economía española durante los siglos XVI, XVII y XVIII que recoge, por mano de especialistas de varias generaciones científicas, los últimos avances en este campo y, en definitiva, una suerte de «lo que hay que saber» sobre el tema. El libro, por otro lado, no está cerrado en sí, sino que propone nuevas vías de investigación, si el lector así lo requiere, o también las lecturas imprescindibles para ampliar el conocimiento sobre los temas que se necesite. Dividido según el tradicional esquema de sectores primario, secundario y terciario, se cierra con un texto sincrónico del Dr. Anes sobre la economía durante el Siglo de las Luces.

978-84-7090-472-1
640 pp.

Vol. XV. Gil Fernández, L.; Gómez Canseco, L.; Gonzalo Sánchez-Molero, J. L.; Mestre Sanchís, A. y Pérez García, P., *La cultura española en la Edad Moderna*

La España de la Edad Moderna asistió a uno de los momentos de máximo esplendor de la cultura hispana. Sin embargo, los indudables logros de las artes plásticas y de la literatura no siempre dejan ver que, a lo largo de estos trescientos años, las luces se han alternado con zonas de sombra. A este respecto, este texto ofrece un completo, complejo y riguroso panorama de tres siglos de producción cultural, enriquecido por las últimas aportaciones de las investigaciones y de los nuevos enfoques metodológicos. En sus distintos capítulos, los autores, reconocidos especialistas en la materia, analizan las conquistas sin ocultar los fracasos en los ámbitos del pensamiento, las artes o la religiosidad, desde el fallido humanismo del Quinientos hasta la modernización traída por la Ilustración, pasando por el peso e influencia de Trento en el siglo XVII. El volumen concluye con un epígrafe dedicado a la educación del príncipe. El resultado es una cuidada síntesis, moderna en los planteamientos, en los métodos y en la bibliografía, de la cultura española entre los siglos XVI y XVIII.

978-84-7090-444-8
624 pp.

Vol. XVI. Guerrero Latorre, A.; Pérez Garzón, S. y Rueda Hernanz, G., *Historia política, 1808-1874*

El presente volumen de la Historia de España aborda el análisis y puesta al día de uno de los periodos más convulsos y complejos de la misma: desde la guerra de la Independencia, que condujo al fin del Antiguo Régimen y al nacimiento de la España liberal, hasta el fracaso de la Primera República, pasando por los numerosos pronunciamientos, revueltas populares y guerras civiles que caracterizan esta etapa fundamental de nuestra historia en la que se fueron sentando las bases del actual Estado de derecho, mientras los españoles asumían el difícil aprendizaje de la libertad.

978-84-7090-321-2
480 pp.

Vol. XVII. Avilés Farré, J.; Elizalde Pérez-Grueso, M. D. y Sueiro Seoane, S., *Historia política, 1875-1939*

Esta historia política de España en el periodo 1875-1939 trata de responder básicamente a una gran cuestión, la de por qué no llegó a consolidarse en España un sistema democrático. Por ello los autores se han alejado de la mera crónica política para proporcionar una explicación clara y completa de cada uno de los sistemas que se sucedieron durante aquel periodo (la monarquía liberal, la dictadura de Primo de Rivera y la Segunda República) y de los procesos que llevaron a su respectivo fracaso final.

978-84-7090-320-5
472 pp.

Vol. XVIII. Marín, J. M.; Molinero, C. e Ysás, P., *Historia política 1939-2000*

La dictadura del general Franco, una de las más duraderas de la historia contemporánea, prolongó durante más de tres décadas la división entre vencedores y vencidos que había generado la Guerra Civil. Pero desde finales de los años cincuenta, bajo la inmovilidad de un régimen crecientemente anacrónico, la sociedad española se empezó a modernizar a impulsos del desarrollo económico, la urbanización y los contactos con la Europa democrática. Ésta fue la gran baza que facilitó, por primera vez en nuestra historia, el triunfo pleno de la democracia. Sin embargo, no fue una tarea fácil. En un momento de crisis económica y bajo la continua presión del terrorismo, el Estado español hubo de transformarse completamente, para pasar del autoritarismo a la libertad, del centralismo a la autonomía, del aislamiento a la Unión Europea, hasta afrontar ya en nuestros días nuevos retos, como la adaptación a un entorno mundial caracterizado por la globalización.

978-84-7090-319-9
512 pp.

Vol. XIX. RUEDA HERNANZ, G., *España, 1790-1900. Sociedad y condiciones económicas*

El XIX es un siglo de contrastes, un periodo en el que se aprecian transformaciones pero al mismo tiempo cierto inmovilismo. Respondiendo a esta peculiaridad, el autor ha dividido la obra en dos partes diferenciadas: en la primera, examina todos aquellos aspectos que fueron factores que hicieron cambiar la sociedad y las condiciones económicas de los españoles del siglo XIX; en la segunda, ahonda en aquellos otros que apenas se modificaron o que, si sufrieron cambios, resultaron irrelevantes para una modernización o transformación. Ambas partes, necesarias para describir y explicar la foto fija y la película de la sociedad y las condiciones económicas de los españoles de aquella centuria, se cierran con un epílogo que, a modo de conclusión, recoge trece cambios de su «inmóvil» sociedad.

978-84-7090-385-4
640 pp.

Vol. XX. SÁNCHEZ MARROYO, F., *La España del siglo XX. Economía, demografía y sociedad*

Durante el siglo XX, España experimentó una profunda transformación que afectó a todos los planos de la realidad nacional. En este volumen se analizan aquellos cambios producidos en los ámbitos económico (apertura al extranjero, superando el tradicional miedo a competir), demográfico (duplicación de la población, crecimiento de los índices de urbanización), social (creciente secularización, mejora del nivel de vida) y cultural. Aunque con notables discontinuidades y violentas rupturas, el proceso de modernización de la sociedad española fue irreversible y afectó a todos los niveles de la vida pública y privada. Como consecuencia, los distintos indicadores han ido convergiendo con los parámetros vigentes en los países europeos de nuestro entorno.

978-84-7090-383-0
736 pp.